労 働 法 演 習

第 6 版　2022

司法試験問題と解説

川口美貴

信

JN044664

序

　本演習は、新司法試験（2006 年〜 2011 年）、及び、司法試験（2012 年〜 2022 年）における、「労働法」（選択科目）の問題計 34 問(各年 2 問ずつ 17 年分)について、時系列順に、第 1 回から第 34 回までに分けて検討するものである。

　過去の司法試験の問題と解説は、司法試験の受験生にとって重要な参考資料であるとともに、労働法の論点の宝庫でもあり、労働法を学ぶ人や実務で労働法の知識を必要とする人全てにとって有意義な学習資料と言えよう。

　本演習の主な特色は、以下の四点である。

　第一は、過去の司法試験の問題を、現時点での法令、判例、解説に基づいて解説していることである。現時点での法令、判例、学説等は、試験実施時点での法令、判例、学説等とは大きく異なっており、試験実施時点での法令等に基づく解説は、今後の司法試験や現在の実務においては意味がないからである。

　第二は、過去の司法試験で出題された論点を明確化するために、司法試験の時系列順に整理した「論点整理表」を作成し、参考文献としている川口美貴『労働法(第 6 版)』信山社(2022 年)との対応関係を明記していることである。

　第三は、司法試験の答案作成の参考となるよう、司法試験の各問題について、①問題全文を提示した上で、②事案の概要を図解し、③論点と配点案を提示し、④司法試験の解答用紙に合わせた字数の「解答例」を記載していることである。

　第四は、解答例の中の各論点について、脚注で、参考文献の対応部分や参考となる判例を明記し、当該論点について学習できるようにしていることである。

　多くの方が、本演習を活用していただければ幸いである。

　最後になって恐縮であるが、本演習の出版にご尽力いただいた信山社の稲葉文子さん、本演習の執筆・編集・校正にご協力いただいた古川景一弁護士に、心から感謝申し上げたい。

　　2022 年 8 月

川　口　美　貴

（古　川）

目　　　次

本演習の内容・構成・参考文献・表記方法

1　内容

　本演習は、新司法試験（2006 年〜 2011 年）、及び、司法試験（旧司法試験の終了に伴い 2012 年に「新司法試験」から「司法試験」に名称変更された）（2012 年〜 2022 年）における、「労働法」（選択科目）の問題計 34 問（各年 2 問ずつ 17 年分）について、時系列順に、第 1 回から第 34 回までに分けて検討している。

　ただし、現時点での法令、判例、学説等は、試験実施後の法改正や判例・学説の展開等により、それぞれの試験時点での法令等とは大きく異なっているところ、試験実施時点での法令等に基づく解答・解説は、来年度以降の司法試験や現在の実務においては意味がない。

　そこで、本書では、2022（令和 4）年 1 月 1 日現在において既に公布され、かつ、2022（令和 4）年の司法試験日以前に施行された法令の内容（令和 4 年司法試験用法文登載法令の内容）、及び、これに関連する判例、学説等に基づいて、過去の司法試験問題の解説・解答をしている。したがって、試験当時の解説・模範解答とは異なる部分も多いことに留意してほしい。

　また、巻頭には、（新）司法試験において出題された論点を整理した「**論点整理表**」を掲載している。

2　各回の構成

　演習の各回においては、「**Ⅰ　設問**」で、労働法の（新）司法試験の問題の全文を提示し、「**Ⅱ　事案の概要**」で、事案における当事者の関係・出来事の時系列等を整理して図解し、「**Ⅲ　論点**」で、現時点での法令、判例、学説等に基づき、論点と配点案を提示し、「**Ⅳ　解答例**」で、現時点での法令、判例、学説等に基づく解答例を記載している。

　解答例の分量は、（新）司法試験の解答用紙が一問につき 23 行× 4 頁なので、1 行を一応 35 字として、35 字× 23 行× 4 頁＝ 35 字× 92 行（3220 字）とした。

　解答例の中の論点に対応する参考文献の部分や参考判例、解説は、解答例の**脚注**として記載し、本文では解答例が一目でわかるようにするとともに、必要な知識・考え方は、脚注を参考にして学習できるようにしている。

3　参考文献

　本演習は、「川口美貴『労働法(第 6 版)』信山社(2022 年)」(本演習では「川口『**労働法・第 6 版**』」と表記している)を参考文献として学習できるように配慮している。もちろん、本演習だけで、あるいは、他の参考文献を使用して学習することも可能である。

　巻頭の「**論点整理表**」では、(新)司法試験で出題された論点が、「川口『労働法・第 6 版』」のどの部分に対応しているかを明記し、演習の各回の「**Ⅳ 解答例**」の脚注における解説でも、「川口『労働法・第 6 版』」の対応部分を明記し、各学習の便宜を図っている。

4　表記方法

　第一に、句読点につき、2021 年の(新)司法試験までの問題の原文は「,」「。」を用いているが、自治省(現総務省)の「左横書き文書の作成要領」(昭 61・4・1 訓令第 9 号)は、句読点は「、」「。」を用いる旨定め、総務省が供用する法令データ提供システムの横書き表示も「、」を使用し、「、」「。」の使用が一般的と思われるので、本書では、「Ⅰ 設問」の(新)司法試験問題の引用、「Ⅱ 事案の概要」、「Ⅲ 論点」、「Ⅳ 解答例」のいずれも句読点は「、」「。」を用いる。

　第二に、数字について、(新)司法試験の問題の原文は全角を用いているが、本書では、「Ⅰ 設問」における(新)司法試験の問題の引用、「Ⅱ　事案の概要」、「Ⅲ 論点」、「Ⅳ 解答例」のいずれも、数字は半角を用いる。

　第三に、項目の細別については、公用文の書き方に関する内閣官房長官発各省庁次官宛「公用文改善の趣旨徹底について」(昭和 27 年 4 月 4 日内閣閣甲第 16 号)の示す横書きの場合の序列が行政官庁等に定着していると思われるので、「Ⅲ 論点」及び「Ⅳ 解答例」においては、「第 1、第 2、第 3」「1、2、3」「(1)、(2)、(3)」「ア、イ、ウ」「(ア)、(イ)、(ウ)」の順序で用いる。

　第四に、「論点整理表」では、例えば「平成 18 年第 1 問」は、「18 ①」、「令和 2 年第 2 問」は、「2 ②」と標記している。

　本演習の執筆・編集・校正については、古川景一弁護士に全面的にご協力いただき、特に「Ⅱ　事案の概要」の図表をわかりやすく作図いただいたことを付記させていただくとともに、古川弁護士に心から感謝したい。

令和4年司法試験用法文登載法令

　法令は、便宜上試験科目別に区分して登載します。複数の科目に関連する法令など当該科目に関連する法令であっても他の科目の区分に登載されている場合があります(その他注意事項については※を参照)。

○　公法系科目　　　　（略）
○　民事系科目　　　　（略）
○　刑事系科目　　　　（略）
○　倒産法　　　　　　（略）
○　租税法　　　　　　（略）
○　経済法　　　　　　（略）
○　知的財産法　　　　（略）
○　労働法
　・　労働組合法
　・　労働基準法
　・　労働基準法施行規則
　・　労働契約法
　・　労働審判法
　・　雇用の分野における男女の均等な機会及び待遇の確保等に関する法律
　・　育児休業、介護休業等育児又は家族介護を行う労働者の福祉に関する法律
　・　短時間労働者及び有期雇用労働者の雇用管理の改善等に関する法律
　・　会社分割に伴う労働契約の承継等に関する法律
　・　労働者災害補償保険法
　・　労働施策の総合的な推進並びに労働者の雇用の安定及び職業生活の充実等に関する法律
　・　労働者派遣事業の適正な運営の確保及び派遣労働者の保護等に関する法律
　・　高年齢者等の雇用の安定等に関する法律
○　環境法　　　　　　（略）
○　国際関係法(公法系)　　　　（略）
○　国際関係法(私法系)　　　　（略）

※　上記法令は、令和4年1月1日現在において、既に公布され、かつ、試験日以前に施行されることが確定している内容を登載します。

労 働 法 演 習

第 6 版　2022

司法試験問題と解説

論 点 整 理 表

*表右の「(新)司法試験 論文試験 労働法」の下の、数字は出題年、①は第1問、②は第2問

川口美貴『労働法』第6版	(新)司法試験 論文試験 労働法				
	平18〜20	平21〜23	平24〜26	平27〜29	平30〜令4
第1部　総論　1					
第1章　労働法の目的と対象　3					
第2章　労働法の形成と発展　8					
第3章　労働法の位置づけと体系　43					
第4章　労働法の主体　57					
第1節　勤労者・労働者　57			26②		
1　「勤労者」と「労働者」概念　57					
2　労基法上の労働者　58					
3　労契法上の労働者　60					
4　労組法上の労働者　61			26②		
5　従来の学説・判例の判断基準　61					
6　従来の学説・判例の批判的検討　66					
7　私見　69					
第2節　事業主・事業者・ 　　　　使用者・使用者団体　78					
1　事業主　78					
2　事業者　78					
3　労基法上の使用者　79					
4　労契法上の使用者　80	18②		24②	28②29②	
5　労組法における使用者　81				27①	
6　労働契約上の使用者　81					
7　使用者団体　82					
第3節　労働者代表と労使構成委員会　82					
1　労組法上の「労働組合」　83					
2　過半数代表　84					
3　労使委員会　85					
4　労働時間等設定改善委員会・ 　　　労働時間等設定改善企業委員会　86					
第5章　権利義務関係の 　　　　決定システムと法源　87					
第1節　権利義務関係の決定システム　87					
1　労働者と使用者との権利義務関係　88					
2　労働組合と使用者（又は使用者団体）との 　　　権利義務関係　89					
3　労働者と労働組合との権利義務関係　89					
第2節　労働法の法源　90					
第1款　労働契約　90					
1　定義　90					

3

13

16

第1回　賃金（退職金）請求権等

（2006〈平成 18〉年第 1 問）

I　設問

次の設問について、現時点での法令、判例、学説等に基づき解答して下さい。

（35 字× 23 行× 4 頁＝ 3220 字くらいまで）

［2006 年新司法試験労働法第 1 問（配点：50）］

以下の X、Y の言い分を読んで、次の各問いに答えなさい。

1．X の代理人として Y を被告に訴えを提起する場合の請求内容と額を具体的に述べなさい（遅延損害金は除く。）。（配点：8）
2．Y の言い分から、1 の訴訟で考えられる争点を挙げ、各争点に対するあなたの見解を述べなさい。（配点：42）

【X の言い分】

私は、平成 7 年 3 月 1 日に広告代理店の Y 社に入社し、以後営業社員として勤務していましたが、Y 社は忙しいばかりで、月給は 27 万円（基本給 20 万円と営業手当 7 万円）と安く、嫌気がさしていたところ、以前の同僚から、独立して一緒に広告代理店をやらないかと誘われたので、昨年（平成 17 年）11 月中旬ころ、社長に年内一杯で退職したいと申し出ました。このときは、年が明けたら昇給を考えるからと強く慰留されたので、いったん退職を思いとどまりましたが、今年になっても給料が上がる様子がないので、退職を決断し、元同僚が設立の準備を進めていた P 社の取締役になることを承諾しました。そして、本年 3 月 8 日付けで、広告代理店業を目的とし、私も取締役となった P 社の設立登記ができましたので、3 月 10 日付けで、3 月末までの有給休暇取得届と、3 月末日をもって退社する旨の退職届を Y 社に郵送しました。有給休暇日数は十分残っていました。

Y 社では、給料は毎月 10 日に前月分が銀行振込みで支払われていましたが、Y 社は、本年 3 月分の給料も退職金も、全く支払おうとしません。そこで、私の権利が一刻も早く実現するよう法的手段をとってください。

なお、私は、退職後 1、2 か月はのんびりするつもりでいましたが、4 月上旬ころ、Y 社から、私を 3 月 31 日付けで懲戒解雇する、退職金は支給しないとの通知書が送られてきた上、3 月分の給料も支払われないため、4 月の中旬ころから P 社の営業活動を始めました。といっても、Y 社時代の担当顧客に対しては積極的に取引を勧誘した訳ではなく、退職のあいさつに行ったところ是非私に引き続き担当してほしいと頼まれたので、P 社で引き受けただけです。Y 社のいう誓約書を提出したことは事実ですし、退職金規程の内容も知っていましたが、Y 社の言い分は不当だと思います。

【Y の言い分】

当社は、従業員が 25 人前後の広告代理店です。営業社員にはそれぞれ専属で顧客数社を担当させているので、営業社員と顧客との個人的信頼関係が会社の売上げに直結します。平成 5 年ころ、当社の社員が退職直後に同業他社に入社し、担当していた顧客をそっくり他社に持っていったことがありました。その経験から、社員を採用するに当たっては、「退職後 1 年間は同業他社に就職しないことを誓約いたします。万一違約した

場合は、退職金を放棄し又は受領した退職金を全額返還いたします。」との文言による誓約書を提出することを義務付けており、Ｘも入社時これを提出しています。

　Ｘは、本年３月13日に出勤せず、前日までに有給休暇届と退職届が郵送されていました。不審に思い急きょ調査したところ、Ｘが３月８日付けで設立されたＰ社の取締役に就任していたことが判明しました。そこで、当社は、就業規則第56条第３号、第10号によりＸを３月31日付けで懲戒解雇することとし、念のため退職金は不支給とすることも付記して、４月５日にその通知書を発送しました。Ｘが担当していた顧客５社は、そろって本年５月初めころ、これまで継続して当社に発注していた仕事の向う３か月分をＰ社に発注したため、当社は少なくとも300万円の利益を失いました。

　そもそも誓約書や就業規則、退職金規程の内容からして、Ｘに退職金を支払う義務はありませんし、それは別としても、当社は、ＸのせいでＰ社に顧客を奪われ、差引きではＸが請求する以上の損害を受けていますから、いずれにせよ、Ｘに支払うべきものはありません。

　なお、当社の就業規則及び退職金規程には、別紙の定めがあります。

別　紙
【Ｙの就業規則（関係部分のみ抜粋）】平成２年４月１日施行
　　（退職金の支給）
　第30条　社員が退職するときは、別に定める「退職金規程」により退職金を支払う。
　　（懲戒解雇）
　第56条　次の各号の一に該当する場合には懲戒解雇とする。
　　１、２（略）
　　３　会社の承認を得ず、在籍のまま他人に雇用されたとき又は就業に従事したとき
　　４〜９（略）
　　10　前各号に準ずる程度の不都合な行為があったとき
【Ｙの退職金規程（関係部分のみ抜粋)】平成２年４月１日施行
　　（算出方法）
　第６条　退職金は、別表の退職金の支給算式により算出支給する。
　　（支給事由）
　第７条　社員が満３年以上勤務し、次の各号の一に該当する場合に支給する。
　　１　自己の都合により退職したとき
　　２〜５（略）
　　（退職金の支給除外）
　第８条　退職金は、次の各号の一に該当する場合は支給しない。
　　１　勤続３年未満の者
　　２　懲戒解雇された者
　　（支給制限）
　第９条　退職に際して次の事項に該当する場合は、退職金を減額し又は支給しないことがある。退職金支給後に次の事項に該当することが判明した場合は、支給した退職金の全部又は一部の返還を求めることがある。
　　１、２（略）
　　３　退職後１年以内に同業他社へ転職した場合には、退職金を通常の半額とする。

別　表
・　退職金の支給算式は次のとおりとする。
　　　　支給退職金額＝退職時基本給＋退職時基本給×乗率(注1)×（勤続年数 (注2) －４）
　　　　（注1）　乗率は次のとおりとする。

勤続 4年未満	乗率 0.0
勤続 4年	〃 0.5
勤続 5年以上10年未満	〃 0.6
勤続10年以上15年未満	〃 0.7
勤続15年以上20年未満	〃 0.8
勤続20年以上	〃 1.0

（注2）　勤続年数の計算においては、端数の月数は、6か月未満は切り捨て、6か月以上は1年に切り上げる。

以　上

Ⅱ　事案の概要

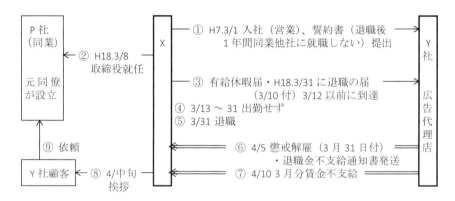

Ⅲ　論点

［基本的争点］

退職金請求権*1の有無と内容等

［具体的論点、及び、配点案］（配点 50）

＜問1＞　請求内容と額（配点：8）

＜問2＞　争点と見解（配点：42）

第1　退職金請求権の有無と内容（小計 39）

1　退職金請求権の法的根拠と退職金の法的性質〈6〉

2　労基法違反の有無〈6〉

3　「懲戒解雇」を理由とする退職金不支給の可否〈18〉

（1）退職届の効力

（2）懲戒解雇の効力

---

*1　賃金請求権と発生要件→【川口『労働法・第6版』257-262頁】。

（3）退職金支払請求の可否

（4）信義則違反・権利濫用の有無

　　ア　懲戒解雇の可否

　　イ　退職金不支給の可否

4　「同業他社転職」を理由とする退職金減額支給・不支給の可否〈9〉

（1）退職金支給制限規定に基づく退職金減額支給の可否

（2）「誓約書」に基づく退職金不支給の可否

第2　損害賠償請求権と賃金債権との相殺の可否（小計3）

IV　解答例　(35字×23行×4頁＝35字×92行〈3220字〉)

＜問1＞

　①平成18年3月分の給料27万円、及び、②退職金118万円［計算式：20万円＋20万円×0.7×（11－4）＝118万円］を請求する。

＜問2＞

　Yの言い分では主に退職金支払義務の有無を争っていると思われる(→V　補足説明参照)ので、①退職金請求権の有無と内容、及び、②相殺の可否を検討する。

第1　退職金請求権の有無と内容

1　退職金請求権の法的根拠と退職金の性質

　本件では、就業規則の退職金支払規定（30条）及び退職金の支給事由・支給算式を定める「退職金規程」（就業規則の一部）があるので、これらの実質的周知又は届出（労基法89条）があれば、同規定はXとYの労働契約の内容となり、Xは所定の退職金請求権を有する（労契法12条）[*2]。

　また、退職金は使用者に支払義務があれば労基法11条にいう賃金である[*3]ので、Xの退職金は労基法上の賃金であり、労基法24条が適用される。

2　労基法違反の有無

　本件では、(a)退職金支給除外規定（退職金規程8条2号）、(b)退職金支給制限規定（退職金規程9条3号）、(c)誓約書による、Yの退職金支払義務の限定の可否が問題となるところ、(a)は一旦支払義務の発生した退職金の不払を定めるものであれば労基法24条の賃金全額払原則に反し、(b)及び(c)は退職後1年以内の同業他社転職の場合の退職金の放棄又は返還を定めるものであれば、労働契約（契約終了後の権利義務関係も含む）不履行の賠償予定として労

[*2]　就業規則の法的効力（最低基準効）→【川口『労働法・第6版』105-107・1012-1013頁】。

[*3]　【川口『労働法・第6版』248頁】。

基法 16 条[*4]に違反し[*5]、無効であるが、(a)は懲戒解雇されていないことを退職金請求権の発生要件として定めるもので、(b)及び(c)は退職後 1 年以内に同業他社に転職したことを別表所定額の退職金請求権発生の解除条件として定めるものであれば、いずれも労基法 24 条・16 条に違反しない。

3 「懲戒解雇」を理由とする退職金不支給の可否[*6]

(1) 退職届の効力

X は、平成 18 年 3 月 10 日付で 3 月末日をもって退社する旨の退職届を郵送し、これは、3 月 13 日の前日までに Y に到達している。したがって、X の退職届の郵送が、①合意解約の申込みではなく辞職（契約解除）[*7]の意思表示であり、かつ、② XY の労働契約が期間の定めのない労働契約であれば、民法 627 条 1 項の要件を充足し[*8]、XY の労働契約は 3 月 31 日をもって終了する[*9]。

(2) 懲戒解雇の効力

これに対して、Y は、4 月 5 日に 3 月 31 日付で X を懲戒解雇する旨の通知書を発送しているが、契約解除の意思表示は相手方への到達時に効力を生じる（民法 97 条 1 項）ところ、X の退職届により 3 月 31 日で XY 間の労働契約が終了していれば、Y は X を懲戒解雇することはできず（既に終了した契約の解除はできない）、支給除外規定（退職金規程 8 条 2 号）を X に適用することはできない。

(3) 退職金支払請求の可否

しかし、もし XY 間の労働契約が終了していなければ、① Y は X を懲戒解雇することができ、かつ、②それを理由とする退職金の不支給又は減額支給が認められることになる場合は、X の退職金全額支払請求は信義則違反又は権利濫

---

*4　労基法 16 条の賠償予定の禁止→【川口『労働法・第 6 版』163-165 頁】。
*5　退職金債権の放棄は、労基法 24 条 1 項但書所定の労使協定がなければ、労基法 24 条違反にも該当すると解すべきである（【川口『労働法・第 6 版』275-276 頁】）。
*6　懲戒解雇・非違行為を理由とする退職金の減額・不支給条項の効力→【川口『労働法・第 6 版』264-266 頁】。
*7　労働者の辞職の効力→【川口『労働法・第 6 版』602-603 頁】。
*8　2017（平 29）年民法改正（2020〈令 2〉年 4 月 1 日施行）により、期間により報酬を定めた場合の解約申入れは次期以後について当期前半にしなければならないとの規定（民法旧 627 条 2 項）は使用者に対してのみ適用されることになった（民法現 627 条 2 項）。
*9　これに対して、① X の退職届の郵送が合意解約の申込みであり、Y がこれを承諾していない場合、② X と Y の労働契約が有期労働契約で、X の退職届の郵送が期間途中の契約の解除の意思表示であって、民法 628 条の「やむを得ない事由」が存在しない場合は、X と Y の労働契約は 3 月 31 日をもって終了しないから、① Y の懲戒解雇の効力と、②懲戒解雇が有効であるときの退職金不支給の可否が問題となり、後記(4)で検討することが論点となる。ただし、懲戒解雇の効力については、適正手続も考慮され、また、労基法 20 条の充足が必要となる（判例の採用する相対的無効説【川口『労働法・第 6 版』556-557 頁】）によれば、解雇予告手当の支払又は意思表示到達後 30 日の経過をもって労働契約が終了する）。

用で、その請求権の行使は許されないと解すべきである[*10]。
（4）信義則違反・権利濫用の有無
ア 「懲戒解雇」の可否[*11]

懲戒解雇の可否について、就業規則の懲戒規定についての労基法 89 条・90 条・106 条所定の手続の履践を前提とすると、懲戒解雇事由該当事実の存否が問題となるところ、Y は就業規則 56 条 3 号（兼業）及び 10 号（これに準じる行為）を懲戒解雇の根拠としているが、労働者は労働の自由及び職業選択の自由を有しているから、兼業[*12]については、会社の職場秩序を乱し労務の提供に具体的支障を生ぜしめるもので、懲戒解雇という重い処分が相当なものに限って、懲戒解雇事由としていると限定的に解するのが相当である[*13]。

本件で X は在職中に競業会社 P の取締役に就任しているが、すぐに有給休暇届と退職届を提出し、また、在職中は実質的な競業活動を行っていないから、懲戒解雇事由該当事実は存在しないのではないかと思われる。

イ 退職金不支給の可否

仮に X に対する懲戒解雇が認められる場合でも、退職金の賃金後払的性質を考慮すれば、支給除外規定は、「当該労働者の永年の勤続の功を抹消する重大な背信行為がある場合に限り、退職金を全額不支給とし[*14]、それ以外の場合は、当該背信行為の具体的内容と被解雇者の勤続の功等の事情に応じて、退職金の全部又は一定割合を支給する」と限定的に解する限りで、公序（民法 90 条）違反ではなく、X と Y の労働契約の内容となりうる（労契法 13 条参照）。

本件においては、X が在職中の 3 月 8 日に競業会社 P の取締役に就任したことが、永年の勤続の功を抹消してしまうほどの重大な背信行為、あるいは、退職金を減額すべき背信行為であるかどうかが、論点となろう。

4 「同業他社転職」を理由とする退職金減額支給・不支給の可否[*15]
（1）退職金支給制限規定に基づく退職金減額支給の可否

退職金には功労報償的性質もある[*16]が、その賃金後払的性質、及び、労働者

---

*10 【川口『労働法・第 6 版』265-266 頁】。アイビ・プロテック事件・東京地判平 12・12・18 労判 803 号 74 頁、ピアス事件・大阪地判平 21・3・30 労判 987 号 60 頁参照。
*11 懲戒解雇が有効となる要件→【川口『労働法・第 6 版』575-577・582-583 頁】。
*12 兼業・副業を懲戒事由としうるか→【川口『労働法・第 6 版』538-539 頁】。
*13 ジャムコ立川工場事件・東京地八王子支判平 17・3・16・労判 893 号 65 頁。
*14 小田急電鉄事件・東京高判平 15・12・11 労判 867 号 5 頁/判時 1853 号 145 頁。
*15 競業避止義務→【川口『労働法・第 6 版』240-242 頁】。退職後の競業避止義務違反を理由とする退職金の減額・不支給条項の効力→【川口『労働法・第 6 版』264-267 頁】。
*16 三晃社事件・最二小判昭 52・8・9 集民 121 号 225 頁/労経速 958 号 25 頁。

の職業選択の自由を考慮すれば、支給制限規定（退職金規程 9 条 3 号）は、「労働の対償の縮減を相当とする顕著な背信性がある場合に上限半額の相当な範囲内で退職金請求権の一部が発生しない」と限定的に解する限りで、公序（民法 90 条）違反ではなく、XY の労働契約の内容となりうる（労契法 13 条参照）。顕著な背信性の有無と程度は、①転職を制限する必要性と制限の範囲（期間、地理的範囲、業種等）、②労働者の退職に至る経緯、③退職の目的、④退職労働者の競業による会社の損害等の諸般の事情を総合し判断する[17]。

　したがって、X の退職金請求権は、顕著な背信性がある場合に限り、相当な減額率の範囲内で、その一部が発生しない。具体的には、前記①につき、営業社員がそれぞれ専属で顧客数社を担当し営業社員と顧客との個人的信頼関係が会社の売り上げに直結する等の事情、及び、退職後 1 年間同業他社への転職禁止という制限、②につき、忙しいのに給料が安い、昇給を考えるからと慰留されたのに給料を上げてもらえない等の事情、③につき、P 社の取締役就任、④につき、X が P 社の営業活動を行ったことにより Y の被った損害等（損害額や発生の経緯等）に照らし判断することになろう。

(2) 誓約書に基づく退職金不支給の可否

　退職金規程は実質的周知又は届出（労基法 89 条）があれば最低基準効（労契法 12 条）を有し、同規程よりも労働者に不利な誓約書（労働契約）は無効なので、X は同規程 9 条 3 号に基づき少なくとも半額の退職金請求権を有する。

第 2　損害賠償請求権と賃金債権との相殺の可否

　労基法 24 条の賃金全額払原則は、生活の基盤たる賃金を労働者に確実に受領させることを目的とし、使用者による相殺禁止も含む[18]から、X の顧客引き抜き行為により仮に Y が X に対し損害賠償請求権を有していても、これを自動債権とする X の賃金（退職金及び 3 月分の賃金）債権との相殺はできない。

V　補足説明

　Y 社は 3 月分の賃金につき特に主張していないので、問 2 では退職金請求権の有無を論じればよいと思われるが、3 月分の賃金請求権の有無と額について論じる場合は以下のようになろう。

---

[17]　中部日本広告社事件・名古屋高判平 2・8・31 労民 41 巻 4 号/労判 569 号 37 頁。
[18]　関西精機事件・最二小判昭 31・11・2 民集 10 巻 11 号 1413 頁/判時 95 号 12 頁、日本勧業経済会事件・最大判昭 36・5・31 民集 15 巻 5 号 1482 頁/判時 261 号 17 頁、【川口『労働法・第 6 版』274 頁】。

＜3月分の賃金請求権の有無と額＞

1　有給休暇の成否

3月分の賃金請求権については、第一に、Xが年次有給休暇の時季指定をした3月末までの労働日が有給休暇として成立しているかが問題となるが、Xの労基法上の有給休暇日数は3月13日以降3月末までの労働日以上に残っており、Yは適法な時季変更権を行使していないと思われるので、3月末までの労働日については年次有給休暇が成立し、Xは当該労働日の賃金請求権を有する。

2　請求しうる賃金額

第二に、請求しうる賃金額は、労基法39条9項に基づき、労使協定により標準報酬日額相当額を支払う旨定められている場合を除き、平均賃金（労基法12条）又は所定労働時間労働した場合に支払われる通常の賃金となるところ、Xの所属する事業場において後者とする旨就業規則その他これに準ずるものに定められていれば、Xが所定時間外労働をした、あるいは、3月10日以前の労働日に欠勤した等の事情がない限り、年次有給休暇を取得した日を含め、所定労働時間に対する月給と解される27万円を請求することができる。なお、標準報酬日額及び平均賃金は問題文からは不明であり金額を算出できない。

第2回　不当労働行為（団交拒否・支配介入）等

（2006〈平成18〉年第2問）

I　設問

次の設問について、現時点での法令、判例、学説等に基づき解答して下さい。

（35字×23行×4頁＝3220字くらいまで）

［2006年新司法試験労働法第2問（配点：50）］

以下の事案を読んで、X労組がY社に対してとり得る法的手段について論じなさい。

Z社は、Y社が製造する製品を梱包する仕事を同社から請け負い、自社が雇用する20名の社員をY社の工場において就労させている。Y社の工場は老朽化が進んでおり、特に梱包作業を行う場所は換気が十分でなく、また、賃金もY社の正社員と比べると格段に安かったため、Y社の工場で働くZ社の社員はかねてから不満を持っていた。そのため、Y社で働くZ社の社員であるAが、X労働組合（以下「X労組」という。）の役員であるBに相談したところ、X労組に加入すれば、X労組として改善に取り組むことが可能だとBが述べたため、AはX労組に加入するとともに、他の社員にも加入を働きかけた。この結果、Y社の工場で働くZ社の社員のうち、チームリーダーを除く19名がX労組に加入

することとなった。なお、X 労組は、近隣の様々な企業で働く労働者によって組織された労働組合である。

　X 労組が Z 社に対し、Y 社の工場における換気の改善と賃金引上げを求めて団体交渉を申し入れたところ、Z 社はこれに応じ、換気の改善を Y 社に申し入れることを約束した。また、賃金引上げについても、Y 社からの請負代金が増額されなければ実現が難しいので、Y 社に対し請負代金の増額を求めると回答した。これに基づき、Z 社は Y 社に対し、換気の改善と請負代金の増額を求めたが、Y 社はこれを承諾せず、かえって、これ以上文句があるのであれば、Z 社との請負契約の解除も考えると述べた。Z 社は、Y 社から融資を受けていることもあり、これ以上求めるのは無理と判断し、X 労組に対してその事情を説明した。X 労組は Z 社と交渉しても成果を得られないと判断し、今度は、Y 社に対して換気の改善と請負代金の増額を求めて団体交渉を申し入れた。これに対し、Y 社は、X 労組と交渉する義務はないとして団体交渉を拒否したが、Y 社で労務を担当する総務課長 C は、問題が大きくなりはしないかと心配した。そこで、C は A に対し、Z 社の社員が X 労組を脱退しなければ、Z 社との請負契約は解除されるだろうと述べた。なお、X 労組は労働組合法第 2 条の要件を満たしている。

II　事案の概要

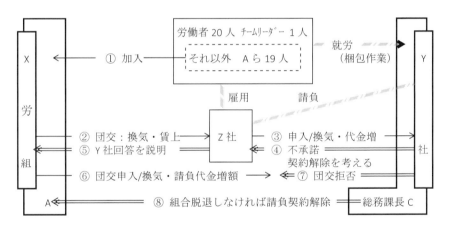

III　論点

[基本的争点]

　不当労働行為の成否と求めうる救済[*1]

[具体的論点、及び、配点案]（配点 50）

第 1　申立人適格・原告適格（小計 6）

---

*1　不当労働行為の成立要件→【川口『労働法・第 6 版』947-980 頁】。求めうる法的救済→【川口『労働法・第 6 版』980-1000 頁】。

Ⅳ　解答例　(35字×23行×4頁＝35字×92行〈3220字〉)

第1　申立人適格・原告適格

　労働委員会への不当労働行為救済の申立人[2]となりうる労働組合は、労組法 2 条及び 5 条 2 項に適合する旨労働委員会で決定を受けた労働組合[3]である（労組法 5 条 1 項）ので、X 労組が申立人となるためには当該決定が必要である。

　これに対し、裁判所で原告となりうる労働組合[4]は、社団性を有する団結体、すなわち、労組法上の労働組合（労組法 2 条）[5]と憲法組合（自主性不備組合）[6]であるから（民訴法 29 条参照）、X 労組は裁判所に救済を求めることができる。

---

*2　初審における申立人→【川口『労働法・第 6 版』980-983 頁】。

*3　これを「法適合認証組合」と呼ぶことができる。「法適合認証組合」は、労組法上の労働組合（労組法 2 条）の要件（①主体、②自主性、③目的、④団体性）に加えて、⑤民主性の要件（組合規約）を満たし、かつ、⑥労働委員会の資格審査を経て①～⑤に適合する旨の決定を受けた労働組合である→【川口『労働法・第 6 版』720-723 頁】。

*4　【川口『労働法・第 6 版』998 頁】。

*5　「労組法上の労働組合」→【川口『労働法・第 6 版』714-720 頁】。

*6　「憲法組合（自主性不備組合）」→【川口『労働法・第 6 版』714 頁】。「憲法上の労働組合」（【川口『労働法・第 6 版』713 頁】）は、労組法上の労働組合と憲法組合（自主性不備組合）に分類される。

第2　求めうる法的救済（とり得る法的手段）*7

1　労働委員会への不当労働行為救済申立て

X労組は、労働委員会に、Y社を被申立人として、①Y社の団交拒否につき、労組法7条2号の団交拒否の不当労働行為であるとして、X労組との工場の換気の改善及び請負代金の増額についての団交応諾命令等を、②Cの発言につき、労組法7条3号の支配介入の不当労働行為であるとして、今後同様の行為を禁じる不作為命令等を求めることが考えられる*8。

2　裁判所への訴え

X労組は、裁判所に、Y社を被告として、①Y社の団交拒否につき、1)X労組の団体交渉権侵害の不法行為（民法709条）に基づく損害賠償、2)X労組がY社に対し工場の換気の改善と請負代金増額を交渉事項として団体交渉を求めうる地位にあることの確認、3)工場の換気の改善と請負代金増額を交渉事項とする団体交渉の履行を請求し、②Cの発言につき、X労組の団結権侵害の不法行為（民法709条・715条）として、損害賠償を請求することが考えられる*9。

第3　法律上の論点

1　Y社の団体交渉拒否

(1)　不当労働行為の成否*10

Y社がX労組との団体交渉を拒否したことが、労組法7条2号の団交拒否に該当するか否かについては、Y社は、労組法7条2号により、「工場の換気の改善と請負代金の増額」について、X労組に対し正当な理由のない団交拒否を禁止されている「使用者」に該当するかどうかが主な論点である。

ア　「使用者」の判断基準

当該労働組合の組合員の労働契約上の使用者（雇用主）以外の事業主であっても、雇用主から労働者の派遣を受けて自己の業務に従事させ、その労働者の基本的な労働条件等について、雇用主と部分的とはいえ同視できる程度に現実的かつ具体的に支配、決定することができる地位にある場合には、当該現実的かつ具体的に決定できる労働条件等については、当該労働組合に対し正当な理由のない団体交渉拒否を禁止されている（団交義務を負う）「使用者」である*11。

---

*7　労調法に基づくあっせん等の申請(申請をなしうる者は、労働争議(労調6条)が発生した場合の労働関係の当事者であること以外、特に制限はない)は除外している。

*8　労働委員会で求めうる救済命令→【川口『労働法・第6版』991-992頁】。

*9　裁判所で求めうる救済→【川口『労働法・第6版』998-999頁】。

*10　労組法7条2号の団交拒否の成立要件→【川口『労働法・第6版』960-962頁】。

*11　中労委（朝日放送）事件・最三小判平7・2・28民集49巻2号559頁/労判668号11頁。「労組法7条2号の使用者」→【川口『労働法・第6版』924-943頁】。

イ　本件事案の判断

Y 社は、工場の作業環境等、X 労組の組合員で Y 社工場で製品梱包作業に従事する Z 社社員の基本的な労働条件等について現実的かつ具体的に支配、決定することができる地位にあるので、当該現実的かつ具体的に決定できる労働条件等については、X 労組に団交義務を負う「使用者」である。

①「工場の換気の改善」は、Y 社が自ら決定しうる、Y 社工場で就労する Z 社社員の労働条件であるから、当該事項につき X 労組に団交義務を負う「使用者」であるが、②「請負代金の増額」は、Y 社が決定しうるが、直ちに Z 社社員の「労働条件」とは言えないので、請負代金額と賃金額が連動し、Y 社が実質的に Y 社工場で就労する Z 社社員の賃金額を支配、決定している場合は、当該事項につき X 労組に団交義務を負う「使用者」である。

(2) 不法行為の成否

労組法 7 条 2 号の団交拒否は、当該団結体の団体交渉権を侵害し公序（民法90 条）に反し不法行為（民法 709 条）に該当する[*12]ので、少なくとも工場の換気の改善に関する Y 社の団交拒否は不法行為を構成し、X 労組は Y 社に損害賠償を請求しうる。

(3) 団体交渉を求めうる地位の確認請求の可否

労組法 7 条は、不当労働行為の要件のみならず、労働組合が使用者に対して一定の事項につき団体交渉を求める法律上の地位を有し使用者がこれに応ずべき地位にあることを定めたものである。そして、判決により確定される使用者の地位の内容は不明確・不特定ではなく、確定された限りで当事者間の紛争が解決され確認の利益も認められる[*13]から、X 労組は、Y 社に対し、①工場の換気の改善（と②請負代金の増額）について団体交渉を求めうる地位にあることの確認を請求しうる。

(4) 団体交渉義務の履行請求（団体交渉の給付請求）の可否

団体交渉義務の履行請求権は、対応する使用者の債務の給付内容の特定の困難さ等に鑑みると、憲法 28 条及び労組法 7 条が定めるものではなく[*14]、X 労

---

*12　【川口『労働法・第 6 版』792・999 頁】。

*13　国鉄（団交応諾義務確認請求）事件・東京高判昭 62・1・27 労民 38 巻 1 号 1 頁/労判 505 号 92 頁（最三小判平 3・4・23 集民 162 号 547 頁/労判 589 号 6 頁も維持）、【川口『労働法・第 6 版』792-793・999 頁】。

*14　新聞之新聞社事件・東京高決昭 50・9・25 労民 26 巻 5 号 723 頁/労判 238 号 52 頁。ただし、労働協約等により具体的な団体交渉義務の内容が定められているときは、履行請求も可能である（エス・ジー・エス事件・神戸地判昭 61・12・5 労判 487 号36 頁）。以上につき、【川口『労働法・第 6 版』793 頁】。

組はY社に対し団体交渉請求権は有しない。

2　Cの発言

(1)　不当労働行為の成否[15]

Cの発言の労組法7条3号の支配介入該当性については、Cの発言は、①「使用者（労組法7条3号）の行為」か、②「支配介入」かが主な論点である。

ア　「使用者（労組法7条3号）の行為」該当性

Cの発言の「使用者（労組法7条3号）の行為」該当性については、まず、Y社が労組法7条3号によりAらに対する支配介入を禁止されている「使用者」[16]かどうかが問題となるところ、労組法7条2号により当該労働者の代表者に団交応諾義務を負う使用者は、同条3号により当該労働者に対する支配介入を禁止されている使用者でもあると解されるから、Y社は同条3号の使用者である。

次にCの発言が「使用者（Y社）の行為」[17]かどうかが問題となるが、「使用者の利益を代表する者」（労組法2条但書1号）に近接する地位にある者が使用者又は会社の機関等の意を体して行われた行為は、使用者等との間で具体的な意思の連絡がなくとも使用者の行為と評価できる[18]から、Cの発言がY社の意を体して行ったと判断される場合は、Cの発言はY社の行為である。

イ　「支配介入」該当性

Cの発言をY社の行為と評価できる場合、同発言の「支配介入」該当性[19]については、①当該言論の内容が労働者又は労働組合が自主的に決定すべき事項についての意見表明である場合は、②威嚇、不利益の示唆、利益誘導の有無、③団結活動等への具体的影響の有無、④使用者の主観的意図に関わらず支配介入に該当すると解すべきところ、Cの発言はAらに対しX労組からの脱退を求めるもので①に該当し、さらに、②請負契約の解除による就労場所の喪失という不利益の示唆もあり、支配介入に該当する。

(2)　不法行為の成否

労組法7条3号の支配介入は、当該労働者とその団結体の団結権を侵害し、公序（民法90条）に反し不法行為（民法709条）にも該当しうる[20]ので、Cの

---

[15]　労組法7条3号の支配介入の成立要件→【川口『労働法・第6版』962-973頁】。

[16]　「労組法7条3号の使用者」該当性→【川口『労働法・第6版』945-946頁】。

[17]　「使用者の行為」該当性→【川口『労働法・第6版』946-947頁】。

[18]　中労委（JR東海）事件・最二小判平18・12・8集民222号585頁/労判929号5頁等。「意を体して行われた行為」は使用者の黙示的指示に基づき行われた行為と解することができよう【川口『労働法・第6版』947頁】。

[19]　使用者の言論の支配介入該当性→【川口『労働法・第6版』964-966頁】。

[20]　【川口『労働法・第6版』998-999頁】。

発言が Y 社の行為と評価され支配介入である場合は、X 労組の団結権侵害の不法行為として X 労組は Y 社に損害賠償を請求しうる（民法 709 条）。また、C の発言自体が X 労組の団結権侵害の不法行為（民法 709 条）であれば、その使用者責任（民法 715 条）に基づき、X 労組は Y 社に損害賠償を請求しうる。

第 3 回　懲戒処分／時間外労働等

（2007〈平成 19〉年第 1 問）

I　設問

　　次の設問について、現時点での法令、判例、学説等に基づき解答して下さい。

（35 字× 23 行× 4 頁＝ 3220 字くらいまで）

［2007 年新司法試験労働法第 1 問（配点：50）］

　以下の【事実関係】の下で、D 社は、A 及び B に対して、何らかの懲戒処分を行いたいと考えている。この相談に対し、あなたが弁護士として回答する場合に検討すべき法律上の問題点を、A と B それぞれについて指摘し、それについてのあなたの見解を述べなさい。

【事実関係】

　A 及び B は、製造業を営む C 社の従業員であるが、現在、子会社の D 社に在籍出向中であり、A は同社の本社営業部において、B は同社の E 営業所においてそれぞれ勤務している。C 社の就業規則においては、所定労働日は月曜日から金曜日までとされ、始業時刻は午前 8 時、終業時刻は午後 5 時（休憩 1 時間）と定められている。他方、D 社では、労働日は C 社と同一であるが、製品の販売等を主たる事業としていることから、顧客との取引の多い時間帯に合わせて、各事業場において始業時刻を午前 9 時、終業時刻を午後 6 時（休憩 1 時間）としている。

　C 社の上司から A・B 両名に出向の内示があった際、A は、小さな子供を抱えており、出向先までの通勤時間はあまり変わらないものの、終業時刻が 1 時間遅くなるため、帰宅の際に子供を保育所に迎えに行くことが困難になることにつき不満を示し、B も、小規模な営業所勤務となることに不満を述べた。しかし、両名は、結局は異議を留めずに出向に応じ、D 社の勤務時間どおりに就労し始めた。

　ところが、その後、E 営業所で B の不手際により商品の受注事務につき多大な支障が生じ、取引先から苦情が多数寄せられた。この B の不手際は、出向後仕事に熱意を示さなくなっていた同人が上司の指示を無視したために生じたものであった。また、この事態に対応するため、本社営業部でも残業が必要になり、営業部長は、当日の水曜日と翌木曜日の 2 日間にわたり、A を含む営業部の関係従業員に対して、それぞれ午後 11 時までの 5 時間の残業を命じた。しかし、A は、水曜日については、友人に子供を一時預かってもらうことが可能になったとして午後 10 時までは残業したものの、その後の残業は拒否して退社し、木曜日は、その手立てがつかないと述べて一切の残業を拒否し、午

後 6 時に退社した。

　D 社の就業規則には、「会社は、業務上の必要に応じて労働基準法第 36 条所定の協定に従い、時間外又は休日に従業員を労働させることができる。」という規定があり、D 社は、各事業場における労働者の過半数を代表する者との間で同協定を締結し、所轄労働基準監督署長に届け出ているが、協定には、「納期への対応、決算事務、その他業務の必要上やむを得ない場合」が時間外・休日労働の事由として挙げられ、延長時間の限度は、1 日については 4 時間と記載されていた。

　また、D 社の就業規則には、会社が懲戒処分をなし得る旨の規定のほか、譴責・減給・出勤停止・諭旨退職・懲戒解雇という懲戒処分の種類を定めた規定があり、業務上の指示・命令違反その他の懲戒事由を定めた規定も置かれている。もっとも、同社の E 営業所においては、常時就労している従業員数は 8 名であり、上記就業規則の周知手続はとられていなかった。他方、C 社でも、就業規則上に D 社の上記規定と同様の定めがあり、労働基準法第 36 条の協定も締結されているが、C・D 両社間の出向協定には懲戒処分についての定めはなかった。

II　事案の概要

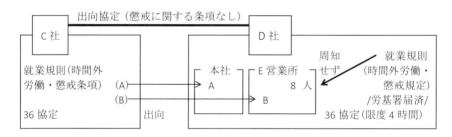

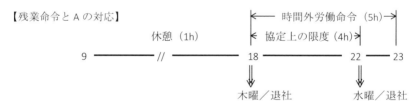

III　論点

[基本的論点]

　出向労働者に対する出向先による懲戒処分の可否と内容（なしうる処分）[*1]

[具体的論点、及び、配点案]（配点 50）

第 1　出向先 D 社の出向労働者 A・B に対する懲戒権の有無と限界（小計 6）

---

*1　懲戒処分が有効となる要件→【川口『労働法・第 6 版』523-531・1014 頁】。出向労働者に対する懲戒処分が有効となる要件→【川口『労働法・第 6 版』531 頁】。

IV　解答例　　(35字×23行×4頁＝35字×92行〈3220字〉)

第1　出向先 D 社の出向労働者 A・B に対する懲戒権の有無と限界

　出向先 D 社が出向労働者 A・B に対し懲戒権を有するかどうかがまず問題となるところ、D 社が出向期間中 A・B に対し懲戒権を有することにつき、A・B の同意があり、又は、その旨を定める C 社の就業規則が労契法 7 条又は 10 条等の要件を充足し A・B の労働契約の内容となっていれば、その限りで D 社は A・B に対し懲戒権を有する[*2]。

　ただし、A・B の労働契約の基本的当事者は出向元 C 社であるので、D 社は A・B の労働契約を終了させる懲戒処分（諭旨退職・懲戒解雇）はなしえない。

第2　就業規則における懲戒の定めと内容・手続

1　就業規則における懲戒規定と手続の必要性

　D 社が A・B に対して懲戒権を有する場合でも、それを行使するためには、罪刑法定主義的観点から、① A・B それぞれの労務供給先の事業場の就業規則

---

*2　契約説である。D 社の就業規則の懲戒規定は、仮に労契法 7 条の「使用者」に出向先が含まれるとしても、A・B が C 社と労働契約を締結する時点で D 社の就業規則が A・B に周知されているのでなければ（通常はそのような周知はない）、少なくとも労契法 7 条の周知の要件を充足せず、本文で述べた A・B の同意がある場合を除き、A・B の労働契約内容とはならない。これに対し、固有権説に立てば、この第 1 の「懲戒権の法的根拠」の部分は、「出向先 D 社は、少なくとも A・B に対し労務給付請求権を有し、その事業場で A・B を就労させているのであるから、当該事業場の秩序維持のために、一定の懲戒権を有すると解される。」となるであろう。

（就業規則作成義務のない事業場ではこれに準じる書面）に懲戒事由と懲戒の種類・程度（労基法 89 条 9 号）を定め、②事前に実質的周知を行うことが必要である。また、信義則上、③規定内容を適法であるのみならず合理的なものとすることが必要であり、内容の合理性を担保するために、④労基法所定の意見聴取と添付・届出・周知手続（90 条・89 条・106 条）の履践も必要である[*3]。

2　本社営業部（A所属）の就業規則

D 社の就業規則には、会社が懲戒処分をなしうる旨の規定の他、懲戒事由と懲戒処分の種類の定めが存在し、「業務上の指示・命令違反」という懲戒事由の適法性・合理性については問題ないので、本社営業部にも同就業規則があり、懲戒処分の程度が定められ、実質的周知及び労基法所定の意見聴取と添付・届出・周知手続が履践されていれば、D 社は A に対し懲戒権を行使しうる。

3　E営業所（B所属）の就業規則

E 営業所では常時使用している従業員が 8 名で就業規則作成義務がなく、D 社就業規則は周知されていないところ、就業規則作成義務のない事業場でも、懲戒処分を行うためには、罪刑法定主義的観点から、懲戒事由と懲戒処分の種類・程度を定めた書面を作成し事前に周知することが必要であるので、別途同措置を講じているのでなければ、D 社は B に対し懲戒処分をなしえない。

第3　懲戒事由に該当する事実の有無

1　Bについて

B の不手際（上司の指示の無視）は、就業規則所定の懲戒事由（業務上の指示・命令違反）に該当しうると思われるが、前記第2の3で述べた措置を別途講じているのでなければ、D 社は B に対し懲戒権を行使できない。

2　Aについて

A については、残業（時間外労働）の拒否が懲戒事由（業務上の指示・命令違反）に該当するかどうかが問題となるところ、その前提として、D 社の A に対する時間外労働命令の効力が問題となる。けだし、同命令が無効であれば、残業拒否は業務命令違反に該当しないからである。

[*3]　契約説である。固有権説に立てば、この「1　就業規則における懲戒規定と手続の必要性」は、「D 社が A・B に対して懲戒権を行使するためには、罪刑法定主義的観点から、①A・B それぞれの労務供給先の事業場の就業規則（就業規則作成義務のない事業場ではこれに準じる書面）に懲戒事由と懲戒の種類・程度を定め（労基法 89 条 9 号）、②事前に実質的周知を行うことが必要である。また、企業秩序維持という懲戒権の内在的制約から、③規定内容が適法であるのみならず合理性が必要であり、内容の合理性を担保するために、④労基法所定の意見聴取と添付・届出・周知（90 条・89 条・106 条）も必要である。」となろう。

（1）時間外労働命令の効力[*4]

ア　労基法 36 条所定の労使協定（36 協定）の締結・届出

　A に対する時間外労働命令は、1 日 8 時間を超える法定時間外労働命令であるので、その前提として、A の所属事業場において労基法 36 条に基づく労使協定[*5]が締結され、労使協定所定の要件を充足し、労基法 32 条の最低基準効（強行的・直律的効力）が排除されていることが必要である。

　本件では、D 社は、D 社の各事業場で過半数代表と労使協定を締結し所轄労働基準監督署長に届出ているので、当該労使協定の枠内で法定労働時間を超える労働を命じることが可能であるところ、A の命じられた時間外労働は、①所定の時間外労働の事由（「その他業務の必要上やむを得ない場合」）に該当すると思われるが、②水曜日及び木曜日の午後 10 時以降の労働は、所定の 1 日の延長時間限度である 4 時間を超える。したがって、水曜日及び木曜日の午後 10 時以降の時間外労働命令は、その余を判断するまでもなく労基法 32 条違反で無効であり、その部分の残業拒否は業務命令違反に該当しない。

イ　時間外労働命令権の法的根拠

　労使協定は免罰的効力・強行性排除効しかないので、木曜日午後 6 時から午後 10 時までの労働についても、時間外労働命令権の法的根拠が必要である。

　D 社の就業規則は、労契法 7 条所定の周知（労働契約締結時の A への周知）がなされておらず、A の労働契約内容とはならないと思われるので、D 社が A に対し D 社の就業規則に基づく時間外労働命令権を有することにつき、① A の事前の同意があるか、又は、② C 社の就業規則にその旨の規定があり、それが A の同意又は労契法 7 条等所定の要件の充足[*6]により A の労働契約の内容になっていれば、その限りで D 社は A に対し時間外労働命令権を有する。

ウ　時間外労働命令権の行使の適法性

　D 社が時間外労働命令権を有していても、木曜日午後 6 時から 10 時までの時間外労働命令が有効であるためには、その権利行使の適法性、すなわち、①就業規則所定の要件を充足し、②信義則（労契法 3 条 3 項・4 項）違反・権利濫用（同 3 条 5 項）ではなく、③その他強行法規違反でないことが必要である。

　①につき、D 社就業規則は、「業務上の必要に応じて」「労基法 36 条所定の協定に従い」時間外労働を命じうるとしており、これは充足しているといえよう。②につき、信義則違反、権利濫用かどうかは、1)時間外労働の必要性、

---

*4　時間外労働命令の効力→【川口『労働法・第 6 版』516-518・1009 頁】。
*5　労使協定の定義、対象、効力等→【川口『労働法・第 6 版』133-137 頁】。
*6　就業規則の非有利設定効（労契法 7 条等）→【川口『労働法・第 6 版』107-110 頁】。

対象労働者の選定基準と適用の合理性、労働者が被る不利益等に照らしての時間外労働命令の内容の相当性、2)説明・協議等により判断すべきであり、使用者は労働者の家族的責任への配慮義務（労契法 3 条 4 項）を負うことも考慮すべきところ*7、前日に時間外労働を命じられ小さな子供を預かってもらう手立てがつかないことは労働者が被る不利益が著しく大きく時間外労働命令の相当性が認められず、信義則違反又は権利濫用で無効と判断される可能性が高い。③につき、A の子が 3 歳未満で A が事前に所定時間外労働の制限（育介法 16 条の 8 第 1 項）を請求していた場合*8、又は、A の子が小学校就学前で（多分そうであろう）A がに基づき事前に法定時間外労働の制限（月 24 時間以内、年 150 時間以内）（育介法 17 条）を請求しておりこれを超える場合は、当該時間外労働命令は、育介法 18 条の 8 第 1 項又は育介法 17 条 1 項に反し無効である*9。

（2）懲戒事由に該当する事実の存否

仮に、時間外労働命令が有効であれば、少なくとも形式的には「業務上の指示・命令違反」に該当する事実が存在するが、A の残業拒否による秩序素乱又はそのおそれがない場合は、実質的に懲戒事由該当事実が存在しない（したがって懲戒処分はできない）と合理的限定的に解すべきであろう*10。

第4　なしうる懲戒処分の内容

仮に就業規則所定の懲戒事由該当事実が実質的にも存在し懲戒処分をなしうるとしても、A・B ともに、懲戒処分は、諭旨退職・懲戒解雇を除く、D 社就業規則所定の懲戒処分の中から選択されなければならない*11。また、信義則（労契法 3 条 4 項）違反・懲戒権濫用（同 15 条）であってはならず、当該懲戒処分の相当性、平等取扱原則の遵守、適正手続の履践がなければ無効である*12。

---

*7　配転命令の権利濫用該当性に関する東亜ペイント事件・最二小判昭 61・7・14 集民 148 号 281 頁/労判 477 号 6 頁（【川口『労働法・第 6 版』484-485 頁】）を参考にして、業務上の必要性が存しない場合、又は、業務上の必要性が存する場合であっても、他の不当な動機・目的に基づく場合、若しくは、労働者が通常甘受すべき程度を著しく超える不利益を負わせる場合等特段の事情が存する場合は、信義則違反・権利濫用との判断基準も可能であろう。

*8　3 歳未満の子を養育する労働者の所定時間外労働の制限→【川口『労働法・第 6 版』380 頁】。

*9　小学校就学の始期に達するまでの子を養育する労働者の法定時間外労働・深夜労働の制限→【川口『労働法・第 6 版』380-381 頁】。

*10　懲戒事由の実質的該当性→【川口『労働法・第 6 版』543-544 頁】。

*11　就業規則の定めの充足→【川口『労働法・第 6 版』543-544 頁】。

*12　信義則上の義務の履行、及び、権利濫用ではないことの判断基準→【川口『労働法・第 6 版』546-548 頁】。

第4回　解雇／ユニオン・ショップ協定／
労働協約による労働契約内容の変更等

（2007〈平成19〉年第2問）

I　設問

　　次の設問について、現時点での法令、判例、学説等に基づき解答して下さい。

（35字×23行×4頁＝3220字くらいまで）

［2007年新司法試験労働法第2問（配点：50）］
　　○○年10月10日、弁護士であるあなたは、R労働組合（以下「R労組」という。）の委員長であるX1とP労働組合（以下「P労組」という。）の組合員であるX11～X13から、後記【相談事例】について、雇用の回復や本来もらえたはずの賃金を得るために、Y社を相手方として訴えを提起したいとの相談を受けました。
　　次の設問に答えなさい。

［設　問］
1．あなたがX1～X13の代理人として訴えを提起するとした場合、どのような請求をしますか。X1～X10とX11～X13に分けて解答しなさい。（配点：10）
2．それぞれの請求について、想定される相手方の反論も考慮しつつ、問題となる具体的論点を挙げた上、あなたの見解を述べなさい。（配点：40）

【相談事例】
　　Y社は、約100名の従業員を雇用するタクシー会社である。X1～X10は、かつてY社に雇用され、タクシー運転手として働いていた。X11～X13は、現にY社の従業員であり、タクシー運転手として働いている。Y社には○○年4月時点で、X1～X13を含む80名の運転手で組織されるP労組が存在していた。Y社は、多額の累積赤字を抱えていたことから、同年4月初旬に、従来の賃金協定に基づく年功序列的な旧賃金体系に代えて、新賃金体系を導入するなどの内容を含む会社再建案をP労組に提示した。新賃金体系は、固定給の割合を低くして歩合給の比重を高くするとともに、定期昇給を廃止するなど、旧賃金体系よりも運転手にとっては一般的に不利益な内容になることが予想され、特に、年齢の高いX11～X13らには不利益な内容であった。新賃金体系の提案をめぐって、P労組内部は混乱して基本方針も二転三転し、5月の組合大会ではX1～X13は新賃金体系を内容とする協定の締結に強く反対した。しかし、結局、P労組では改めて6月20日に組合大会を開催し、「会社提案を受諾し、新賃金協定を締結する。」との執行部案が62対13（反対者はX1～X13）の多数で可決された。ただし、P労組の組合規約（本問末尾参照）に規定されている「運転手班別集会」は開催されなかった。このようなP労組の執行部や多数派の態度に不満を抱いたX1～X10は、翌日の6月21日にP労組に脱退届を提出し、即日10名でR労組を結成すると同時に、Y社に結成通知を行った。
　　他方、P労組とY社はなおも交渉を重ねた結果、7月10日、両者間に会社再建案に関する合意が成立し、新賃金協定（以下「7・10協定」という。）が締結され（協定書には、P労組執行委員長とY社代表取締役の記名押印がある。）、8月1日から発効した。この結果、

7月末日をもって旧賃金協定は効力を失うこととなったが、新賃金体系以外の懸案事項であった勤務時間の配分方法や労災補償の上積み案に関するY社内部の意思の不統一もあり、7・10協定に対応する就業規則の改定作業は遅れ、10月10日現在なお改定されず、賃金に関する就業規則上の規定は、旧賃金協定と同一内容のままであった。なお、X11～X13の3名は、7・10協定には不満を抱きつつも、P労組に残留することにした。

P労組は、7月12日にX1～X10を除名処分に付し、P労組とY社間で締結されているユニオン・ショップ協定に基づき、Y社に対しX1～X10を解雇するように求めた。Y社は、これを受けて、7月15日にX1～X10に対し予告手当を提供した上で、即時解雇の意思表示をした。他方、P労組に残留したX11～X13は、受領した8月分と9月分の賃金がそれまでより20％ほど減っていたので、R労組委員長のX1に不満を打ち明けた。その結果、弁護士に相談してみようということになった。

【P労組の組合規約（関係部分のみ抜粋）】

「第××条　労働協約の締結は、運転手班別集会での意見を集約した上、執行委員会が組合大会に提案し、同大会において組合員の過半数の賛成を得て執行委員長がこれを行うものとする。」

Ⅱ　事案の概要

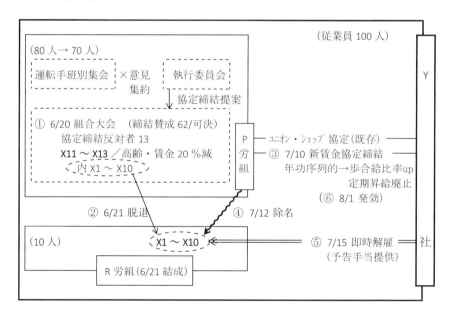

【賃金に関する就業規則上の規定と労働協約との関係】

Ⅲ　論点

[基本的論点]
　労働契約終了の肯否及び賃金請求権の有無と額
[具体的論点、及び、配点案]（配点 50）
＜問 1 ＞（配点 10）
　① X1 ～ X10、及び、② X11 ～ X13 の裁判所において求めうる救済
＜問 2 ＞（配点 40）
　①と②についての法律上の論点
第 1　ユニオン・ショップ協定に基づく解雇の効力（小計 11）
　1　P 労組のユ・シ協定締結資格〈3〉
　2　ユ・シ協定の効力〈4〉
　3　解雇の効力〈4〉
第 2　X1 ～ X10 の賃金請求権の有無と賃金額（小計 9）
　1　解雇期間中の賃金請求権の有無〈3〉
　2　請求しうる賃金額
　（1）7 月 31 日以前〈2〉
　（2）8 月 1 日以降
　　　　　7・10 協定の拡張適用の可否〈4〉
第 3　X11 ～ X13 の賃金請求権の有無と賃金額（小計 20）
　1　7・10 協定の労働協約としての成否〈5〉
　2　労働協約として成立していない場合〈2〉
　3　労働協約として成立している場合
　（1）変更の肯否
　　ア　同意による変更の肯否〈3〉
　　イ　規範的効力による変更の肯否〈5〉
　（2）X11 ～ X13 が請求しうる賃金額と法的根拠
　　ア　同意又は両面的規範的効力が肯定される場合〈3〉
　　イ　同意も両面的規範的効力も否定される場合〈2〉

Ⅳ　解答例　　（35字×23行×4頁＝35字×92行〈3220字〉）

＜問 1 ＞
　いずれも裁判所に Y 社を被告として、① X1 ～ X10 は、Y 社に対し労働契約
上の権利を有する地位にあることの確認、及び、解雇日以降（判決確定時まで）

の旧賃金体系に基づく賃金の支払[*1]を請求し、② X11 〜 X13 は、8 月以降の未払賃金（新賃金体系に基づき受領した賃金と旧賃金体系に基づく賃金との差額）の支払を請求する[*2]。

＜問２＞

以下、P 労組は労組法上の労働組合（労組法 2 条）、R 労組は労組法上の労働組合又は憲法組合（自主性不備組合）であることを前提として解答する[*3]。

第1　ユニオン・ショップ協定に基づく解雇の効力[*4]

X1 〜 X10 の地位確認請求は、Y 社の X1 〜 X10 に対するユニオン・ショップ協定に基づく解雇が無効であることを前提とするので、当該解雇の効力を検討する。以下、「ユニオン・ショップ協定」は「ユ・シ協定」と略称する。

1　P 労組のユ・シ協定締結資格

Y 社の解雇は Y 社と P 労組が締結したユ・シ協定に基づき行われているところ、ユ・シ協定の締結が不当労働行為（労組法 7 条 1 号）ではなく同協定が有効であるためには、当該ユ・シ協定の締結主体が「特定の工場事業場に雇用される労働者の過半数を代表する労働組合」である必要がある（同号但書参照）が、P 労組は Y 社の労働者の過半数を組織しているので協定締結資格を有する。

2　ユ・シ協定の効力

憲法 28 条は全ての労働者及び労働組合に団結権（積極的団結権）を保障しているから、ユ・シ協定は、労働者の組合選択の自由及びユ・シ協定締結組合以外の労働組合（別組合）の団結権を侵害しない限りで有効であり、別組合に加入している者に対し使用者の解雇義務を定める部分は、労働者の組合選択の

---

*1　答案に記載する必要はないが、解雇予告手当は異議留保して賃金として受け取り、その余を未払賃金として請求することも可能である。

*2　問題に「雇用の回復や本来もらえたはずの賃金を得るために、Y 社を相手方として訴えを提起したいとの相談」と書かれているので、答案はこれでよいと思われるが、X1 〜 X10 は、当該解雇が団結権侵害の不法行為（民法 709 条）であるとして、賃金に加えて精神的損害賠償を請求することも可能であろうし、X11 〜 X13 は、旧賃金体系に基づき賃金の支払を受ける権利を有する地位にあることの確認請求も可能であろう。

*3　P 労組が労組法上の労働組合（労組法 2 条）であることは労働協約（ユニオン・ショップ協定・賃金協定）締結主体となる要件であり、R 労組が労組法上の労働組合又は憲法組合（自主性不備組合）である（団結権の享受主体である）ことは、R 組合員に対し、P 労組が締結したユニオン・ショップ協定に基づく解雇義務が発生せず、P 労組が締結した賃金協定が拡張適用されないことの前提であるが、本設問はこれを論点とする趣旨ではないと思われるので、最初にこのように断っておく。

*4　ユニオン・ショップ協定の定義と論点→【川口『労働法・第 6 版』738-739 頁】、ユニオン・ショップ協定を締結しうる労働組合→【川口『労働法・第 6 版』739 頁】、ユニオン・ショップ協定の効力→【川口『労働法・第 6 版』739-742 頁】、ユニオン・ショップ協定に基づく解雇の効力→【川口『労働法・第 6 版』742-746 頁】。

自由及び別組合の団結権を侵害し民法 90 条の公序に反し無効である[*5]。

3 解雇の効力

X1 ～ X10 は、P 労組を脱退しているが別組合（R 労組）を結成しその組合員であるので、Y 社の X1 ～ X10 に対する解雇は、ユ・シ協定に基づく解雇義務が生じていないのになされたものであるから、他に解雇の客観的に合理的な理由と社会通念上の相当性がない限り、少なくとも、信義則（労契法 3 条 4 項）違反及び解雇権の濫用（同法 16 条）で無効である。

第2 X1 ～ X10 の賃金請求権の有無と賃金額

1 解雇期間中の賃金請求権の有無

X1 ～ X10 は、解雇期間中判決確定時まで、労務提供の能力と意思がある限り、民法 536 条 2 項前段に基づき賃金請求権を有する。

2 請求しうる賃金額

X1 ～ X10 が請求しうる賃金額は、解雇されず労働していれば得られたであろう賃金額であるところ、7 月 31 日までは、従来の賃金協定及び就業規則の定める旧賃金体系に基づく賃金額を請求しうる（労契法 12 条）。

これに対し、7・10 協定の発効日（8 月 1 日）以降は、工場事業場単位の拡張適用（労組法 17 条）[*6]による労働契約内容（賃金体系）変更の肯否[*7]が問題となるところ、仮に、①7・10 協定が労働協約として成立し（後記第3の1）、②拡張適用の要件を充足している（例えば Y 社の事業場は 1 つで非組合員に運転手がいなければ、P 労組は同種の労働者〈運転手〉80 人のうち 70 人を組織しており要件を充足する）としても、労働協約の別組合員への適用は別組合員及び別組合の団結権と団体交渉権を侵害することになるから、別組合員には労働協約を拡張適用することはできず、R 労組の組合員である X1 ～ X10 には、7・10 協定は適用されない。したがって、X1 ～ X10 は、就業規則の最低基準効（労契法 12 条）[*8]により、少なくとも旧賃金体系に基づく賃金請求権を有する。

第3 X11 ～ X13 の賃金請求権の有無と賃金額

1 7・10 協定の労働協約としての成否

7・10 協定が労働協約として成立[*9]するためには、①労組法 14 条の定める要

---

*5　三井倉庫港運送事件・最一小判平元・12・14 民集 43 巻 12 号 2051 頁/労判 552 号 6 頁、日本鋼管鶴見製作所事件・最一小判平元・12・21 集民 158 号 659 頁/労判 553 号 6 頁。
*6　工場事業場単位の拡張適用制度→【川口『労働法・第 6 版』887-903 頁】。
*7　労働協約の別組合員への拡張適用の可否→【川口『労働法・第 6 版』895-896・1015 頁】。
*8　就業規則の最低基準効→【川口『労働法・第 6 版』105-107・1012-1013 頁】。
*9　労働協約の成立要件→【川口『労働法・第 6 版』861-872 頁】。

式と、②組合規約*10所定の協約締結要件の充足*11等が必要であるところ、①は充足しているが、②につき「運転手班別集会での意見集約」はなされていない。新賃金体系は旧賃金体系よりも不利益な内容と予想され、特に組合内の意見集約・調整プロセスの公正さが要求されるから、これが軽微な瑕疵と言えない場合は、P労組の協約締結権限に瑕疵があり同協定は無効である。

2　労働協約として成立していない場合

7・10協定が無効である場合は、X11 ～ X13 は、①従来の賃金協定（失効していない場合）（労組法16条）又は②就業規則の規定（労契法12条）に基づき、旧賃金体系に基づく賃金請求権を有し、新賃金体系に基づく賃金との差額を請求できる。①及び②は最低基準効（労組法16条、労契法12条）を有するので、仮に新賃金体系につき X11 ～ X13 の同意が認められる場合も同様である。

3　労働協約として成立している場合

(1)　変更の肯否

仮に手続的瑕疵が軽微であって 7・10 協定が労働協約として成立している場合、X11 ～ X13 の労働契約内容（賃金体系）の変更の肯否が問題となる。

第一に、X11 ～ X13 は、7・10 協定の締結に反対し不満を持ちつつも P 労組に残留し、新賃金体系に基づく賃金を 8 月・9 月分受け取っているが、書面より明示的に同意しているわけではないので、新賃金体系への同意の存在と同意に基づく労働契約内容変更（労契法8条）は肯定できないのであろう*12。

第二に、7・10 協定の定める賃金体系は統一的基準と解されるところ、①同協定が締結されるに至った経緯、②会社の経営状態、③協定の定める基準の全体としての合理性に照らし、同協定が特定の又は一部の組合員を殊更不利益に取り扱うことを目的として締結されたなど労働組合の目的を逸脱して締結されたものでなければ、7・10 協定の両面的規範的効力（労組法16条）による労働契約内容の変更が肯定される*13。

同協定は、運転手班別集会による意見集約以外の組合規約所定の要件は充足

---

*10　組合規約→【川口『労働法・第6版』120-122頁】。

*11　組合規約所定の手続が履践されず労働組合の協約締結権限に瑕疵があるとした事案として、中根製作所事件・東京高判平 12・7・26 労判 789 号 6 頁、鞆鉄道事件・広島高判平 16・4・15 労判 879 号 82 頁等。

*12　就業規則による労働契約内容の不利益変更への同意の肯否も同様である【川口『労働法・第6版』465-468 頁】。労働者に不利益をもたらしうる労働者の意思表示・合意の効力→【川口『労働法・第6版』91-96頁】。

*13　朝日火災海上保険（石堂）事件・最一小判平 9・3・27 集民 182 号 673 頁/労判 713 号 27 頁。労働協約による協約締結組合員の労働契約内容変更の肯否→【川口『労働法・第6版』908-911・1015頁】。

し（①）、多額の累積赤字を抱える Y 社の再建案として締結され（②）、その定める歩合給の比重の高い賃金体系が合理的でないとはいえない（③）ので、結果として特に年齢の高い運転手に不利益な内容となるとしても、高齢者の狙い撃ち等の特段の事情がない限り、労働組合の目的を逸脱して締結されたものとまでは言えず、労働契約内容変更の効力は否定されないであろう。

(2) X11 ～ X13 が請求しうる賃金額と法的根拠

7・10 協定が労働協約として成立しその両面的規範的効力が認められる場合、旧賃金体系を定める就業規則は X11 ～ X13 の労働契約に対し最低基準効を有さず（労基法 92 条 1 項・労契法 13 条）、X11 ～ X13 の労働契約内容は同協定により新賃金体系の内容に変更されるので、X11 ～ X13 は旧賃金体系に基づく賃金との差額を請求できない。

これに対し、両面的規範的効力が否定される場合は、7・10 協定は X11 ～ X13 に適用されず、X11 ～ X13 は就業規則（旧賃金体系）に基づく賃金請求権を有し（労契法 12 条）、新賃金体系に基づく賃金との差額を請求できる。

第 5 回　時間外労働／割増賃金／
就業規則による労働契約内容の変更等
（2008〈平成 20〉年第 1 問）

I　設問

次の設問について、現時点での法令、判例、学説等に基づき解答して下さい。

（35 字× 23 行× 4 頁＝ 3220 字くらいまで）

［2008 年新司法試験労働法第 1 問（配点：50）］
以下の X 及び Z（Y 社代表取締役社長）の言い分を読んで、次の問いに答えなさい。
1．給与規程改訂前において、X が Y に対して支払を求めることができる割増賃金の有無及び金額を、法的問題に触れながら、説明しなさい。ただし、割増賃金の金額は、具体的な数字を示す必要はないが、午後 11 時まで労働した 1 日分について、①割増賃金の基礎となる賃金の月額、②割増賃金の支払対象となる労働時間、③割増率を示すこと。
2．改訂後の給与規程が適用されるとした場合、X が Y に対して支払を求めることができる割増賃金の有無及び金額を、1 と同様に説明しなさい。
3．1、2 を踏まえて、改訂後の給与規程が X に適用されるか否かを論じなさい。

【Xの言い分】
　私は、平成18年10月、コンピュータソフトウェアの開発、製造、販売をしているY社（従業員数は、77人）に採用され、会計システム開発グループで「エキスパート」として、専らシステムの開発業務を担当しています。同グループには、グループリーダー1人、エキスパート6人、アシスタント2人がいます。就業規則では、勤務時間が午前9時から午後6時まで、休憩時間が正午から午後1時までと定められていますが、入社以来、午前9時に出社し、午後11時に退社するという日が続き、定めのとおり休憩時間は取れるものの、それ以外の時間は労働しています。休日は、就業規則に定められているとおり、土日と祝日に取れています。
　給与は、月給で、平成18年10月以降、エキスパートの「1号」として、基本給30万円、職務手当5万円、通勤手当8000円の合計35万8000円でしたが、平成19年10月から、基本給27万円、超過勤務手当8万円、通勤手当8000円に変更されました。このほかには、残業代等の支給は一切ありません。通勤手当は、通勤経路の定期券代です。採用の際、給与は基本給と手当の合計35万円と通勤費であり、残業代は基本給に含まれるとの説明があり、雇用契約書を交わし、その時は了解しました。職務手当が残業代であるという説明や、長時間の残業があるとの説明はありませんでした。毎月渡される給与明細書に、基本給のうちの残業代部分の金額や残業時間が記載されていたことはありません。
　平成19年8月ころ、社長Zが、従業員全員を集めて、同年10月から、エキスパートについては、従前の基本給のうちの残業代部分と職務手当を定額の超過勤務手当としての支払に改めるという説明をし、個別の面談で基本給や超過勤務手当が幾らになるかの説明がありました。私は、説明を受けた際、基本給の減額や職務手当が支給されなくなるのは納得できないと述べました。給与は銀行振込で支払われ、同月以降の給与支給を受けた際、異議を述べたりはしていませんが、同意をすると述べたこともありません。Y社には、エキスパートが約40人いますが、少なくとも私の属するグループのエキスパート6人は私と同じ意見であり、Zの説明に同意していません。
　極端な長時間労働をしているので、法律や就業規則で認められている割増賃金の支払をしてもらいたいと思います。

【Zの言い分】
　Y社では、システム開発業務の担当者は、アシスタントを除いて管理職として扱っていますが、残業代に相当する金額は基本給や職務手当に含めて支給することにし、残業代という名称では支給しないことにしていました。給与規程は別紙のとおりであり、採用時に十分に説明しています。職務手当は、専門的で高度な業務に対する手当であるという説明をしています。エキスパートの基本給、職務手当は、事務職のものより相当高額になっていました。本人も認めているように、Xは、基本給に残業代相当分が含まれることや、ほかに残業代が支払われないことに同意していました。
　ただ、従業員から分かりにくいという指摘があったので、給与規程を改訂し、エキスパートには、残業代に当たる部分をすべて定額の超過勤務手当として支給することにし、職務手当は支給しないことにしました。支給合計額は変わりません。改訂に際しては、従業員全員を集めて十分に説明し、その場で従業員の過半数の賛成により代表者を選んでもらい、その代表者から同意する旨を記載した書面をもらいました。改訂された給与規程は行政官庁に届け出て、会社内に備え付けています。
　Xは、採用時に給与の内容に同意していたし、改訂に際しても、個別の面談で詳しい説明を受け、平成19年10月以降異議を述べず給与を受け取っているので、残業代を請求するという言い分は理解できません。
　なお、Y社は、裁量労働制は採用していません。また、Y社には、労働組合はありません。

別　紙

【就業規則　（抜粋）　（改訂なし)】
　　　　（賃金）
　第 51 条　従業員の給与に関する事項は、給与規程に定める。

【給与規程　（抜粋）　（改訂前)】
　　　　（目的）
　第 1 条　この規程は、就業規則の定めに基づいて従業員の給与に関する事項を定める。
　　　　（賃金体系と種類）
　第 2 条　従業員の賃金の種類は、次のとおりとする。
　　　　　　　基本給
　　　　　　　職務手当
　　　　　　　超過勤務手当
　　　　　　　通勤手当
　　　　（管理職に対する特例）
　第 3 条　管理職（エキスパート以上）に対しては、超過勤務手当を支給しない。
　　　　（基本給）
　第10条　基本給は、職務グレードごとに、別表のとおり、月額で定める。
　　　　　　　　別表（基本給月額表）の抜粋

エキスパート	1 号	300、000 円
	2 号	315、000 円

　　　　（職務手当）
　第11条　職務手当は、職種ごとに、次のとおりとする。
　　　　　　　（1）～（6）　　　略
　　　　　　　（7）　　　　　　エキスパート　月額 5 万円
　　　　　　　（8）～（12）　略
　　　　（超過勤務手当、割増賃金の計算）
　第12条　超過勤務手当は、次の割増賃金とする。
　　　　　　　（1）時間外勤務（所定労働時間を超える勤務）
　　　　　　　　　　　　通常労働時間の賃金の 125 パーセント
　　　　　　　（2）休日勤務　　通常労働時間の賃金の 135 パーセント
　　　　　　　（3）深夜勤務（午後 10 時から午前 5 時までの勤務）
　　　　　　　　　　　　通常労働時間の賃金の 25 パーセント

【給与規程　（抜粋）　（改訂後)】
　第 1 条～第 2 条　〔改訂なし〕
　第 3 条　　　　〔次のとおり改める〕
　　　　　　管理職（グループリーダー以上）に対しては、超過勤務手当を支給しない。
　第 10 条　　　〔本文は改訂なし。別表を次のとおり改める〕

エキスパート	1 号	270、000 円
	2 号	285、000 円

　第 11 条　　〔(7) を削除。他は改訂なし〕
　第 12 条　　〔改訂なし〕

第 12 条の 2 〔新設〕

　　エキスパートに対しては、前条の規定にかかわらず、超過勤務手当として、月額 8 万円を支給する。

Ⅱ　事案の概要

【労働時間】

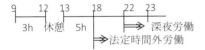

| 9 | 12 | 13 | 18 | 22 | 23 |

3h　休憩　5h　→ 法定時間外労働　→ 深夜労働

【経過】

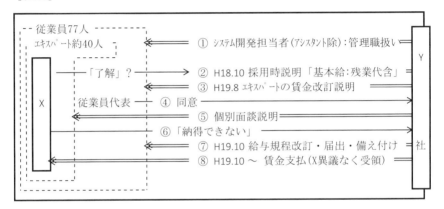

従業員77人
エキスパート約40人

① システム開発担当者(アシスタント除):管理職扱い
② H18.10 採用時説明「基本給:残業代含」
③ H19.8 エキスパートの賃金改訂説明
④ 同意（従業員代表）「了解」?
⑤ 個別面談説明
⑥ 「納得できない」
⑦ H19.10 給与規程改訂・届出・備え付け
⑧ H19.10～　賃金支払(X異議なく受領)

X　Y社

【エキスパート 1 号の賃金】

	基本給	職務手当	超過勤務手当	通勤手当	合計
H18.10	給与規程 10 条 300,000 円 説明/残業代含	給与規程 11 条 50,000 円	給与規程 3 条 不支給 説明/基本給に含む	8,000 円	358,000 円
H19.10	給与規程 10 条 270,000 円	給与規程 11 条 エキスパートのみ 削除	給与規程 12 条の 2 80,000 円定額 説明/残業代&職務手当	8,000 円	358,000 円

Ⅲ　論点

[基本的論点]

① 所定時間外労働に対する賃金請求権の有無と請求額

② 就業規則による労働契約内容変更の肯否

Ⅳ　解答例 　（35字×23行×4頁＝35字×92行〈3220字〉）

＜問 1 ＞

第 1　給与規程改定前の割増賃金請求権の有無と額

　①割増賃金の基礎となる賃金月額は 35 万円（労基法 37 条 5 項、労基則 21 条）*1、②割増賃金の支払対象労働時間は労働日の午後 6 時から 11 時（労基法 37 条 1・

---

*1　労基法 37 条及び労基則 21 条は、割増賃金の算定基礎となる賃金に算入されない賃金（除外賃金）として、家族手当、通勤手当、別居手当等を定めており（→【川口『労働法・第 6 版』306 頁】）、本件事案では通勤手当が除外されるので、割増賃金の基礎となる賃金の月額は基本給（30 万円）＋職務手当（5 万円）＝ 35 万円となる。

4 項)、③割増率は午後 6 時から午後 10 時は 25 %（法定時間外労働が 1 月 60 時間を超える部分は 50 %）、午後 10 時から午後 11 時は 50 %（法定時間外労働が 1 月 60 時間を超える部分は 75 %）で（労基法 37 条 1 項・割増賃金令[*2]、労基法 37 条 4 項、労基則 20 条 1 項）、①〜③により算定された割増賃金額[*3]を請求しうる。

第 2　法律上の論点

1　割増賃金支払義務の有無

(1)　X と Y 社の合意及び給与規程 3 条の効力

X は労基法上の労働者（労基法 9 条）で裁量労働制は採用されておらず労基法 41 条の 2[*4]所定の決議もないと解されるので、Y 社は、労働日の午後 10 時から午後 11 時までの深夜労働につき割増賃金支払義務があり（労基法 37 条 4 項）[*5]、午後 6 時から午後 11 時までの法定時間外労働についても、X が労基法 41 条 2 号の適用除外に該当しない限り割増賃金支払義務がある（労基法 37 条 1 項・割増賃金令）。労基法 37 条は労働契約に対し強行的直律的効力を有し（労基法 37 条・13 条）[*6]、同条に反する就業規則の規定は労働契約に対し法的効力を有しない（労基法 92 条 1 項・労契法 13 条）から、同条に反する、法定時間外・深夜労働に対し割増賃金を支給しない旨の X と Y 社の合意及び改訂前の給与規程（就業規則）3 条は無効であり、X は労基法 37 条所定の割増賃金請求権を有する。

(2)　X の「管理監督者」（労基法 41 条 2 号）該当性

X の「管理監督者」（労基法 41 条 2 号）該当性は、①経営の決定への参画と労務管理に関する指揮監督権限の有無、②労働時間についての裁量の有無、③賃金等の待遇等の具体的な勤務実態に即し判断されるところ[*7]、X は、①システム開発業務を担当するエキスパートで経営の決定への参画や指揮監督権限はないと思われ、②労働時間に関する裁量もなく、③賃金は月 35 万 8 千円で厚遇とは言えず「管理監督者」に該当しないから、Y 社は割増賃金支払義務を負う。

[*2]　「労働基準法第三十七条第一項の時間外及び休日の割増賃金に係る率の最低限度を定める政令」（割増賃金令）は、「平成 20 年新司法試験用法文登載法令」には登載され、「令和 4 年司法試験用法文登載法令」には登載されていないが、必要な知識であろう。

[*3]　割増賃金額算定のためには、割増賃金の算定基礎となる「通常の労働時間の賃金」を労基則 19 条により算定する必要がある（→【川口『労働法・第 6 版』305-306 頁】）。

[*4]　労基法 41 条の 2（平 30 法 71 により追加された）の定める適用除外→【川口『労働法・第 6 版』327-329 頁】。

[*5]　深夜労働に対する割増賃金支払は、労基法 41 条の 2 の適用除外に該当する場合を除き、全ての労基法上の労働者に適用される。

[*6]　労基法等の条文の私法上の強行性→【川口『労働法・第 6 版』145 頁】。

[*7]　育英舎事件・札幌地判平 14・4・18 労判 839 号 58 頁/判タ 1123 号 145 頁等。労基法 41 条 2 号の「管理監督者」該当性→【川口『労働法・第 6 版』326-327 頁】。

2 割増賃金支払の肯否

(1) 判断基準

　Y 社は X に対する割増賃金を、1) 基本給、又は、2) 職務手当により支払ったと評価できるかどうかが問題となるところ、割増賃金を基本給に含めてあるいは定額の手当として支払うことは可能であるが、①当該割増賃金部分と他の賃金とが明確に区別され、法定時間外労働等の時間数及びそれに対して支払われた賃金の額が明確に示されており、②当該賃金部分が法定時間外労働及び深夜労働に対する割増賃金相当部分であることにつき、労働者と使用者の合意又は労働契約上の根拠があるのでなければ、それにより割増賃金が支払われたと評価できず、①②を充足する場合でも、③労基法 37 条所定の計算方法により算定された金額以上の額を支払うことが必要である[8]。

(2) 本件事案の判断

　1)X の基本給は、仮に法定時間外労働・深夜労働に対する割増賃金を含むことにつき X の同意（②）があったとしても、給与明細書に法定時間外労働等に対応する部分の金額や残業時間の記載もなく、当該割増賃金部分と他の賃金部分が明確に区別されておらず（①）、2)職務手当は、他の賃金と明確に区別されてはいる（①）が、専門的で高度な業務に対する手当であって、法定時間外労働等に対する割増賃金である旨の賃金規程の規定や合意もない（②）ので、いずれもそれにより割増賃金が支払われたとは評価できない。

＜問２＞

第１　改定後の給与規程が適用される場合の割増賃金請求権の有無と額

　①割増賃金の基礎となる賃金月額は 27 万円（労基法 37 条 5 項、労基則 21 条）であるが、②割増賃金の支払対象労働時間と③割増率は、問 1 と同じであり、①〜③により算定された割増賃金額から超過勤務手当（8 万円）を差し引いた額の支払を請求しうる。

第２　法律上の論点

1 割増賃金支払義務の有無

　問 1 の第 2 の 1 で述べたように、Y 社は X に対し法定時間外労働・深夜労働

---

[8]　高知県観光事件・最二小判平 6・6・13 集民 172 号 673 頁/労判 653 号 12 頁、テックジャパン事件・最一小判平 24・3・8 集民 240 号 121 頁/労判 1060 号 5 頁等。②の合意又は労働契約上の根拠については、その支給内容が時間外労働等に対応するものとしての実質を認めることができるか、労基法所定の計算額が固定額を上回る場合の超過部分の精算合意・支払実績の有無等により労働者保護の観点から慎重に認定される。割増賃金支払の肯否→【川口『労働法・第 6 版』309-312 頁】。

に対する割増賃金支払義務を負う。

2 割増賃金支払の肯否

Y 社は割増賃金を超過勤務手当により支払ったと評価できるかどうかが問題となるところ、問 1 の第 2 の 2 で述べた判断基準の①と②を充足しているとしても、③につき、労基法 37 条所定の計算方法により算定された法定時間外労働・深夜労働に対する割増賃金の額が、超過勤務手当 8 万円を超える場合は、Y 社はその差額を支払う義務がある。

＜問 3 ＞

第 1 　給与規程改定の不利益変更該当性[*9]

改訂後の給与規程では、割増賃金の算定基礎となる賃金が低くなり（月額だと 35 万円から 27 万円）、かつ、労基法所定の算定による割増賃金額が超過勤務手当額より高くなる場合にのみその差額が支払われるので、法定時間外・深夜労働に対する割増賃金額が低くなり、労働条件の不利益変更に該当する。

第 2 　給与規程改訂についての X の同意[*10]の有無

改訂後の給与規程を労働契約の内容とすることにつき X の同意があれば、労契法 8 条[*11]により労働契約内容が変更されるが、就業規則による労働条件の不利益変更への労働者の同意は、使用者がその内容を具体的かつ十分に説明し、労働者がその不利益性の内容を理解し、労働者の同意が自由な意思に基づいてなされたと認めるに足りる合理的な理由が客観的に存在し、書面による明示的同意がなければ、認定は困難であるところ[*12]、X は説明を受けたとき納得できないと述べ、変更後の給与振込の際に異議は述べていないが同意するとも述べておらず、労働契約内容変更への同意は認定できない。

第 3 　就業規則の不利益変更効[*13]の肯否

Y 社は X との合意なく給与規程（就業規則）の変更により X の不利益に労働

---

*9 　就業規則による労働契約内容の変更の肯否→【川口『労働法・第 6 版』465-472・1012-1013 頁】。

*10 　変更後の就業規則の定めと同じ内容に労働契約内容を変更することについての「合意」の効力→【川口『労働法・第 6 版』465-468 頁】。

*11 　山梨県民信用組合事件・最二小判平 28・2・19 民集 70 巻 2 号 123 頁/労判 1136 号 6 頁参照。労契法 9 条の反対解釈により労働契約内容変更の効果が生じるという見解もあるが（協愛事件・東京高判平 22・3・18 労判 1015 号 83 頁等）、合意による変更の効果を定めている条文は労契法 8 条で、労契法 9・10 条は労働者の同意がない場合の就業規則の不利益変更効に関する規定と位置づける方が妥当である（【川口『労働法・第 6 版』118-120・465 頁注 13】）。

*12 　【川口『労働法・第 6 版』465-468 頁】。

*13 　就業規則の不利益変更効→【川口『労働法・第 6 版』110-115・1012-1013 頁】。

契約内容を変更できない（労契法9条本文）が、例外的に、①就業規則の変更が、労働者の受ける不利益の程度、労働条件の変更の必要性、変更後の就業規則の内容の相当性、労働組合等との交渉の状況、その他の就業規則の変更に係る事情に照らして合理的であり（特に賃金など重要な労働条件の不利益変更は高度の必要性に基づいた合理的なものであり*14）、②労契法10条所定の周知と労基法所定の意見聴取と添付・届出・周知手続（労基法90条・89条・106条1項）を履践すれば、③特約のない限り、労働契約内容を不利益に変更しうる（労契法10条）。本件では、事業場が一つであれば（不明だが）②を充足し、③は充足していると思われるが、①につき、前記第1で述べたように労働者の不利益が大きいにもかかわらず、特に変更の必要性、変更後の相当性は肯定されず、賃金という重要な労働条件の変更につき高度の必要性に基づいた合理性があるとは解されないので、不利益変更効は否定されよう。

第6回　懲戒処分／団結活動／不当労働行為等

（2008〈平成 20〉年第 2 間）

Ⅰ　設問

　次の設問の事例を素材として、X らが Y 社から懲戒処分を受けた場合、X らが求めうる法的救済、及び、法律上の論点を、現時点での法令、判例、学説等に基づき解答して下さい*1。（35 字×23 行×4 頁＝ 3220 字くらいまで）

［2008 年新司法試験労働法第 2 問（配点：50）］
　次の事例を読んで、後記の設問に答えなさい。
【事　例】
1　Y 株式会社（以下「Y 社」という。）には A 労働組合が存在し、従業員 500 人のうち 300 人がこれに加入している。ところが、平成 18 年ころから、同組合の一部の組合員の間で、Y 社との協調路線を採る執行部に対する批判が高まり、数名の組合員（以下「X ら」という。）が執行部を批判する活動をしたり、執行委員の選挙に立候補するなどの行動をとるようになっていた。
　　平成 19 年に至り、X らは、「A 労働組合を良くする会」を名乗り、一層の執行部批判に加えて、Y 社に対する批判をも行うようになり、同年夏ころからは、同会名義で、

---

*14　大曲市農協事件・最三小判昭 63・2・26 民集 42 巻 2 号 60 頁/労判 512 号 7 頁。
　*1　実際の司法試験の設問は後記の通りであるが、設問 1 と 2 をどう書き分けるかがわかりにくく記述内容が重複するとの批判が多かったので、この設問内容に変更した。

執行部批判及び Y 社批判を内容とするビラを、Y 社に無断で、Y 社施設内において従業員に配布したり、Y 社施設外で通行人等に配布し、自分たちへの支持を訴えるようになった。

　さらに、X らは、「A 労働組合を良くする会」の名で開設したホームページで Y 社批判や組合批判を行うようになり、Y 社が業務上従業員に使用させているパソコンを利用してこのホームページに書き込み等も行うようになった。

2　著しい誇張や曲解を含む悪質な会社批判のビラがまかれる、ホームページ上で会社に対する誹謗中傷や批判が書き込まれる、会社のパソコンを業務と関係なく使用されるという状況に危機感を抱いた Y 社は、X らの行動が別紙の就業規則に反するとして、「本件行為は、就業規則に違反する行為であり、今後同様の行為を行った場合には、本件行為と併せて、就業規則にのっとり、厳正な懲戒処分を行う。このような行為を直ちに中止するよう警告する。」旨の警告書を X らに交付した。しかし、この警告にもかかわらず事態は一向に改善されなかったので、Y 社は、X らに対する懲戒処分を行うこととして、まず、A 労働組合及び X らからそれぞれ言い分を聴いたところ、次のとおりの回答があった。

（A 労働組合の言い分）

　「当組合は、会社批判のビラ配布やホームページの開設等を行っていない。X らの行動は、当組合の方針に基づくものでもなければ、当組合の承認に基づくものでもない。言ってみれば、これらは、勝手に行った個人の行為であって、当組合の組合活動ではない。よって、懲戒処分について組合は関知しないし、組合として会社に対して何らかの行動を起こすことは考えていない。」

（X らの言い分）

　「我々が行った行為は、所属労働組合を本来のあるべき姿に戻すための良識ある行動である。組合員として組合執行部批判及び会社批判が許されることは当然であり、我々の行為は、正に組合活動である。また、我々の行為によって、会社の業務上、何らかの支障が発生したわけではない。そもそも、ビラ配布は、企業における組合活動として当然認められるべきであり、いちいち会社の許可が必要というわけではない。更に言えば、従来組合がビラ配布を行うにつき、必ずしも会社の許可を得て行っていたわけではない。また、ホームページの開設はだれでも自由であるし、そこにどのような書き込みをするかについて会社の許可など必要ない。さらに、会社のパソコンを使って書き込みをしたからといって、業務上何らかの支障が発生したという事実はないし、他の従業員も、会社のパソコンを使って私的にサイトにアクセスし、閲覧したり、書き込みをしたりしている事実がある。にもかかわらず、今回の我々の件についてだけ、突然、会社の許可が必要であるとか、就業規則違反であるという言い分は、筋が通らない。」

〔設　問〕

1．あなたが、弁護士として、X らから、「懲戒処分を受けそうだ。懲戒処分には納得できないが、労働組合は動かないので、何とか争って我々の権利を守ってもらいたい。」との相談を受けた場合、どのような機関にいかなる法的救済を求めることができるかについて、その論拠と併せて述べよ。

　その際、前記両者の言い分も踏まえて、いかなる法的救済が可能であるか、なぜ懲戒処分が違法となるのかにつき、論点を挙げて考え方を述べること。また、不当労働行為を主張する場合には、当該不当労働行為の該当条項を挙げ、なぜその条項に該当するのかも述べること。

2．あなたが、弁護士として、Y 社から、「このような違法状態を認めるわけにはいかな

い。就業規則の意味がなくなってしまうので、厳正な懲戒処分を行いたい。」との相談を受けた場合、X らのどの行為を対象として、いかなる懲戒処分を科すように助言するべきか、及びその懲戒処分を正当とする根拠について、懲戒処分を行うに当たって留意すべき点及び X らの言い分に対する反論も指摘しつつ、述べよ。

別　紙
【就業規則　（抜粋）】
第 60 条
　　1　従業員が次のいずれかに該当する場合は、懲戒する。
　　　（中略）
　　④　就業時間中に会社の許可なく業務以外の行為を行ったとき。
　　⑤　会社の信用を毀損し、会社を誹謗中傷する等の行為を行ったとき。
　　⑥　許可なく会社の施設・設備を利用し、又は会社施設内において、集会を開き、若しくは放送、掲示、印刷物等のちょう付、配布等をしたとき。
　　⑦　業務上の指示命令に反し、職場の秩序を乱したとき。
　　　（中略）
　　⑨　その他前各号に準ずる行為があったとき。
　　2　前項各号に該当する場合、情状により、減給、出勤停止又は懲戒解雇のいずれかの懲戒処分を科する。
第 61 条
　　懲戒解雇処分を科する場合には、賞罰委員会を開催し、本人の弁明を聴いた上で、賞罰委員会の答申を経なければならない。

Ⅱ　事案の概要

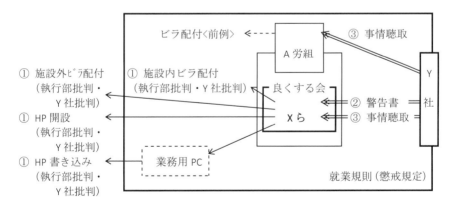

Ⅲ　論点

［基本的論点］
　懲戒処分の不当労働行為該当性・効力と法的救済

［具体的論点、及び、配点案］（配点 50）
第1　求めうる法的救済（小計 8）
　　1　裁判所〈4〉
　　　(1)　賃金支払又は労働契約上の権利を有する地位にあることの確認と賃金支払請求
　　　(2)　不法行為に基づく損害賠償請求
　　2　労働委員会〈4〉
　　　(1)　労組法 7 条 1 号の不利益取扱い及び同条 3 号の支配介入
　　　(2)　賃金の支払、又は、従業員として取り扱うことと賃金の支払、ポスト・ノーティス、不作為命令等
第2　法律上の論点（小計 21）
　　1　不当労働行為救済の申立人（小計 2）
　　2　懲戒処分の不当労働行為（労組法 7 条 1 号・3 号）該当性（小計 19）
　　　(1)　不利益取扱い（労組法 7 条 1 号）該当性
　　　　ア　「組合員であること」を理由とする不利益な取扱いか〈5〉
　　　　イ　「労働組合の正当な行為」を理由とする不利益な取扱いか〈13〉
　　　　　(ｱ)　団結活動の正当性の判断基準
　　　　　(ｲ)　主体と集団的意思形成と目的
　　　　　(ｳ)　態様
　　　　　　　　ビラ・ホームページの内容／会社の施設・備品利用
　　　(2)　支配介入（労組法 7 条 3 号）該当性〈1〉
　　3　懲戒処分の効力と適法性（小計 21）
　　　(1)　不当労働行為に該当する場合〈3〉
　　　(2)　不当労働行為に該当しない場合
　　　　ア　判断基準〈6〉
　　　　イ　本件で問題となる点〈12〉
　　　　　(ｱ)　懲戒事由と懲戒処分の定め・手続
　　　　　(ｲ)　懲戒事由に該当する事実の存在
　　　　　(ｳ)　就業規則違反の有無（就業規則所定の懲戒処分、手続の履践）
　　　　　(ｴ)　信義則違反、懲戒権濫用の有無
　　　　　　　　相当性／平等取扱原則／手続
　　　　　(ｵ)　その他強行法規違反の有無
　　　　　　　　労基法違反（91 条、20 条）

Ⅳ 解答例 （35字×23行×4頁＝35字×92行〈3220字〉）

　A労働組合が労組法上の労働組合（同法2条）であることを前提に解答する[*2]。
第1　求めうる法的救済
1　裁判所
　懲戒処分の無効を前提とする、賃金支払請求（減給・出勤停止の場合）又は労働契約上の権利を有する地位にあることの確認と賃金支払（懲戒解雇の場合）請求、及び、不法行為・債務不履行に基づく損害賠償請求が考えられる。
2　労働委員会
　懲戒処分が労組法7条1号の不利益取扱い及び同条3号の支配介入に該当するとして、賃金の支払（減給・出勤停止の場合）、又は、従業員として取り扱うことと賃金の支払（懲戒解雇の場合）、ポスト・ノーティス又は文書交付、不作為命令等の救済命令を求めることが考えられる[*3]。
第2　法律上の論点
1　不当労働行為救済の申立人[*4]
　不当労働行為救済制度が労働者及び団結体の団結権等を実質的に保障し侵害された団結権等を回復するための制度であることに鑑みれば、労組法上の労働者（労組法3条）は、労組法7条2号の団交拒否を除き不当労働行為救済の申立人となりうると解されるので、Xらは労働委員会に救済を申し立てうる。
2　懲戒処分の不当労働行為（労組法7条1号・3号）該当性
（1）不利益取扱い（労組法7条1号）該当性[*5]
　懲戒処分が労組法7条1号にいう「不利益な取扱い」に該当することは明らかであるので、以下、①「組合員であること」、又は、②「労働組合の正当な行為」を理由とする不利益な取扱いかどうかを検討する。
ア　「組合員であること」を理由とする不利益な取扱い[*6]か
　労組法7条1号に言う「組合員であること」の中には、組合の運動方針について基本的見解を異にする複数の組合員集団の一つ（執行部批判派）に所属していることも含まれる[*7]から、当該懲戒処分がXらが執行部批判派であること

[*2]　労組法7条1・3号にいう「労働組合」は労組法上の労働組合であるところ、A労働組合が労組法上の労働組合か不明だが、本設問でこれを論点とする趣旨ではないと思われるので、初めにこのように断っておく。
[*3]　求めうる救済命令の内容→【川口『労働法・第6版』991-992頁】。
[*4]　労働委員会での不当労働行為救済の申立人→【川口『労働法・第6版』980-983頁】。
[*5]　不利益取扱い（労組法7条1号）の成立要件→【川口『労働法・第6版』948-958頁】。
[*6]　「組合員であること」を理由とする不利益な取扱い→【川口『労働法・第6版』949頁】。
[*7]　東京労委（北辰電機製作所）事件・東京地判昭56・10・22労民32巻5号312頁/労判374号55頁。

（「A 労働組合を良くする会」に所属すること）を理由として行われたものであれば、労組法 7 条 1 号の不当労働行為に該当する。

　　イ　「労働組合の正当な行為」を理由とする不利益な取扱いか

　当該懲戒処分が、X らの、① Y 社施設外でのビラ配布、② Y 社施設内でのビラ配布、③ホームページでの Y 社の批判、④会社のパソコンを利用したホームページへの書き込みを理由に行われたものであれば、当該行為が「労働組合の正当な行為」に該当すれば、労組法 7 条 1 号の不当労働行為に該当する。

　具体的には、当該行為の団結活動としての正当性[*8]が、a) 主体と集団的意思形成と目的等、b) 手段・態様について問題となるところ、a) について、組合員の自発的活動も、ⅰ）労働者の労働条件の維持改善等や労働組合の自主的・民主的運営を志向し、ⅱ）組合内部の方針決定過程での言論活動や、ⅲ）労働組合の運動方針に反しない行為等であれば、労働組合の集団的意思に基づく行為で目的の点でも正当であるところ[*9]、X らの執行部・会社批判はⅰ）を充足し目的は正当であり、執行部批判はⅱ）に該当しうるが、会社批判はⅲ）に該当せず、A 労働組合の集団的意思に基づく行為ではないから正当ではない。また、b) については、1) ①〜④につきビラ・ホームページの内容[*10]、2) ②と④につき会社の施設・備品利用[*11]が問題となり、1) は、虚偽の事実や誤解を与えかねない事実の記載により、使用者の利益の不当な侵害、名誉・信用の毀損・失墜、企業の円滑な運営への支障を来す場合は正当性を有さず[*12]、2) は、利用許可を得ている場合、又は、許可を得ていないが Y 社がその利用を許さないことが信義則違反若しくは施設管理権の濫用と判断される特段の事情がある場合[*13]は正当性を否定されないところ[*14]、1) は著しい誇張や曲解を含む悪質な会社批判、誹謗中傷であれば正当性はなく、2) は施設内でのビラ配布、業務外でのパソコン使用につき、使用者の（黙示の）同意がある場合又は利用を許可しないことが信義則違反又は権利濫用であれば正当である。なお、ビラ配付、ホームページへの書き込みがもし就

---

*8　団結活動の正当性→【川口『労働法・第 6 版』824-838・1016-1017 頁】。
*9　厚木自動車部品・日産自動車労組事件・横浜地判昭 62・9・29 労判 505 号 36 頁、中労委（千代田化工建設）事件・東京高判平 7・6・22 労判 688 号 15 頁参照。
*10　情宣活動の内容の正当性→【川口『労働法・第 6 版』836-838 頁】。
*11　使用者の施設等を利用した団結活動の正当性→【川口『労働法・第 6 版』831-834 頁】。
*12　中国電力事件・広島高判平元・10・23 労判 583 号 49 頁/判時 1345 号 128 頁。
*13　国鉄札幌運転区事件・最三小判昭 54・10・30 民集 33 巻 6 号 647 頁/労判 329 号 12 頁、済生会中央病院事件・最二小判平元・12・11 民集 43 巻 12 号 1786 頁/労判 552 号 10 頁。
*14　【川口『労働法・第 6 版』832-834 頁】。

業時間内であれば、労働義務と抵触し正当な団結活動ではないであろう*15。

（2）支配介入（労組法 7 条 3 号）該当性*16

懲戒処分が労組法 7 条 1 号の不利益取扱いに該当すれば、組合内部の対立集団の一方であること又は正当な団結活動を理由とする不利益取扱いは、労働組合の運営に介入する支配介入（労組法 7 条 3 号）にも該当する。

3　懲戒処分の効力*17と適法性

（1）不当労働行為に該当する場合

X らに対する懲戒処分が不当労働行為であれば、労組法 7 条 1・3 号違反で無効で、団結権侵害の不法行為（民法 709 条）、信義則（労契法 3 条 4 項）違反に該当する*18。また、X らの行為①～④が正当な団結活動であれば、当該行為は懲戒事由に該当しない（正当な団結活動を懲戒事由として定めても労組法 7 条 1・3 号違反で契約内容とならない〈労契法 13 条〉）ので、無効とも言える。

（2）不当労働行為に該当しない場合

これに対し、懲戒処分が不当労働行為に該当せず、X らの行為①～④が正当な団結活動ではないとしても、直ちに①～④の行為に対する懲戒処分が有効となるわけではなく、懲戒処分の有効性要件を充足することが必要である。

具体的には、1)就業規則に懲戒事由と懲戒処分の種類・程度の定めがあり、規定内容が法令・労働協約に反せず（労基法 92 条 1 項）合理的で、実質的に周知され、労基法所定の意見聴取と添付・届出・周知（90 条・89 条・106 条 1 項）も履践され、2)就業規則所定の懲戒事由該当事実が存在し、3)就業規則等所定の要件（懲戒処分の内容、手続等）を充足し、4)信義則（労契法 3 条 4 項）違反、懲戒権の濫用（同法 15 条）でないこと（懲戒解雇であれば解雇権濫用〈同法 16 条〉でもないこと*19）、5)その他強行法規違反でないことが必要である。

1)は、懲戒事由と懲戒の種類の定めはあるが程度（減給の額や出勤停止の期間）の定めはなく、実質的周知や労基法所定の手続履践の有無は不明である。2)は、X らの行為①（Y 社施設外でのビラ配布）は就業規則第 60 条 1 項 5・7 号

---

*15　就業時間内の団結活動の正当性→【川口『労働法・第 6 版』828-831 頁】。

*16　支配介入（労組法 7 条 3 号）の成立要件→【川口『労働法・第 6 版』962-973 頁】。

*17　懲戒処分の効力→【川口『労働法・第 6 版』523-531・1014 頁】。

*18　労組法 7 条 1・3 号に該当する行為の効力等→【川口『労働法・第 6 版』998-999 頁】。

*19　懲戒解雇の場合は、解雇権の法的根拠も必要であるところ、X の労働契約が期間の定めのないものであれば Y 社は期間の定めのない契約の一般原則に基づき解雇権を有し、期間の定めがある場合は、「やむを得ない事由」（労契法 17 条 1 項）がある場合にのみ解雇権を有する。ただし、「やむを得ない事由」の存在は、懲戒権の法的根拠と行使の適法性が充足されれば、肯定されよう。懲戒解雇の効力については【川口『労働法・第 6 版』575-577・582-583・1014 頁】。

に、②（Y 社施設内でのビラ配布）は同項 5・6・7 号に、③（ホームページでの Y 社の批判）は同項 5・7 号に、④（会社のパソコンを利用したホームページへの書き込み）は同項 5・6・7 号に形式的には該当し、就業時間内の行為であれば同項 4 号にも該当するが、当該懲戒規定の目的に鑑み実質的に企業秩序等を乱すおそれのない特別の事情があるときは実質的該当性は否定される[*20]ので、Y 社の業務に支障が発生していない場合は否定される可能性がある。3)は、就業規則所定の懲戒処分（減給、出勤停止、懲戒解雇）から選択し、懲戒解雇の場合は就業規則 61 条所定の手続を履践することが必要であり、4)は、当該懲戒処分の客観的に合理的な理由と社会通念上の相当性、具体的には、懲戒処分内容の相当性、先例（従来の許可のないビラ配布）や他の従業員の行為（パソコンの私的利用）に対する取扱い等に照らし[*21]平等な取扱いか、手続として警告書の交付で十分か等が問題となり、5)は、減給であれば労基法 91 条に違反しないこと[*22]、懲戒解雇であれば即時解雇[*23]の要件を充足する場合を除き労基法 20 条の解雇予告又は予告手当の支払[*24]が必要となる。

第 7 回　配転／解雇／中間収入の控除等

（2009〈平成 21〉年第 1 問）

Ⅰ　設問

　次の設問について、現時点での法令、判例、学説等に基づき解答して下さい。

（35 字× 23 行× 4 頁＝ 3220 字くらいまで）

［2009 年新司法試験労働法第 1 問（配点：50）］
　次の事例について、法的な問題とそれに対する考えを述べた上で、X の Y 社に対する法的地位、権利関係について論じなさい（金銭債権に関して述べる場合は、平成 21 年 5 月 31 日を基準として、金額を明示すること。遅延損害金は考えなくてよい。）。
　なお、Y 社の就業規則（抜粋）は、後記のとおりである。

---

*20　目黒電報電話局事件・最三小判昭 52・12・13 民集 31 巻 7 号 974 頁/労判 287 号 26 頁等、【川口『労働法・第 6 版』543-544 頁】。
*21　懲戒処分につき、信義則上の義務の履行、権利濫用でないことの具体的判断基準→【川口『労働法・第 6 版』546-548 頁】。
*22　労基法 91 条→【川口『労働法・第 6 版』520 頁】。
*23　即時解雇の要件→【川口『労働法・第 6 版』555-556 頁】。
*24　解雇予告又は予告手当の支払→【川口『労働法・第 6 版』554-557 頁】。

【事　例】
　Xは、求人雑誌で衣料品等の販売を全国に展開するY社の販売員募集の広告を見て応募し、平成13年4月に期間の定めなく採用された。Xは、希望どおり自宅から徒歩15分のM店で販売員をすることになったが、雇用契約締結の際に、勤務場所や従事する業務について特別の話はなく、雇用契約書にもその記載はなかった。Xの給与は、基本給だけであり、平成20年4月以降は月額30万円で、当月分が毎月25日に支払われていた。Y社では、M店を含めて、就業規則は周知されていた。
　ところが、M店店長（以下「店長」という。）は、平成20年12月20日、Xに対し、突然、平成21年2月1日付けでの本社総務課勤務を命じた。Xは、自宅療養中で介護が必要な父親と小学校低学年の子1人の3人暮らしであり、毎年4月と10月に行われる店長との面談で、家族の状況を話し、勤務店を変わることはできないことを伝えていた。Xが「本社は自宅から片道2時間半以上掛かり、通勤は不可能です。病気の父を抱え、家族が転居することはできないし、父と子を残して単身で転居することもできません。それに、これまで、希望していないのに販売員が異動になった例は、聞いたことがありません。」と話すと、店長は、「会社の方針で、人件費削減のために販売員は期間雇用のパート従業員とすることになり、販売員の中で給与が高いXを最初に異動対象とした。本社での具体的な仕事は、まだ決まっていない。給与は、通勤手当が付くほかは変わらない。本社勤務ができないなら、辞めてもらうしかない。」と話した。
　Xは、異動に納得ができず、平成20年12月20日以降、店長に対して、家庭の事情などを繰り返し伝えて異動に応じられないと話したが、店長は、異動に従業員の同意はいらないと言って聞き入れなかった。Xは、平成21年2月1日にM店に行ったところ、異動辞令が出ていると言われ、店内に入れず、その後、出社しなかった。Xには、Y社から2度電話があり、本社に出社するように言われたため、M店なら勤務すると答えたが、「本社以外に勤務場所はない、M店では働かせない。」と告げられた。2月25日には給与が振り込まれず、2月27日に、3月1日付けで解雇するとの通知書が送られてきた。Xは、すぐに店長に電話して、解雇は認められないと抗議をしたところ、3月10日に、Xの銀行口座に30万円が送金されるとともに、同日、Y社から、「解雇理由は無断欠勤（就業規則第37条第1号、第5号）であり、送金したのは解雇予告手当である。」と記載された文書と、退職金の支給のための書類が送付されてきた。Xは、Y社に電話して解雇は認めないと伝え、退職金支給書類を返送しなかった。Y社の退職金規程によれば、Xが3月に退職した場合の退職金は105万円であった。
　なお、Y社は、Xの後任として、2月1日からパート従業員1名を採用している。また、Xは、生活のため、4月1日から近所のコンビニエンスストアでアルバイトをし、4月と5月に各14万円の収入を得ているが、元のようにM店で働きたいと思っている。

【就業規則　（抜粋)】
　（転勤等）
　第11条　会社は、従業員に対して、業務の都合により、就業の場所又は従事する業務
　　の変更を命じることができる。
　（解雇）
　第37条　会社は、従業員が次の各号のいずれかに該当するときは、解雇する。
　　①　職務遂行能力が不十分又は勤務態度が不良でその職務に不適格であるとき。
　　②～④　　（略）
　　⑤　前各号に準じる事由があるとき。

Ⅱ　事案の概要

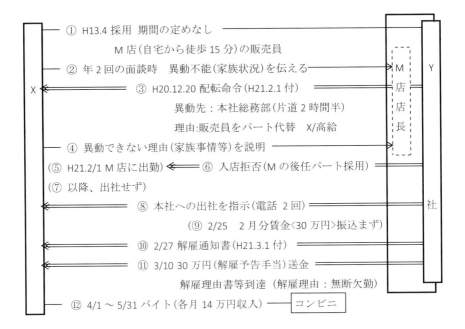

Ⅲ　論点

［基本的論点］

① 　本社での労働義務の有無

② 　XのY社に対する労働契約（雇用契約）上の権利を有する地位の有無

③ 　賃金請求権の有無と請求額

［具体的論点、及び、配点案］（配点：50）

序（論点設定）　　問題となる地位・権利関係〈6〉

第1　本社での労働義務と労働契約上の権利を有する地位（小計29）

　　1　配転命令の効力と本社での労働義務

　　(1)　配転命令の効力

　　　　ア　配転命令権の法的根拠〈12〉

　　　　　(ｱ)　事前の合意

　　　　　(ｲ)　就業規則の定め

　　　　イ　配転命令権の行使の適法性〈8〉

　　　　　(ｱ)　判断基準

Ⅳ　解答例　<small>(35字×23行×4頁＝35字×92行〈3220字〉)</small>

　本件では、X の Y 社に対する労働契約上の権利を有する地位と本社での労働義務の有無及び賃金請求権の有無と額が問題となる。

第1　本社での労働義務と労働契約上の権利を有する地位

1　配転命令の効力と本社での労働義務

(1)　配転命令の効力[*1]

　X に対する解雇の理由は無断欠勤（就業規則 37 条 1 号・5 号）なので、その効力については平成 21 年 2 月 1 日以降の X の本社での労働義務の有無が問題となるところ、本社への配転に対する配転時の X の同意は存在せず、X と Y 社の合意による勤務場所の変更（労契法 8 条）の効果は生じないので、X に対する配転命令の効力が問題となる。

ア　配転命令権の法的根拠[*2]

　配転命令の効力については、まず、Y 社の配転命令権の有無が問題となるところ、第一に、Y 社の配転命令権についての X と Y 社との事前の合意は、雇用契約締結の際に特別な話や契約書の記載もなく、認定できないであろう。

　第二に、配転に関する就業規則の定め[*3]については、労契法 7 条及び労基法所定の手続要件、具体的には、①X と Y 社の労働契約締結時点での当該定めの

---

*1　配転命令の効力→【川口『労働法・第6版』482-488・1006-1007頁】。
*2　配転命令権の法的根拠→【川口『労働法・第6版』482-484頁】。
*3　使用者の配転命令権等、労働者にとって有利でない就業規則の定めが労契法 7 条及び労基法所定の手続要件の充足により労働契約の内容となる効力（非有利設定効）については【川口『労働法・第6版』107-110・1012-1013頁】。

存在、②労働契約締結時の事業場の労働者及び X に対する周知、③内容の合理性、④労基法所定の意見聴取と添付・届出・周知（労基法 90・89・106 条 1 項）、⑤ X と Y 社間に異なる合意がないことを充足すれば、X と Y 社の労働契約の内容となり配転命令権の法的根拠となるが、①は不明、②は事業場での周知はされていたが X に対しては不明であり、③は「業務の都合」を配転の必要性がある場合に合理的限定的に解釈する限りは認めることができ、④は意見聴取と添付・届出は不明であり、⑤につき勤務地限定の合意は、雇用契約締結の際に特別な話はなく契約書の記載もないことから認定できないであろう。

イ　配転命令権の行使の適法性[*4]

Y 社が配転命令権を有していなければ配転命令は無効であるが、仮に、就業規則の定めが配転命令権の法的根拠となるとしても、配転命令が有効であるためには、配転命令権の行使が適法であることが必要である。

第一に、就業規則 11 条は、「業務の都合」がある場合に配転を命じうると定めるところ、基本給が同じで通勤手当が付加されるのであれば X の配転が直接人件費削減につながるわけではなく、発令時点で本社での具体的仕事も決定されていないので、「業務の都合」は否定されるのではなかろうか。

第二に、配転命令は、1)信義則（労契法 3 条 3・4 項）・育介法 26 条違反、2)権利濫用（労契法 3 条 5 項）、3)その他の強行法規違反に該当しないことが必要であり、1)と 2)は具体的には、本件のように経営上の理由による配転であれば、①配転の必要性、②対象労働者の選定基準と適用の合理性、③労働者の被る不利益等に照らしての配転時期・配転後の労働条件（不利益緩和措置を含む）の相当性、④十分な説明・協議に照らして判断すべきところ[*5]、本件配転命令は、前述のように①は認められず、したがって②も給与が高いという基準に合理性は認められず、③も X の育児介護責任とその被る不利益の重大さに照らし相当性が認められず、④も X が毎年 2 回の面談で勤務店変更の困難さを説明していたのに突然配転を命じたものであり、信義則・育介法 26 条に反し、また、

---

*4　配転命令権の行使の適法性→【川口『労働法・第 6 版』484-488 頁】。

*5　東亜ペイント事件・最二小判昭 61・7・14 集民 148 号 281 頁/労判 477 号 6 頁は、配転命令の「権利濫用」該当性につき、「業務上の必要性がない場合、又は、業務上の必要性がある場合でも、不当な動機・目的をもってなされたものであるとき、若しくは、労働者が通常甘受すべき程度を著しく超える不利益を負わせるものであるとき等、特段の事情が存する場合」と判示しており、この判断基準を使うことも可能であろうが、育介法 26 条（2002〈平 14〉年施行）及び労契法 3 条 3 項・4 項（2008〈平 20〉年施行）施行前の事案であるので、この解答例では、育介法 26 条及び労契法 3 条 3 項・4 項を考慮した判断基準を立てている。

76

権利濫用にも該当し、無効と解すべきである。

(2) 本社での労働義務

　配転命令が無効であれば、X が平成 21 年 2 月 1 日以降労働義務を負う事業場は M 店であり、本社での労働義務はない。

2　解雇の効力[*6]と地位確認[*7]

　X に対する解雇が有効であるためには、Y 社が解雇権を有し、解雇権の行使が適法であることが必要である。

　X の労働契約は期間の定めのない労働契約なので、Y 社は期間の定めのない契約の一般原則（及び民法 627 条 1 項）に基づき解雇権を有するが、解雇権の行使が適法であるためには、①就業規則作成義務のある事業場では就業規則所定の解雇事由該当事実が存在し、②信義則（労契法 3 条 4 項）に違反せず、③解雇権濫用（同 16 条）ではなく、④その他強行法規違反でないことを要する。

　配転命令が無効であれば、X が労働義務を負うのは平成 21 年 2 月 1 日以降も M 店であるところ、X は 2 月 1 日に M 店に出社し、入店を拒否されたためその後出社しなかったが、M 店での労務を提供したと評価しうるから、①就業規則 37 条 1 号所定の勤務態度不良及び同 5 号のこれに準じる事由に該当する事実が存在せず、X に対する解雇は、就業規則違反（労働契約違反）であり無効である。また、②信義則（労契法 3 条 4 項）違反、③権利濫用（同 16 条）で無効でもあり、X は Y 社に対し労働契約上の権利を有する地位にある[*8]。

　なお、④につき、3 月 1 日付け解雇通知書が 2 月 27 日に X に到達しており、この時点では労基法 20 条所定の要件を充足していないが、3 月 10 日に X の銀行口座に 30 万円（解雇予告手当）を送金した時点で改めて解雇の意思表示をしたと解すれば、3 月 10 日の時点では同条を充足する[*9]。

[*6]　期間の定めのない契約における解雇の効力→【川口『労働法・第 6 版』552-577 頁】。

[*7]　解雇が無効である場合の地位確認→【川口『労働法・第 6 版』610-611 頁】。

[*8]　なお、仮に配転命令が有効で X が平成 21 年 2 月 1 日以降本社での労働義務を負う場合は、X が 2 月 1 日以降本社で労務を提供していないことは、就業規則 37 条 1 号所定の勤務態度不良及び同 5 号のこれに準じる事由に少なくとも形式的には該当するが、本件のように人的理由（無断欠勤）による解雇の場合は、就業規則所定の解雇事由該当事実の有無、及び、信義則違反・権利濫用の有無は、①解雇の必要性・相当性（解雇回避義務の履行）と②手続（説明・協議と理由の通知）により判断されるところ、Y 社が 2 度電話して本社への出勤を促したことが、解雇回避義務の履行として十分か、また、十分な説明協議をしたと言えるか等が論点となろう。

[*9]　なお、労基法 20 条違反（解雇予告又は予告手当を欠く）の解雇の効力については【川口『労働法・第 6 版』556-557 頁】。相対的無効説を採用すれば、労基法 20 条に違反していても他の解雇の要件を充足し、かつ、Y 社が即時解雇に固執しなければ、解雇通知後 30 日経過後又は解雇予告手当の支払後、解雇の効力が発生する。

第2 賃金請求権の有無と額

1 民法536条2項前段に基づく賃金請求権

Xに対する配転が無効で解雇も無効であれば[*10]、Xは、2月1日労働義務のあるM店に労務を提供し以降も労務提供する意思と能力があったにも関わらず、Y社の入店拒否と解雇により労務を履行できなかったのであるから、民法536条2項前段により賃金請求権を有し、その額は30万円×4ヶ月＝120万円となる。

2 中間収入控除の可否と限度[*11]

Xは平成21年4月と5月に他の就労先からの収入（各14万円）があるので、Y社による未払賃金からの中間収入控除の可否と限度が問題となるところ、「労働者が解雇期間中に得た利益はそれが副業的なもので解雇がなくても当然取得しうる等特段の事情がない限り民法536条2項後段に基づきこれを使用者に償還すべきであり、使用者は決済手続を簡便にするため解雇期間中の賃金額からその利益を控除しうるが、労基法26条は使用者の違法無効な解雇にも適用があるので当該賃金額のうち平均賃金（労基法12条1項）の6割は利益控除の対象とし得ない」[*12]との見解を採用すれば、本件の場合控除しうる額は30万円×（1－0.6）×2か月＝24万円となり、Xの請求しうる賃金額は96万円である。

しかし、中間収入は、労働者が使用者に対する労働義務を免れたことにより

[*10]　「Xに対する配転は有効だが解雇は無効である場合」は、Xが平成21年2月1日以降労働義務を負うのは本社であるところ、2月1日以降は本社での労務の提供がないので2月分の賃金請求権はなく、解雇された3月1日以降も本社での労務提供の意思がないと評価しうるので、賃金請求権はない。また、「Xに対する配転も解雇も有効である場合」は、Xが平成21年2月1日以降労働義務を負うのは本社であるところ、本社での労務の提供がないので2月分の賃金請求権はなく、解雇された3月1日以降労働契約終了の効果が発生する3月10日までも本社での労務提供の意思がないと評価しうるので、賃金請求権はない。解雇予告手当は賃金ではないと解されるので、Xが賃金の一部として受領する旨の意思表示をした場合を除き、退職金105万円と解雇予告手当との相殺はできず（労基法24条）、Xは105万円を請求しうる。

[*11]　中間収入の控除の可否と限度→【川口『労働法・第6版』612-614頁】。なお、当該解雇が不当労働行為であるとして労働委員会に救済を求める場合の、バックペイと中間収入の控除の要否については【川口『労働法・第6版』993-995頁】。

[*12]　米軍山田部隊事件・最二小判昭37・7・20民集16巻8号1656頁/判時309号2頁。したがって、使用者が労働者に対して負う解雇期間中の賃金支払債務のうち、平均賃金額の6割を超える部分から当該賃金の支給対象期間と時期的に対応する期間内に得た中間利益の額を控除することは許され、中間利益の額が平均賃金額の4割を超える場合には、さらに平均賃金算定の基礎に算入されない賃金（労基法12条4項所定の賃金：臨時に支払われた賃金、3ヶ月を超える期間毎に支払われる賃金）でその支給対象期間が中間利益の発生した時期と対応する場合は、その全額を対象として利益額を控除することができる（あけぼのタクシー事件・最一小判昭62・4・2集民150号527頁/労判506号20頁）。

当然に発生するものではなく、労働者が就労することにより発生するから、「債務を免れたことによって得た利益」（民法 536 条 2 項後段）には該当せず控除できないと解すべきであり、仮に該当するとしても違法無効な解雇を行い労働者の生活を困窮させた使用者が中間収入の控除の主張をなすことは信義則上できず[*13]、X は 120 万円の賃金全額を請求できると解すべきではなかろうか。

3 解雇予告手当の位置づけ

解雇予告手当は、解雇に伴う労働者の不利益を緩和するために労基法 20 条が定めた手当であり賃金ではないと解される[*14]ので、Y 社は、3 月 10 日に送金した解雇予告手当につき、X がこれを賃金の一部として受領する旨の意思表示をした場合を除き、X の賃金請求権と相殺できない（労基法 24 条）[*15]。

第 8 回　契約不更新／懲戒処分／争議行為等

（2009〈平成 21〉年第 2 問）

I　設問

次の設問について、現時点での法令、判例、学説等に基づき解答して下さい。

（35 字× 23 行× 4 頁＝ 3220 字くらいまで）

［2009 年新司法試験労働法第 2 問（配点：50）］
次の設例を読んで、後記の設問に答えなさい。
【設　例】
1　電機メーカー Y 社は、主力商品である半導体製品の売上不振によって業績が悪化したため、平成 20 年 7 月、主力工場である A 工場の生産縮小を決定した。そして、Y 社は、同年 8 月 18 日、期間 1 年の有期労働契約で雇用され、比較的単純な作業に従事する期間従業員である X1 ら 100 名の雇用を、期間の満了時期にかかわらず、同年 9 月末日限りで打ち切る方針を固め、全員に通知した。A 工場における平成 20 年度上半期の生産高は、それ以前に比べて著しく落ち込み、その後も回復を見込めない情勢にあった。
　　しかし、X1 ら期間従業員がこの打切りに強く反発したため、Y 社は雇用打切りの方針をいったん断念し、同年 9 月 30 日付けで労働契約を合意解約するとともに、同年 10 月 1 日付けで 6 か月の期間を定めた労働契約を期間従業員全員との間で新たに締結

---

*13　【川口『労働法・第 6 版』613-614 頁】。
*14　【川口『労働法・第 6 版』554 頁注 13】。
*15　労基法 24 条の定める賃金全額払原則→【川口『労働法・第 6 版』273-276 頁】。この場合、Y 社は支払った解雇予告手当につき、別途、不当利得として X に返還請求することになる。

した。その内容は、「本労働契約の期間は、平成 20 年 10 月 1 日から平成 21 年 3 月 31 日までとし、期間従業員は、3 月 31 日をもって退職するものとする。」というものであった。X1 らは不満を抱いたものの、当面の生活を重視して契約締結に応じた。また、Y 社は、A 工場の生産体制を縮小する中で、従業員の雇用を確保するため、平成 20 年 10 月 1 日以降、正社員及び期間従業員の労働時間を 1 日 8 時間から 7 時間に短縮した。

2　X1 ら期間従業員は、前記労働契約によって就労を継続したが、A 工場の業績は回復せず、Y 社全体としても業績が悪化したので（平成 20 年度下半期の売上高は、前年度比で 3 割近く減少し、経常損失を生じる見込みである。）、Y 社は、平成 21 年 2 月 20 日、期間従業員 100 名全員について、同年 3 月 31 日をもって雇用を終了することを決定し、通知した。通知に際しては、A 工場長が X1 ら期間従業員全員を集めて 2 回にわたって説明会を開き、雇用打切りに至る経緯や理由について説明を行った。

　これに対して、100 名の期間従業員のうち 60 名は雇用打切りに応じたが、X1 〜 X40 の 40 名は納得せず、Y 社に対して労働契約上の地位の確認を求める訴えを提起することを考えている。一方、Y 社は、平成 21 年 4 月 1 日以降、X1 ら 40 名の就労を拒否している。

　X1 ら 40 名は、期間 1 年の有期労働契約を 6 回ないし 10 回更新して就労してきたものである。契約更新に際しては、その都度契約書を取り交わしてきたものの、従来は更新を拒絶された事例はない。X1 らの業務は、ライン製造における補助作業であり、正社員のような熟練作業ではないが、半導体製造にとって不可欠の業務であり、時間外労働に従事することもあった。なお、平成 21 年 2 月 20 日の期間従業員への雇用打切り通知当時、Y 社には約 3200 億円の内部留保があり、雇用を打ち切らなくても、直ちに資産状況が債務超過に陥るという状況にあったわけではない。雇用打切りに際しては、正社員の労働時間の更なる短縮や、Y 社役員、管理職及び正社員の給与・賞与カット等の措置は講じられていない。

3　Y 社正社員の約 80 パーセントを組織する N 組合は、当初は期間従業員の人員整理を静観していたが、同じ労働者として放置しておくべきではないという声が高まり、また、Y 社が第 2 段階の人員削減として正社員の人員整理を計画しているとの情報を得て危機感を強め、平成 21 年 4 月 15 日、Y 社との間で団体交渉を行った。そして、X1 ら期間従業員のうち雇用期間の長い者 25 名を再雇用するよう申し入れるとともに、N 組合らは正社員の人員整理計画の有無について明らかにするよう求めた。これに対して、Y 社は、「期間従業員の雇用問題は、N 組合との団交事項ではない。正社員の人員整理は 6 月から実施する予定であるが、詳細が確定した段階で交渉に応ずる。」と回答して交渉を 1 回で打ち切り、その後は交渉に応じていない。

　そこで、N 組合は、期間従業員問題の打開を図り、また、Y 社が正社員の人員整理を予定していることに抗議するため、平成 21 年 4 月 30 日、組合規約所定の手続を経て、A 工場におけるストライキの実施を決定し、N 組合 A 工場支部に指示した。この指示を受けて、A 工場に勤務する N 組合員 165 名のうち、主要製造ラインの班長職組合員及びコンピュータ制御部門に所属する組合員計 45 名は、5 月 10 日、全日ストライキを決行した。この結果、同日の A 工場の生産機能は完全に停止し、約 1200 万円の損害が発生した。その際、ストライキに参加しない N 組合員らは、従事すべき業務がなくなったが、終日、工場内に滞留した。なお、Y 社は、A 工場に勤務する非組合員については、5 月 10 日の勤務を免除した上、当日分の賃金を支給した。

4　Y 社は、A 工場の N 組合ら 165 名全員について 5 月 10 日分の賃金（基本給）を 5 月賃金からカットするとともに、6 月 30 日、ストライキを計画・指導した N 組合執行委員長 R 及び書記長 S に対し、「故意に会社業務を妨害したとき」との Y 社就業規則

の懲戒事由に基づき、Rを出勤停止 10 日間、Sをけん責の懲戒処分に付した。同就業規則には、懲戒手続について、「会社とN組合によって組織する懲戒委員会を開催し、事実調査及び処分について協議する。」との規定がある。懲戒委員会では、R 及び S を呼んでその言い分を聴いた上、Y 社と N 組合副執行委員長らが 2 回にわたって協議したものの、決裂した。

〔設 問〕
1．Y 社が X1 らに対して行った雇用打切りの法的評価について論じなさい。
2．Y 社が R と S に対して行った懲戒処分及び N 組合員ら 165 名に対して行った賃金カットの効力について論じなさい。

Ⅱ　事案の概要

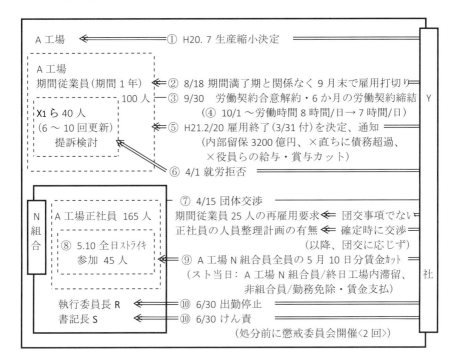

Ⅲ　論点

［基本的論点］

<問 1 >
　有期労働契約の契約不更新による労働契約終了の肯否[1]

---

*1　有期労働契約の契約不更新→【川口『労働法・第 6 版』583-593・1004 頁】。

＜問2＞

①争議行為指導者に対する懲戒処分の効力

②争議行為実施組合の組合員の賃金請求権、休業手当請求権、損害賠償請求権の有無

［具体的論点、及び、配点案］（配点：50）

＜説問1＞（小計23）

第1　X1〜X40の労働契約の法的性質（小計13）

　1　労契法19条1号又は2号該当性〈3〉

　2　平成20年10月1日付の労働契約締結以前〈3〉

　3　平成20年10月1日付の労働契約締結以後〈7〉

第2　契約不更新による労働契約終了の肯否（小計10）

　1　契約締結・更新の申込み〈2〉

　2　客観的に合理的な理由と社会通念上の相当性〈8〉

　（1）判断基準

　（2）本件事案の判断

＜説問2＞（小計27）

第1　R・Sに対する懲戒処分の効力（小計16）

　1　ストライキの正当性〈10〉

　（1）判断基準

　（2）本件事案の判断

　2　懲戒処分の効力〈6〉

第2　N組合員の賃金請求権等の有無（小計11）

　1　ストライキに参加した組合員〈2〉

　2　ストライキに参加しなかった組合員〈9〉

　（1）賃金請求権

　（2）休業手当請求権

　（3）損害賠償請求権

Ⅳ　解答例　（35字×23行×4頁＝35字×92行〈3220字〉）

＜説問1＞

第1　X1〜X40の労働契約の法的性質

　X1〜X40の労働契約は契約期間1年の有期労働契約であるが、平成21年3月31日の雇用打ち切り（契約不更新）の時点で、労契法19条1号又は2号に該

当し同条柱書が適用されるかどうかが問題となる[*2]。

X1 〜 X40 は、有期労働契約を 6 回〜 10 回更新して就労していたもので、契約更新に際しては更新の都度契約書を取り交わしたが更新を拒絶された事例はなく、その業務は補助作業だが半導体製造に不可欠で、時間外労働もしていたことに照らせば、契約更新に対する合理的期待を有していたと解すべきところ、平成 20 年 9 月 30 日付の合意解約と同年 10 月 1 日付の労働契約締結により、契約不更新の「合意」がなされ、それにより契約が終了し又は当該合理的期待が消滅したかが問題となるが、契約不更新は単なる事実で法律行為ではないから、当該「合意」は、法律効果を生じさせる合意ではなく、使用者による契約不更新の「通知」と労働者によるその通知を受けたことの確認にすぎず、かつ、契約更新への合理的期待は一旦発生すればその期待を保護すべきであるから、その後になされた不更新「通知」は合理的期待を消滅させない[*3]。したがって、X1 〜 X40 の労働契約は、少なくとも労契法 19 条 2 号に該当すると解される。

第 2　契約不更新による労働契約終了の肯否

労契法 19 条柱書により、1)X1 〜 X40 による労働契約の更新又は締結の申込みがあれば、2)Y 社の当該申込み拒絶が客観的に合理的な理由を欠き社会通念上相当であると認められないときは、3)Y 社は従前の有期労働契約と同一の労働条件で当該申込みを承諾したものとみなされる。2)は、本件のように経営上の理由による契約不更新については、①人員削減の必要性、②契約不更新の必要性（不更新回避義務の履行）、③不更新の対象者の選定基準と適用の合理性、④説明・協議と解雇理由の通知により判断されるところ[*4]、①につき A 工場での業績悪化と生産縮小の必要性に照らしての人員削減の必要性の有無、②③につき正社員と期間従業員の労働時間の短縮（1 日 8 時間から 7 時間）、Y 社の内部留保、正社員の労働時間の更なる短縮や Y 社役員、管理職及び正社員の給与・賞与カット

[*2]　従来の判例法理は、形式的には契約期間の定めがあるが契約当事者のいずれかから契約更新拒否の意思表示がなければ当然更新されるべき労働契約であって、①実質的に期間の定めのない労働契約と異ならない労働契約、又は、②労働者が期間満了後も使用者が雇用を継続するものと労働者が期待することに合理性がある労働契約であれば、当該契約は期間満了により当然には終了せず、使用者による契約更新拒否の意思表示に対し解雇規制法理が類推適用されるとしていた（東芝柳町工場事件・最一小判昭 49・7・22 民集 28 巻 5 号 927 頁/労判 206 号 27 頁、日立メディコ事件・最一小判昭 61・12・4 集民 149 号 209 頁/労判 486 号 6 頁）が、労契法 19 条はこれを参考に有期労働契約の締結・更新の承諾みなし制度を創設した（2012〈平 24〉年施行）。同制度については【川口『労働法・第 6 版』586-593・1004 頁】。

[*3]　【川口『労働法・第 6 版』590 頁】。

[*4]　経営上の理由による不更新の違法性の判断基準→【川口『労働法・第 6 版』592・569-573 頁】。

や希望退職募集は行われなかったこと等に照らし、期間従業員 100 人全員を契約不更新とする必要性と合理性、④につき A 工場長の説明が十分な説明・協議であるか等が問題となる。なお、30 日前の契約不更新の予告（労基法 14 条 2 項、有期労働契約の締結、更新及び雇止めに関する基準 1 条）はされている。3)につき、直近の労働契約は契約期間 6 か月・労働時間 1 日 7 時間であるが、これが一時的な内容であれば、契約期間 1 年・労働時間 1 日 8 時間の労働契約が成立することになろう。

<説問２>

第1　R・Sに対する懲戒処分の効力

1　ストライキの正当性*[5]

　R と S は懲戒事由「故意に会社業務を妨害したこと」に該当するとして懲戒処分を受けているので、両者が計画・指導したストライキの正当性が問題となるところ、ストライキの正当性は、①主体、②集団的意思の形成、③目的、④手続、⑤手段・態様の点から判断される。①は N 組合が労組法 2 条本文を充足すれば正当であり、②は組合規約所定の手続を経てストライキの実施を決定しているので問題はないと思われ、③は「期間従業員問題の打開」及び「正社員の人員整理を予定していることに抗議」は、いずれも「組合員の雇用・労働条件又は集団的労使関係のルールに関し、使用者が決定又は対応することが可能な事項に関する要求の実現」であるので正当であり、④は団体交渉を経ること等が必要であるところ、本件では Y 社が団体交渉に応じることを拒否した後で行われているので正当であり、⑤は部分ストでスト不参加者は職場に滞留していたところ、単なる労務提供の停止と職場滞留であれば正当である。

2　懲戒処分の効力*[6]

　本件ストライキが正当であれば、懲戒事由（「故意に会社業務を妨害したこと」）に正当なストライキによる業務妨害は含まれない（懲戒事由に含めても労組法 7 条 1・3 号違反で契約内容とならない<労契法 13 条>）ので、当該懲戒処分は、懲戒事由該当事実が存在せず、また、労働組合の正当な行為を理由とする不利益取扱いとして労組法 7 条 1 号・3 号違反であり、無効である。

　これに対し、本件ストライキが正当でなくても、懲戒処分が有効であるためには、①就業規則における懲戒事由・懲戒処分の種類・程度の定め、内容の適法性・合理性、周知及び労基法所定の手続（90 条・89 条・106 条 1 項）の履

---

*5　ストライキを含む争議行為の正当性の判断基準→【川口『労働法・第 6 版』797-824・1016-1017 頁】。

*6　懲戒処分の効力→【川口『労働法・第 6 版』523-548・1014 頁】。

践、②懲戒事由該当事実の存在、③就業規則等所定の要件の充足、④信義則（労契法 3 条 4 項）違反、懲戒権濫用（同 15 条）でないこと等が必要であるところ、②は肯定され、③につき懲戒委員会での協議はなされているが、①の懲戒処分（出勤停止・けん責）の定めと手続履践の有無は不明で、④は、懲戒処分の相当性、平等取扱原則（先例との関係）、適正手続等が問題となろう。

第2　N組合員の賃金請求権等の有無

1　ストライキに参加した組合員[*7]

ストライキに参加した N 組合員は、労務を提供していないので、異なる定めがある場合を除き、賃金及び休業手当（労基法 26 条）請求権を有しない。

2　ストライキに参加しなかった組合員[*8]

第一に、ストライキ不参加の N 組合員はストライキ日は終日工場内に滞留しており、Y 社がその労務を受領したと判断されれば賃金請求権を有する。

第二に、Y 社がスト不参加 N 組合員の労務の受領を拒否したと判断される場合、民法 536 条 2 項前段に基づく賃金請求権の有無が問題となるが、①部分ストが原因でスト不参加労働者の労働が社会観念上不能又は無価値となった場合は、②特別の事情がある場合を除き賃金請求権を有しないと解すべきところ[*9]、仮に①を充足しても、本件ストの原因となった Y 社の 4 月 15 日以降の団体交渉拒否は、「期間従業員の再雇用」が N 組合員の雇用に影響を与える Y 社が決定しうる事項であるから義務的団交事項であり、「正社員の人員整理計画」を明らかにしなかったことが誠実団交義務違反であることに照らせば、労組法 7 条 2 号の団交拒否の不当労働行為[*10]であるから、②「特別の事情がある場合」に該当し賃金請求権を有すると解することも可能であろう。

また、仮に賃金請求権が否定される場合、休業手当請求権の有無が問題となるが、一般的には、スト不参加組合員については、その所属する労働組合が主体的判断と責任に基づき行ったストの結果その労働が社会観念上無価値となった場合の休業は、会社側に起因する経営、管理上の障害によるものではない[*11]が、本件ストは Y 社の不当労働行為（団体交渉拒否）が原因であるから、Y 社

---

*7　争議行為参加労働者の賃金請求権→【川口『労働法・第 6 版』849-851 頁】。

*8　争議行為不参加労働者の賃金請求権・休業手当請求権→【川口『労働法・第 6 版』851-853 頁】。

*9　ノースウエスト航空（労働者上告）事件・最二小判昭 62・7・17 民集 41 巻 5 号 1350 頁/労判 499 号 6 頁②事件。

*10　労組法 7 条 2 号の団交拒否の成立要件→【川口『労働法・第 6 版』960-962 頁】。

*11　ノースウエスト航空（会社上告）事件・最二小判昭 62・7・17 民集 41 巻 5 号 1283 頁/労判 499 号 6 頁①事件。

側に起因する経営、管理上の障害として休業手当請求権を肯定すべきである。

　第三に、Y 社は、非組合員については当日の勤務を免除した上で賃金を支給しているので、スト不参加 N 組合員の賃金カットが N 組合所属を理由とする賃金カット（不利益取扱い）であれば、当該賃金カットは N 組合員の団結権を侵害する不法行為（民法 709 条）であり、スト不参加組合員は財産的・精神的損害賠償として賃金カット分と慰謝料を請求しうる。

第 9 回　労働契約の承継と成立／解雇等

（2010〈平成 22〉年第 1 問）

I　設問

　次の設問について、現時点での法令、判例、学説等に基づき解答して下さい。

（35 字 × 23 行 × 4 頁 = 3220 字くらいまで）

[2010 年新司法試験労働法第 1 問（配点：50）]
　次の事例を読んで、後記の設問に答えなさい。
【事　例】
　A 社は、加工食品の小売販売を主たる業務として設立された株式会社であり、甲市内に本社を置き、数店の小売店舗を構えている。A 社は、平成 16 年に業務内容を拡大するために自社ブランド製品を製造して販売することを決め、平成 17 年 4 月、乙市内に工場を建て、工場部門で働く従業員（管理職を除く。）を新たに 50 人採用し、自社ブランド製品の製造を始めた。しかし、工場部門の事業は開始直後から不振が続き、その赤字によって A 社全体の利益を押し下げ、このまま工場部門を存続させると、A 社の経営に深刻な影響を及ぼす状況になった。

　そこで、A 社は、平成 19 年 12 月、工場部門を廃止することを事実上決めたところ、A 社とは資本関係のない同業他社の B 社から、工場部門の事業を引き継ぎたいとの申入れを受け、平成 20 年 6 月、工場の敷地、建物及び設備を含めて工場部門の事業全部を B 社に譲渡することを決め、同年 8 月、A 社の従業員に対して工場部門の廃止を説明し、同年 12 月、B 社との間で、事業譲渡日を平成 21 年 4 月 1 日とする事業譲渡契約を締結した。同事業譲渡契約の契約書には、A 社工場部門の従業員の労働契約関係の処理に関する条項はなく、同事業譲渡契約時に取り交わされた覚書には、B 社は A 社工場部門の従業員をできる限り引き受けるよう努力する旨の条項がある。

　X1 及び X2 は、いずれも、平成 17 年 4 月に A 社の工場部門で働く従業員として期間の定めなく雇用された者であり、雇用時に、A 社から、業務内容は食品加工工程における技術職であり、工場勤務以外の勤務はない旨の説明を受け、以後、その業務にのみ就いていた。なお、X1 は、工場部門の従業員 14 人で組織された C 労働組合（以下「C 組合」という。）の組合員であり、委員長を務めていた。

A社及びB社は、上記事業譲渡契約後の平成21年1月、X1及びX2を含むA社工場部門の全従業員に対し、同年3月をもってA社工場部門を廃止し、同部門の事業をB社に譲渡する契約を締結したこと及び上記覚書の内容を説明した上、さらに、A社からは、A社を退職してB社に就職するよう勧め、B社からは、B社への就職を希望する者については書類選考のみで優先的に採用する旨説明した。その後、A社は、同月31日を退職日とする希望退職を募り、その結果、A社工場部門の従業員50人のうちC組合の組合員14人全員を含むX1ら45人が退職に応じたが、X2ら5人は退職に応じなかった。また、A社は、会社再建のため、本社部門及び小売店舗部門の全従業員40人にも希望退職を募り、10人の退職者を得て、同年4月以降、従業員30人体制で業務を続けた。

　B社は、同月1日、B社に採用申込みをしたX1ら45人のA社工場部門退職者及び外部からの応募者15人の中から50人を採用した。不採用となったのは、A社工場部門退職者のうちX1ら5人（そのうちC組合の組合員は3人）と外部からの応募者5人であった。

　希望退職に応じなかったX2ら5人は、同年2月28日、A社から、工場部門の廃止を理由として、同年3月末日付けで解雇する旨通告された。

〔設　問〕

　X1及びX2は、下記の点について相談をしたいと考えている。この相談に対し、あなたが弁護士として回答する場合に検討すべき法律上の問題点を指摘し、それについてのあなたの見解を述べなさい。

(1) X1は、B社に対し、労働契約上の権利を有する地位にあることの確認並びに賃金支払及び損害賠償を求めたいと考えている。

(2) X2は、A社に対し、労働契約上の権利を有する地位にあることの確認及び賃金支払を求めたいと考えている。

Ⅱ　事案の概要

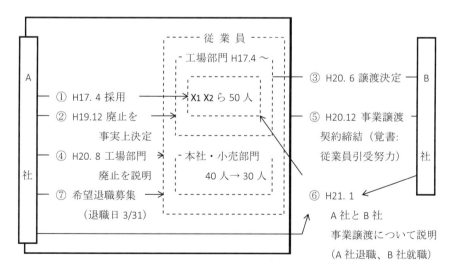

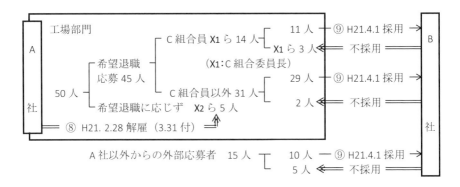

Ⅲ　論点

[基本的論点]

＜設問（1）＞

　労働契約の成立・承継の有無と賃金・損害賠償請求権

＜設問（2）＞

　解雇の効力と賃金請求権

[具体的論点、及び、配点案]（配点：50）

＜設問（1）＞（小計35）

第1　労働契約上の権利を有する地位の有無（小計25）

　1　労働契約承継の有無〈3〉

　　(1) 合意の推認〈7〉

　　(2) 合意の修正〈5〉

　2　労働契約の成否〈3〉

　　(1) 意思の合致（申込みと承諾）の有無〈4〉

　　(2) 採用拒否の適法性〈3〉

第2　賃金請求権の有無（小計2）

第3　損害賠償請求権の有無（小計8）

　1　労働契約の承継・成立が肯定される場合〈2〉

　2　労働契約の承継・成立が否定される場合

　　(1) 団結権侵害〈3〉

　　(2) 期待権侵害〈3〉

＜設問（2）＞（小計15）

第1　労働契約上の権利を有する地位の有無：解雇の効力（小計13）

　1　解雇権の法的根拠〈1〉

IV　解答例　<small>(35字×23行×4頁＝35字×92行〈3220字〉)</small>

＜設問（1）＞

第1　労働契約上の権利を有する地位の有無

　①A社からB社へのX1の労働契約承継、又は、②X1とB社の労働契約の成立のいずれかが認められれば、仮にB社のX1に対する「不採用」が解雇*1の意思表示であったとしても、客観的に合理的な理由と社会通念上の相当性がなければ少なくとも解雇権濫用で無効（労契法16条）であり、X1はB社に対し労働契約上の権利を有する地位にあるので、以下これを検討する。

1　労働契約承継の有無

　A社からB社への工場部門の事業譲渡に伴うX1の労働契約承継*2については、X1の労働契約承継についての、①A社とB社の合意（特定承継）、及び、②X1の同意（民法625条1項）が存在する場合に肯定されるところ、②はA社からの退職とB社への採用申込みで肯定されるが、①の存否は問題となる。

（1）合意の推認

　A社とB社の覚書ではB社はA社工場部門の従業員をできる限り引き受けることとされ、A社工場部門の全従業員に対する説明会でA社とB社はこれを説明し、A社はA社の退職とB社への就職を勧奨し、B社はB社への就職希望者は書類選考のみで優先的に採用すると説明していることに照らせば、「特段の事情がない限りA社工場部門の従業員でB社に就職を希望する者の労働契約を承継する」旨のA社とB社の合意の存在の事実認定は可能であり、これが肯定されれば、X1の従来の勤務態度・成績が不良である等の特段の事情がない限り、A社とB社の合意に基づきX1の労働契約はB社に承継される。

（2）合意の修正

　仮に、事業のうちA社工場部門の従業員の労働契約は承継しないというA社とB社の合意が存在したとしても、当該合意が、労働組合を壊滅させたり、一定の労働者をその組合活動を嫌悪してこれを排除する目的でされたものと認められる場合は、当該合意は憲法28条・民法90条に反し無効であり、労組法

---

*1　期間の定めのない労働契約及び有期労働契約における解雇の効力→【川口『労働法・第6版』552-577・577-583・1002-1003頁】。
*2　事業譲渡に伴う労働契約の承継の肯否→【川口『労働法・第6版』628-631頁】。

7 条 1・3 号違反で無効でもあり[*3]、A 社と B 社の合意は（特段の事情のない限り）労働契約も含めて事業を承継するとの合意（労働契約不承継合意のない合意）に修正され、X1 の従来の勤務態度・成績が不良である等の特段の事情がない限り、A 社と B 社の合意に基づき X1 の労働契約は B 社に承継される。

2　労働契約の成否[*4]

(1) 意思の合致（申込みと承諾）の有無

① A 社工場部門の全従業員に対する説明会で B 社が B 社への就職を希望する者については書類選考のみで優先的に採用すると説明していることが労働契約締結の「申込み」で、② X1 の B 社への採用申込みがそれに対する「承諾」と評価しうる場合は、意思の合致による労働契約の成立が認められるが、①は「申込みの誘因」で、②は「申込み」と評価される場合は、それに対する B 社の承諾がない以上、労働契約の成立は認められない。

(2) 採用拒否の適法性

労働契約の成立が否定される場合、事業譲渡である本件では、B 社による X1 の採用拒否の理由が X1 が C 組合の委員長であることならば、労組法 7 条 1 号の不利益取扱い[*5]に該当し、X1 の団結権を侵害する不法行為にも該当し信義則（民法 1 条 2 項）違反でもあるので、損害賠償請求は可能と解される[*6]。

第2　賃金請求権の有無

労働契約の承継又は成立が肯定される場合は、X1 の労務不履行は B 社の責めに帰すべき事由による履行不能であり、民法 536 条 2 項前段[*7]に基づき、X1 は 4 月 1 日以降の賃金請求権を有する[*8]。

[*3]　東京日新学園事件・東京高判平 17・7・13 労判 899 号 19 頁。
[*4]　労働契約の成立要件・成立時期→【川口『労働法・第 6 版』434-435 頁】。
[*5]　労組法 7 条 1 号の不利益取扱いの成立要件については【川口『労働法・第 6 版』948-958 頁】。新規採用の拒否については、中労委（JR 北海道・JR 貨物）事件・最一小判平 15・12・22 民集 57 巻 11 号 2335 頁/判時 1847 号 8 頁は、「それが、従前の雇用契約関係における不利益な取扱いにほかならないとして不当労働行為の成立を肯定することができる場合に当たるなどの特段の事情がない限り、労働組合法 7 条 1 号本文にいう不利益な取扱いに当たらない」と判示する（筆者は支持できない）が、事業譲渡に類似した事案における労働者の不採用については、青山会事件・東京高判平 14・2・27 労判 824 号 17 頁は、新規採用というよりも雇用関係の承継に等しい場合は、不採用について労組法 7 条 1 号の適用があるとし、最高裁もこれを維持している（最三小決平 16・2・10 中央労働時報 1032 号 61 頁）。
[*6]　【川口『労働法・第 6 版』438・998-999 頁】。
[*7]　民法 536 条 2 項に基づく賃金請求権→【川口『労働法・第 6 版』259-261 頁】。
[*8]　労働契約の承継又は成立の前後で、X1 と B 社の合意に基づき労働契約の内容が変更されること、又は、従来と異なる内容で労働契約が成立することはありうるが、そうでなければ、X1 は従来と同じ金額の賃金請求権を有する。

第3　損害賠償請求権の有無

1　労働契約の承継・成立が肯定される場合

B 社による X1 の採用拒否の理由が、X1 が組合委員長であることにあれば、当該採用拒否は団結権侵害の不法行為に該当するとして、民法 710 条に基づき精神的損害について賠償を請求しうる（財産的損害については、不法行為とは別に、賃金支払請求＜前記第 2 ＞に基づく賃金支払により補償される）。

2　労働契約の承継・成立が否定される場合

第一に、B 社による X1 の採用拒否の理由が、X1 が組合委員長であることにあり、労組法 7 条 1 号の不利益取扱いに該当する場合は、X1 は、当該採用拒否は団結権侵害の不法行為に該当するとして、民法 709 条に基づく財産的損害及び 710 条に基づく精神的損害について賠償を請求しうる。

第二に、B 社が、B 社への就職希望者を優先的に採用するとの B 社の説明により A 社の希望退職に応じ B 社に採用申込みをした X1 を採用しなかったことは、X1 の期待権を侵害する不法行為（民法 709 条）[9]であるとして、X1 は、B 社に財産的・精神的損害賠償を請求しうる。

＜設問（2）＞

第1　労働契約上の権利を有する地位の有無：解雇の効力

X2 の A 社に対し労働契約上の権利を有する地位は、A 社の X2 に対する解雇が無効であることを前提とするので、当該解雇の効力を検討する[10]。

1　解雇権の法的根拠

X2 と A 社の労働契約は期間の定めのない労働契約であるので、A 社は契約の一般原則（及び民法 627 条 1 項）に基づき X2 に対する解雇権を有する。

2　解雇権の行使の適法性

本件では 2 月 28 日に 3 月末日付けで解雇する旨通知しているので、解雇予告（労基法 20 条）の要件は充足しているが、A 社工場部門（従業員 50 人以上）は就業規則作成義務のある事業場であるので、本件解雇は、1)労基法所定の意見聴取と添付・届出・周知（90 条・89 条・106 条）の手続を履践して作成された就業規則所定の解雇事由に該当する事実が存在し、かつ、2)信義則（労契法 3 条 4 項）上の義務を履行し、解雇権濫用（同 16 条）でなければ有効である。

A 社工場部門の就業規則の有無、内容、作成手続等は不明であるが、本件解雇は、工場部門の廃止と余剰人員の発生を理由とする経営上の理由による解雇

---

*9　採用内定取消における同様の論点について【川口『労働法・第 6 版』447-448 頁】。

*10　期間の定めのない労働契約における解雇の効力→【川口『労働法・第 6 版』552-577・1002-1003 頁】。

（整理解雇）であるから、1）就業規則所定の解雇事由該当事実の存否、2）信義則違反、解雇権濫用の有無は、①人員削減の必要性、②解雇の必要性（解雇回避義務の履行）、③解雇対象者の選定基準と適用の合理性、④説明・協議と解雇理由の通知により判断される[*11]。

①は工場部門の赤字・経営への影響と工場部門廃止の必要性、②は工場部門での希望退職募集と B 社の採用の努力、本社部門及び小売店舗部門でも希望退職により 10 人を削減しており工場部門従業員の配置転換の困難さ等に照らして 5 人を解雇する必要性の有無が判断され、③は廃止される工場部門の従業員 5 人の配置転換が困難であればこれを解雇対象者とすることの合理性は肯定され、④は理由は通知されているが具体的説明・協議の内容は不明である。

第2　賃金請求権の有無

X2 に対する解雇が無効であれば、X2 の労務不履行は A 社の責めに帰すべき事由による履行不能であるので、民法 536 条 2 項前段に基づき、X2 は 4 月 1 日以降の賃金請求権を有する[*12]。

第 10 回　不当労働行為／チェック・オフ協定等

（2010〈平成 22〉年第 2 問）

Ⅰ　設問

次の設問について、現時点での法令、判例、学説等に基づき解答して下さい。

（35 字× 23 行× 4 頁＝ 3220 字くらいまで）

［2010 年新司法試験労働法第 2 問（配点：50）］
次の事例を読んで、後記の設問に答えなさい。
【事　例】
1　Y 社は、従業員 200 人の会社であるが、そのうち 110 人の従業員で組織された X1 労働組合（以下「X1 組合」という。）と、70 人の従業員で組織された A 労働組合（以下「A 組合」という。）の二つの労働組合が存在していた。X1 組合の規約には、「組合費の納入はチェック・オフによる。」との規定があり、また、X1 組合と Y 社との間で、「会社は、組合員の賃金から組合費相当分を控除し、これを組合に交付する。」との協定が労働協約と

---

*11　整理解雇についての、就業規則所定の解雇事由該当事実の存否、信義則違反・解雇権濫用の有無の具体的判断基準→【川口『労働法・第 6 版』569-573・1003 頁】
*12　解雇が無効の場合の賃金請求権→【川口『労働法・第 6 版』611-614 頁】。

して締結されていた。X1 組合と Y 社は、当該チェック・オフ協定を毎年 4 月 1 日に更新することとし、更新に際しては、その都度、X1 組合が Y 社に対し、3 月 1 日にその時点における組合員名簿を提出した上、3 月中に協議の場を設けて双方で更新するか否かを確認する手続を行っていた。Y 社は、10 年間にわたって、このような手続に従い、X1 組合の組合員の毎月の賃金から組合費相当分を控除し、X1 組合に交付してきた。

2　ところで、Y 社では昨今の景気後退と競争激化を背景に、人員削減を含む合理化方針を強化し、従業員に退職勧奨を行う一方、時間外労働も恒常化していったことから、退職者が X1 組合の組合員を含めて 50 人にも上り、そのため、従業員の業務負担は更に過重になっていった。X1 組合は、Y 社のこうした経営方針や人事管理に強く反発し、Y 社の経営方針等を批判し、役員の退陣を求めるビラを従業員食堂等で配布するなど、Y 社との対決姿勢を鮮明にした。Y 社は、X1 組合に対し、そうした行為の中止を求めるとともに、これに関与した組合員らに対して警告書を発した。これに対し、X1 組合は、抗議活動を強め、社屋前の集会を無許可で行うなどしたため、Y 社は X1 組合の委員長を戒告処分とした。このような経緯で、Y 社と X1 組合との対立は激化し、Y 社は、X1 組合に対する不快感をより強めていった。

　一方、X1 組合の組合員には、Y 社に対して闘争的な活動方針を採る執行部の姿勢に疑問を持つ組合員も少なからず存在し、その多くが X1 組合を脱退し、Y 社に対する協調的関係を重視し、穏健な活動方針を採る A 組合に加入した。その結果、平成 20 年 10 月 1 日時点で、全従業員 150 人中、X1 組合の組合員数は 40 人にまで減少し、逆に A 組合は組合員 90 人を組織するまでになった。

3　Y 社は、平成 21 年 1 月 20 日、新たに A 組合との間でもチェック・オフ協定を労働協約の形式で締結し、同年 2 月 1 日から A 組合の組合員についても賃金からの組合費相当分の控除を行うこととし、A 組合でもチェック・オフによって組合費を徴収する旨をその組合規約に定めた。

4　X1 組合は、同年 3 月 1 日、例年どおり、同日時点の組合員名簿を Y 社に提出したところ、Y 社は、同月 5 日、X1 組合に対し、X1 組合の組合員数が全従業員の過半数を大幅に下回ったこと及び平成 20 年度の X1 組合とのチェック・オフ協定の期間が満了することの二つの理由により、チェック・オフ協定を更新しないこととする旨通知した。なお、その際、Y 社は、X1 組合に対し、「本来は、X1 組合の組合員数が全従業員の過半数に満たないことが判明した時点でチェック・オフ協定を解約すべきところ、労使関係の安定を考慮し、期間満了まで待って、終了させることとした。」旨付言した。X1 組合は、これに強く反対し、チェック・オフ協定の継続を求めて Y 社に団体交渉を申し入れ、平成 21 年 3 月 15 日、団体交渉が行われた。同交渉において、Y 社は、同月 5 日に X1 組合に通知した二つの理由を繰り返し説明し、その後の X1 組合との団体交渉を拒絶した。

5　一方、X1 組合を脱退して A 組合に加入した組合員 X2 は、A 組合の執行部が Y 社との友好的・協調的関係を重視する余り、Y 社の言いなりになっている状況を見て、その姿勢を改めるよう同執行部に要求した。しかし、同執行部がこれを全く無視したことから、X2 は大いに失望し、同年 6 月 15 日、A 組合に対し脱退届を提出し、X1 組合への復帰を願い出た。そこで、X1 組合は、直ちに、X2 の加入を認めた上、Y 社に対し、書面により、チェック・オフ協定の締結を再度求めるとともに、X2 との連名で、X2 の賃金から控除する組合費相当分の交付先を A 組合から X1 組合に変更するよう要求した。

　しかし、Y 社は、X1 組合の組合員数が現在も 40 人にとどまっており、全従業員の過半数におよそ満たないことを理由に X1 組合とのチェック・オフ協定の締結を拒絶するとともに、「組合員が脱退するには、組合に届け出て、その承認を得なければならない。」と定めた組合規約に基づき A 組合が X2 の脱退を認めておらず、A 組合から

Y 社に対して X2 の脱退につき通告がないことを理由に、X2 の賃金から控除する組合費相当分の交付先の変更を拒否し、依然として X2 の賃金から控除した組合費相当分を A 組合に交付し続けた。

〔設　問〕
1　X1組合及び X2 は、それぞれ、Y 社を相手方として、どのような機関に対していかなる法的救済を求めることができるか、説明しなさい。
2　1の法的手段において考えられる法律上の問題点を挙げ、各問題点に対するあなたの見解を述べなさい。

Ⅱ　事案の概要

【従前】

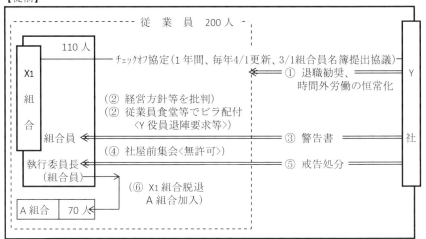

【H20.10.1以降】

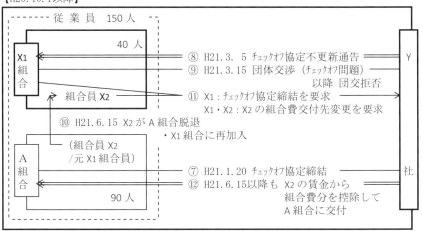

Ⅲ　論点

[基本的論点]

<設問1>　不当労働行為に該当する行為について求めうる法的救済[*1]

<設問2>　不当労働行為[*2]・不法行為該当性

[具体的論点、及び、配点案] (配点：50)

<設問1>（小計 16）

　　1　X1組合が求めうる法的救済

　　　　・労働委員会〈10〉

　　　　・裁判所〈2〉

　　2　X2が求めうる法的救済

　　　　・労働委員会〈2〉

　　　　・裁判所〈2〉

<設問2>（小計 34）

第1　ビラ配布中止要求・警告書の不当労働行為・不法行為該当性（小計 6）

　　　　・ビラ配布の団結活動としての正当性〈4〉

　　　　・Y社の行為の不当労働行為・不法行為該当性〈2〉

第2　戒告処分の不当労働行為・不法行為該当性（小計 4）

　　　　・集会の団結活動としての正当性〈2〉

　　　　・戒告処分の不当労働行為・不法行為該当性〈2〉

第3　チェック・オフ協定不更新等の不当労働行為・不法行為該当性（小計 10）

　　1　チェック・オフ協定を締結しうる労働組合〈2〉

　　2　便宜供与廃止の不当労働行為・不法行為該当性〈4〉

　　3　異なる取扱いの不当労働行為・不法行為該当性〈4〉

第4　団体交渉拒否の不当労働行為・不法行為該当性（小計 3）

第5　X2の組合費を控除しA組合に交付したことの不当労働行為

　　　　　　　　　　　　　　・不法行為該当性と賃金請求権の有無（小計 11）

　　1　不当労働行為・不法行為該当性〈4〉

　　2　組合費の労働組合への交付命令の可否〈4〉

　　3　X2のY社に対する組合費相当額の賃金請求権の有無〈3〉

　　　　・チェック・オフ協定の適用対象

　　　　・チェック・オフについての労働者の同意の要否

---

*1　不当労働行為(に該当する行為)の法的救済→【川口『労働法・第6版』980-1000 頁】。

*2　不当労働行為の成立要件→【川口『労働法・第6版』947-980 頁】。

IV 解答例　(35字×23行×4頁＝35字×92行〈3220字〉)

　1)X1組合が労組法5条1項を充足すること、2)A組合が労組法2条を充足すること、3)Y社の事業場は一つであることを前提として解答する[*3]。

＜設問1＞

　Y社の、①ビラ配布の中止要求と警告書の発出(事例1)、② X1組合の委員長に対する戒告処分(事例1)、③ X1組合とのチェック・オフ協定の不更新・締結拒否(事例4・5)、④チェック・オフ協定の締結に関する X1組合との団体交渉拒否(事例4)、⑤ X2の賃金から控除した組合費相当分のA組合への交付(事例5)につき、X1組合は、1)労働委員会で、①・③・⑤が支配介入(労組法7条3号)[*4]、②が不利益取扱い・支配介入(同条1・3号)、④が団体交渉拒否(同条2号)であるとして、①につき将来の同様の行為の不作為、②につき戒告処分の撤回、③につきチェック・オフ協定の締結、④につきチェック・オフ協定締結を議題とする団体交渉応諾、⑤につき X2 に対するチェック・オフの中止と控除した組合費相当額の X2（又は X1組合）への支払、①〜⑤につきポスト・ノーティス等の救済命令を求め、2)裁判所で、①〜⑤が X1組合の団結権侵害の不法行為(民法709・710条)であるとして損害賠償を[*5]、④につきチェック・オフ協定締結を団交事項として団体交渉を求めうる地位にあることの確認を求め、X2は、⑤につき、1)労働委員会で、支配介入(労組法7条3号)であるとして、チェック・オフの中止と控除された組合費相当額の X2（又は X1組合）への支払、ポスト・ノーティス等の救済命令を求め、2)裁判所で、控除された組合費相当の賃金支払及び X2の団結権侵害の不法行為(民法709条)に基づく損害賠償を求める。

＜設問2＞

第1　①（ビラ配布中止要求・警告書）[*6]の不当労働行為・不法行為該当性

　X1組合の当該ビラ配布の団結活動としての正当性[*7]は、特にその手段・態様につき、a)ビラの内容[*8]（Y社の経営方針の批判、役員の退陣要求）、及び、b)使

[*3]　これらは本問では不明であるところ、1)は X1組合の労働委員会における救済申立資格であり、2)は A組合が過半数組合（労組法上の労働組合であることが必要と解される）となる前提であり、3)は Y社の事業場が複数であると過半数代表（組合）（事業場単位で決定される）か否かの判断ができないので必要な前提であるが、本問はこれを主な論点とする意図はないと思われるので、初めにこのように断っておく。

[*4]　①の警告書は、それが査定等将来の労働条件に影響を与えるものである場合は、労組法7条1号の不利益取扱いにも該当する。

[*5]　具体的損害がなくても、社会的評価や信用の低下等の無形の損害が発生する。

[*6]　解散命令・警告等の支配介入該当性→【川口『労働法・第6版』968-969頁】。

[*7]　団結活動の正当性→【川口『労働法・第6版』824-838・1016-1017頁】。

[*8]　情宣活動の情宣の内容の正当性→【川口『労働法・第6版』836-838頁】。

用者の施設利用[*9]（従業員食堂等での配布）が問題となるところ、a)は、虚偽の事実や誤解を与えかねない事実の記載により、使用者の利益の不当な侵害、名誉・信用の毀損・失墜、企業の円滑な運営への支障を来す場合には正当性を有さず[*10]、b)は、Y 社がその利用を許さないことが信義則に反する場合又は施設管理権の濫用となる特段の事情がある場合[*11]は正当性を有する。

　ビラ配布が正当な団結活動であれば、①は支配介入（労組法 7 条 3 号）、X1 組合の団結権侵害の不法行為に該当する[*12]が、正当な団結活動でなければ、Y 社の名誉・信用の毀損・失墜や企業秩序侵害行為の中止を求めるもので、特段の事情がなければ、不当労働行為・不法行為ではない[*13]。

第2　②（戒告処分）の不当労働行為・不法行為該当性

　X1 組合の集会の団結活動としての正当性は、特にその手段・態様につき、社屋前の無許可の集会であることが問題となるところ、Y 社が敷地等の利用を許さないことが権利濫用又は信義則に反する場合は正当性を有する。

　集会が正当な団結活動であれば、②は労働組合の正当な活動を理由とする不利益取扱い（労組法 7 条 1 号）・支配介入（同条 3 号）、X1 組合の団結権侵害の不法行為である[*14]が、正当な団結活動でなければ、特段の事情がある場合を除き、不当労働行為・不法行為ではない[*15]。

第3　③（チェック・オフ協定[*16]不更新等）の不当労働行為・不法行為該当性

1　チェック・オフ協定を締結しうる労働組合

　チェック・オフ協定の締結組合は、労基法 24 条 1 項本文の賃金全額払原則と同項但書との関係上、過半数組合に限定する見解[*17]（以下「a 説」という。）もあるが、かかる限定をすると過半数組合以外の労働組合の団結権の実質的保

[*9]　使用者の施設等を利用した団結活動の正当性→【川口『労働法・第 6 版』831-834 頁】。
[*10]　中国電力事件・広島高判平元・10・23 労判 583 号 49 頁/判時 1345 号 128 頁。
[*11]　国鉄札幌運転区事件・最三小判昭 54・10・30 民集 33 巻 6 号 647 頁/労判 329 号 12 頁、済生会中央病院事件・最二小判平元・12・11 民集 43 巻 12 号 1786 頁/労判 552 号 10 頁、【川口『労働法・第 6 版』832-834 頁】。
[*12]　警告書を発せられた労働者の団結権侵害の不法行為にも該当するが、本設問で論じる必要はない。
[*13]　済生会中央病院事件・最二小判平元・12・11 民集 43 巻 12 号 1786 頁/労判 552 号 10 頁参照。
[*14]　X1 組合委員長の団結権侵害の不法行為にも該当しうるが、本設問では論じる必要はない。
[*15]　本件懲戒処分が「有効か」という論点は、「不当労働行為・不法行為か」とは別の論点であり、本設問で論じる必要はないが、本件懲戒処分が不当労働行為・不法行為に該当しなくても「無効」である可能性のあることに注意する必要がある。
[*16]　チェック・オフ協定の定義と論点→【川口『労働法・第 6 版』759-763 頁】。
[*17]　済生会中央病院事件・最二小判平元・12・11 民集 43 巻 12 号 1786 頁/労判 552 号 10 頁の法廷意見。チェック・オフも賃金の一部を控除するものであるから、労基法 24 条 1 項但書の要件を具備する必要があるとする。

障が損なわれること、チェック・オフ協定は協定締結組合員以外にその効力は及ばないことから、過半数組合に限定する必要はないとの見解[*18]（以下「ｂ説」という。）が憲法 28 条と労基法 24 条 1 項の整合的解釈として妥当である。

2 便宜供与廃止の不当労働行為・不法行為該当性[*19]

③は、第一に、チェック・オフという便宜供与の廃止の支配介入（労組法 7 条 3 号）及び不法行為該当性が問題となるところ、便宜供与の廃止は、1)合理的理由があり、2)労働組合の了解を得るよう努力し、3)労働組合に相当な配慮をしなければ、支配介入で当該労働組合の団結権を侵害する不法行為でもあるところ[*20]、Ｙ社は、2)につき理由を説明し、3)につきチェック・オフ協定の期間満了まで待っているが、1)につき X1 組合員が全従業員の過半数を下回ったことは、前記 a 説であれば合理的理由であるが、ｂ説では合理的理由ではない。

3 異なる取扱いの不当労働行為・不法行為該当性[*21]

③は、第二に、便宜供与に関し A 組合と異なる取扱いであることの支配介入（労組法 7 条 3 号）及び不法行為該当性が問題となるところ、Ｙ社は各組合の団結権を平等に尊重する中立保持義務を負う[*22]から、合理的理由がある場合を除き労組法 7 条 3 号の支配介入及び団結権侵害の不法行為となる[*23]ところ、A 組合が過半数組合で X1 組合は過半数組合でないことは、前記 a 説であれば取扱いを異にする合理的理由となるが、ｂ説であれば合理的理由とはならない。

第4 ④（団体交渉拒否）の不当労働行為・不法行為該当性[*24]

④は、前記 a 説では、過半数組合でない X1 組合とのチェック・オフ協定の締結は「使用者が決定しうる事項」ではない（違法な協定は締結できない）から義務的団交事項ではなく、その旨の説明を行った後の団交拒否は労組法 7 条 2 号の団交拒否及び不法行為ではないが、ｂ説では、義務的団交事項であるから労組法 7 条 2 号の団交拒否及び不法行為に該当し、チェック・オフ協定の締

---

*18 済生会中央病院事件・最二小判平元・12・11 民集 43 巻 12 号 1786 頁/労判 552 号 10 頁の奥野裁判官の反対意見。

*19 便宜供与の中止・廃止の不当労働行為（労組法 7 条 3 号）・不法行為該当性→【川口『労働法・第 6 版』969-970 頁】。

*20 太陽自動車ほか事件・東京地判平 17・8・29 労判 902 号 52 頁/判時 1909 号 105 頁、中労委（大阪市〈チェック・オフ〉）事件・東京高判平 30・8・30 労判 1187 号 5 頁等参照。

*21 便宜供与における異なる取扱いの不当労働行為・不法行為該当性→【川口『労働法・第 6 版』976-978 頁】。

*22 中労委（日産自動車〈残業差別〉）事件・最二小判昭 60・4・23 民集 39 巻 3 号 730 頁/労判 450 号 23 頁。

*23 東京労委（日産自動車〈便宜供与差別〉事件・最一小判昭 62・5・8 集民 151 号 1 頁/労判 496 号 6 頁。

*24 団体交渉拒否の不当労働行為の成立要件→【川口『労働法・第 6 版』960-962 頁】。

結を団交事項として団体交渉を求めうる地位にあることの確認も認容される。

第5　⑤（X2 の組合費控除・A 組合への交付）の不当労働行為・不法行為該当性と賃金請求権の有無

1　不当労働行為・不法行為該当性

脱退の自由は労働組合選択の自由（憲法 28 条）に含まれ[*25]、組合加入は労働者の自発的意思に基づく[*26]から、脱退に組合の承認を要するとの A 組合の組合規約は公序（民法 90 条）に反し無効であり、A 組合への脱退届提出により X2 の脱退の効力[*27]が生じ X2 は X1 組合員となったので、⑤は X1 組合の運営への支配介入（労組法 7 条 3 号）、X1 組合と X2 の団結権侵害の不法行為である。

2　組合費の労働組合への交付命令の可否[*28]

労働委員会が組合費相当額の X1 組合への支払を命じることは、Y 社と X1 組合のチェック・オフ協定締結と同様の状態を作出するものであるところ、a 説では、1)不当労働行為がなかったのと同様の状態及び私法的法律関係から著しく乖離し、2)労基法 24 条 1 項にも抵触し、労働委員会の裁量権の限界を超え違法である[*29]が、b 説では、1)と 2)いずれも該当せず、適法である。

3　X2 の Y 社に対する組合費相当額の賃金請求権の有無

X2 は 6 月 15 日で A 組合を脱退しこれ以降 Y 社と A 組合のチェック・オフ協定は適用されないので[*30]、X2 は A 組合脱退後に控除された組合費分の賃金支払を請求できる。また、脱退届提出後手続に必要な合理的な期間内は A 組合員でチェック・オフ協定が適用されるとしても、X2 の組合費交付先変更要求は Y 社との A 組合への組合費支払委任契約の解約であり、委任は即時解除できるから（民法 651 条 1 項）、X2 はこれ以降の組合費相当額の賃金支払を請求できる[*31]。

[*25]　日本鋼管鶴見製作所事件・東京高判昭 61・12・17 労判 487 号 20 頁（同事件・最一小判平元・12・21 集民 158 号 659 頁/労判 553 号 6 頁もこの判断を維持）。国労（広島地本〈労働者上告〉）事件・最三小判昭 50・11・28 民集 29 巻 10 号 1634 頁/労判 240 号 22 頁②も組合員は脱退の自由があるとする。

[*26]　東芝労働組合小向支部・東芝事件・最二小判平 19・2・2 民集 61 巻 1 号 86 頁/労判 933 号 5 頁参照。

[*27]　脱退の効力→【川口『労働法・第 6 版』735-737 頁】。

[*28]　労働委員会による、組合費の労働組合への交付命令の可否→【川口『労働法・第 6 版』996-997 頁】。

[*29]　中労委（ネスレ日本〈東京・島田〉）事件・最一小判平 7・2・23 民集 49 巻 2 号 281 頁/労判 686 号 15 頁、中労委（ネスレ日本〈霞ヶ浦工場〉）事件・最一小判平 7・2・23 労判 670 号 10 頁。

[*30]　チェック・オフ協定の効力の及ぶ範囲→【川口『労働法・第 6 版』763 頁】。

[*31]　エッソ石油事件・最一小判平 5・3・25 集民 168 号 127 頁/労判 650 号 6 頁。チェック・オフについての対象組合員の同意の要否については【川口『労働法・第 6 版』761-763 頁】。

第 11 回　解雇
（期間の定めのない労働契約・有期労働契約）
（2011〈平成 23〉年第 1 問）

I　設問

次の設問について、現時点での法令、判例、学説等に基づき解答して下さい。

(35 字× 23 行× 4 頁＝ 3220 字くらいまで)

[2011 年新司法試験労働法第 1 問（配点：50）]
次の事例を読んで、後記の設問に答えなさい。
【事　例】
　Y 社は、トラック運送業を営む会社であり、期間の定めなく雇用されたトラック運転手 15 名、総務担当 2 名、経理担当 2 名及び配車担当 2 名の社員計 21 名のほか、期間 1 年の労働契約を締結して雇用されたトラック運転手 5 名及び事務職を補助するパートタイマー 6 名を擁する会社である。Y 社の就業規則には、別紙のとおり規定されている。

　X は、平成21年4月1日に Y 社にトラック運転手として雇用された者であり、これまで15年のトラック運転歴を有していた。X の賃金は、基本給 15 万円、乗務手当10万円、無事故手当 3 万円、家族手当 1 万円及び通勤手当 1 万円の合計 30 万円であった。

　X は、給料が入ると暴飲暴食をするなどの不摂生な生活を送っていたことから、Y 社に入社する前から内臓疾患及び糖尿病を患い、投薬治療を受けていた。X は、Y 社に入社後も同様の生活状態が続き、乗車前の飲酒検査で乗車不適とされたことが数度あり、同年10月30日に厳重注意を受け、反省文を提出した。X は、それからしばらくは問題なく就労していたが、平成22年6月18日に無断欠勤をした上、その翌日の乗車前の飲酒検査で乗車不適とされたことについて、懲戒処分としてけん責処分を受けた。

　X は、同年 10 月 20 日、トラックを運転し、高速道路を走行中に軽い意識もうろう状態に陥り、中央分離帯のガードレールに自車を接触させ、自車右前部を破損させ、その場で立ち往生するという事故を起こしたことがあった。上記意識もうろう状態は、その前日に暴飲暴食をした上、十分な睡眠を取らなかったことによるものであった。Y 社は、X に対し、生活習慣を改め、安全運転に支障を生じさせるような暴飲暴食をやめるように注意し、X は、Y 社に対し、二度と暴飲暴食をしない旨の誓約書を提出した。

　X は、その後約 1 か月の間、誓約を守り、支障なく運転業務を行っていたが、再び暴飲暴食を繰り返す生活に陥った。その結果、X は、疲れると運転中に意識もうろう状態になることがあり、平成 23 年 1 月 15 日には、乗務開始直前に意識を消失して病院に運ばれ、1 週間入院した。X は、退院後、7 日分の有給休暇を取得したところ、Y 社は、X が出社してきた同月 31 日、X を同日限りで解雇し、X に対して基本給 30 日分相当額の解雇予告手当を支払った。その後、X に交付された解雇理由証明書には、解雇事由として、「X は、糖尿病や内臓疾患を患っていて、疲労等を引き金に意識障害に陥ることがあり、その結果、重大な交通事故を発生させる危険性を常に有しているため」と記載されていた。

なお、内臓疾患と糖尿病を併発している場合、アンモニア高値になると、多幸感、記銘力低下が生じ、更に悪化すると意識の混濁が生じる可能性があり、血糖値が高くなると、糖尿病性昏睡に至ることがあるとされている一方、これらの疾病は、適正な食生活と投薬治療により、通常の運転業務に支障は生じない程度のコントロールができるとされている。

［設　問］
(1)　X が期間の定めなく雇用された者である場合、X に対する解雇の効力について、あなたの見解を述べなさい。
(2)　X が平成 21 年 4 月 1 日に期間 1 年の労働契約を締結して雇用され、平成 22 年 4 月 1 日に同じ期間で労働契約を更新された者である場合、X に対する解雇の効力について、あなたの見解を述べなさい。

別　紙
【就業規則　（抜粋）】
　　（賃金の構成）
　第 27 条　社員の賃金は、別に定める賃金規程により支給する。
　　（普通解雇）
　第 37 条　社員が次のいずれかに該当するときは、解雇することができる。
　　①　勤務成績又は業務能率が著しく不良で、向上の見込みがなく、他の職務にも転換できないなど、就業に適さないと認められたとき。
　　②　勤務状況が著しく不良で、改善の見込みがなく、社員としての職責を果たし得ないと認められたとき。
　　③　精神若しくは身体の障害により、又は適性を欠くため、業務に堪えられないと認められたとき。
　　④〜⑧省略
　　⑨　その他前各号に準ずるやむを得ない事情があったとき。
　　2　前項の規定により社員を解雇する場合は、少なくとも 30 日前に予告をするか、予告に代えて平均賃金の 30 日分以上の解雇予告手当を支払う。
　　3　第 1 項の規定による社員の解雇に際し、当該社員から請求のあった場合は、解雇の理由を記載した証明書を交付する。
　　（懲戒の種類等）
　第 58 条　懲戒の種類は次の各号に定めるものとし、処分書を交付して原則として公示する。
　　①　けん責　　始末書を提出させ、将来を戒める。
　　②　減給　　　減額は、1 回の額が平均賃金の 1 日分の半額を超えず、その総額が賃金支払期間における賃金総額の 10 分の 1 を超えない範囲で行う。
　　③　出勤停止　7 日以内の期間を定めて出勤停止を命ずる。出勤停止期間中の賃金・賞与は支給しない。
　　④　降格　　　従事する職種の階級を引き下げる。
　　⑤　懲戒解雇　予告期間を置かないで即日解雇し、退職金を支給しない。この場合、行政官庁の認定を受けたときは、解雇予告手当を支給しない。

II　事案の概要

（従前：暴飲暴食・不摂生な生活、入社前から内臓疾患・糖尿病、投薬治療）
（疾病：意識混濁・昏睡←適正な食生活と投薬治療によりコントロール可能）

X

① H21.4/1 雇用（トラック運転手）
（基本給 15 万、乗務手当 10 万、無事故手当 3 万、家族手当 1 万、通勤手当 1 万）
② ?/? 乗車前の飲酒検査で数度乗車不適
③ 10/30 厳重注意
④ ?/? 反省文提出
⑤ H22.6/18 無断欠勤、6/19 乗車前飲酒検査で乗車不適
⑥ ?/? けん責処分
⑦ 10/19 暴飲暴食・睡眠不足→ 10/20 意識もうろう状態に陥り、自損事故
⑧ ?/? 注意〈生活習慣改善、暴飲暴食をやめる〉
⑨ ?/? 誓約書〈二度と暴飲暴食しない〉提出
⑩ 約 1 か月間誓約書遵守、その後暴飲暴食
⑪ H23.1/15 乗務開始直前に意識を消失し、その後 1 週間入院
⑫ 退院後 7 日分の有給休暇を取得
⑬ 1/31 即日解雇、解雇予告手当（基本給 30 日分）支払

Y

社

III　論点

［基本的論点］

　期間の定めのない労働契約における解雇の効力[*1]、及び、期間の定めのある労働契約における解雇の効力[*2]

［具体的論点、及び、配点案］（配点 50）

＜設問（1）＞（小計 35）

　　　　期間の定めのない労働契約における解雇の効力〈2〉

第 1　解雇権の法的根拠〈3〉

第 2　解雇権の行使の適法性

　1　判断基準〈10〉

　2　本件事案の判断〈20〉

　（1）就業規則所定の解雇事由に該当する事実の存在

　（2）就業規則所定の要件の充足

　（3）信義則（労契 3 条 4 項）上の義務の履行、解雇権濫用（労契法 16 条）
　　　でないこと

[*1]　期間の定めのない労働契約における解雇の効力→【川口『労働法・第 6 版』552-577・1002-1003 頁】。

[*2]　期間の定めのある労働契約における解雇の効力→【川口『労働法・第 6 版』577-583・1002-1003 頁】。

（4）強行法規違反でないこと

　　ア　労基法 19 条適用の有無

　　イ　解雇予告又は解雇予告手当の支払（労基法 20 条）の有無と違反の効力

＜設問（2）＞（小計 15）

　　期間の定めのある労働契約における解雇の効力〈2〉

第 1　解雇権の法的根拠〈8〉

　1　「やむを得ない事由」と判断基準

　2　本件事案の判断

第 2　解雇権の行使の適法性〈5〉

　1　判断基準

　2　本件事案の判断

　（1）就業規則所定の解雇事由に該当する事実の存在

　（2）就業規則所定の要件の充足

　（3）信義則（労契法 3 条 4 項）上の義務の履行、解雇権濫用（労契法 16 条）でないこと

　（4）強行法規違反でないこと

　　ア　労基法 19 条適用の有無

　　イ　解雇予告又は解雇予告手当の支払（労基法 20 条）の有無と違反の効力

Ⅳ　解答例　　(35字×23行×4頁＝35字×92行〈3220字〉)

　Y 社の事業場は一つ又は X の所属事業場は就業規則作成義務のある事業場であること、及び、X に適用される労働協約はないことを前提に解答する[*3]。

＜設問（1）＞

　本件解雇は「重大な交通事故を発生させる危険性」を理由に行われているので期間の定めのない労働契約における普通解雇であるところ、解雇が有効であるためには、Y 社が解雇権を有し解雇権の行使が適法であることが必要である。

第 1　解雇権の法的根拠[*4]

　Y 社は、期間の定めのない契約の一般原則（及び民法 627 条 1 項）に基づき解雇権を有する。

---

*3　事例ではこの点は明確ではないが、これを前提としていると思われるので、初めにこのように断っておく。

*4　期間の定めのない労働契約における解雇の法的根拠→【川口『労働法・第 6 版』552 頁】。

第2　解雇権の行使の適法性[*5]

　Y 社の解雇権の行使が適法であるためには、1)就業規則に解雇事由の定めがあり、就業規則所定の解雇事由に該当する事実が存在すること、2)就業規則に解雇に関する定めがある場合はこれを充足していること、3)解雇権の行使が信義則（労契法 3 条 4 項）上の義務を履行し、解雇権濫用（同 16 条）でないこと、4)その他強行法規違反でないことが必要であり、1)と 3)は、1)の解雇事由を合理的限定的に解釈するならば、本件のように労働者の人的理由による解雇の場合は、①解雇の客観的に合理的な理由（労働能力の欠如、勤務態度不良、業務命令拒否等）の存在と解雇回避義務（注意・警告、指導・教育、配転や降格・降給、懲戒処分等により解雇回避の努力をする信義則上の義務）の履行により解雇の必要性・相当性が肯定されること、②①を確認するための労働者に対する十分な説明・協議と解雇理由の通知により肯定されるべきである[*6]。

　1)について、解雇理由書の解雇事由及び客観的事実に照らし本件解雇が特に就業規則 37 条 1 項の 3 号又は 2 号に該当するかどうかが問題となるところ、X が患っている内蔵疾患及び糖尿病はそれ自体は適正な食生活と投薬治療により通常業務に支障は生じないものの、X は適正な食生活を行うことができないので、3 号所定の「適性を欠く」という客観的に合理的な理由が存在し、また、何度も乗車前の飲酒検査で乗車不適とされ、無断欠勤をし、自損事故を起こし、乗車前に意識を消失しているので、2 号所定の「勤務状況が著しく不良」という客観的に合理的な理由も存在し、さらに、平成 21 年 10 月 30 日の厳重注意と反省文の提出、平成 22 年 6 月 18 日のけん責処分、同年 10 月 20 日の自損事故についての Y 社からの注意と誓約書の提出、その後の暴飲暴食の生活と乗車前の意識の消失・入院という解雇に至る経緯に照らせば、Y 社の指導・注意、反省文・誓約書を提出させたこと、懲戒処分にもかかわらず、X の「適性を欠く」あるいは「勤務状況が著しく不良」という状態は変わっていないので、トラック運転手の X をその他の職務（総務・経理・配車）に配転することが可能であるという事情がない限り、解雇回避義務は履行されたことになろう。解雇を決定するにあたり説明・協議がなされたかは不明だが、解雇理由は通知されている。

　2)について、就業規則 37 条 3 項所定の解雇理由証明書は交付されているが、2 項所定の 30 日前の解雇予告又は平均賃金 30 日分の解雇予告手当の支払については、「基本給」30 日分相当額のみが支払われているところ、X の賃金の中

---

*5　期間の定めのない労働契約における解雇権の行使の適法性→【川口『労働法・第 6 版』552-562 頁】。

*6　人的理由による解雇の具体的判断基準→【川口『労働法・第 6 版』565-568 頁】。

に平均賃金[*7]の算定基礎から除外される賃金（臨時に支払われた賃金及び 3 か月を超える期間毎に支払われる賃金並びに通貨以外で支払われたものの一定の範囲：労基法 12 条 4 項・5 項、労基則 2 条）はなく賃金全額の 30 日分相当額の支払が必要となるので、「平均賃金」30 日分の半額しか支払われていない。しかし、就業規則 37 条 2 項につき、解雇予告手当が足りない場合は足りない分に対応する日数が経過した時点で解雇されると解釈することができれば、15 日間経過時点で解雇の効力が生じることになる。

　3)については、1)と同様に判断される。

　4)について、X の疾病は Y 社入社前から患っているもので「業務上の疾病」ではなく労基法 19 条の解雇期間の制限の適用はないが、労基法 20 条の適用はあり、就業規則 37 条 2 項と同様、30 日前の解雇予告又は平均賃金 30 日分以上の解雇予告手当の支払を要するところ、先に述べたように、Y 社は平均賃金 30 日分の半額しか支払っていない。労基法 20 条所定の解雇予告又は解雇予告手当の支払を欠く解雇の効力[*8]について、使用者が即時解雇に固執しない限り、解雇通知後 30 日経過後又は解雇予告手当支払後解雇の効力が発生するとの見解をとれば、解雇予告手当が足りない日数である 15 日間経過時点で解雇の効力が生じるが、同条は解雇が有効となる要件であり、同条違反の解雇は原則として無効であるが X は労基法 114 条に基づき解雇有効を前提として解雇予告手当（の残り）及び付加金の支払を求めることもできると解すべきである。ただし、Y 社が改めて労基法 20 条を充足する解雇の意思表示をすることは可能である。

＜設問（2）＞

　本件解雇は「重大な交通事故を発生させる危険性」を理由に行われているので期間の定めのある労働契約における普通解雇であるところ、解雇が有効であるためには、Y 社が解雇権を有しその行使が適法であることが必要である。

第1　解雇権の法的根拠[*9]

　Y 社は「やむを得ない事由」（労契法 17 条 1 項）が存在する場合にのみ解雇権を有する。「やむを得ない事由」は、本件のように労働者の人的理由による解雇の場合は、①解雇の客観的に合理的な理由の存在と解雇回避義務の履行により解雇の必要性・相当性が肯定されること、②①を確認するための労働者に対する十分な説明・協議と解雇を決定した場合の解雇理由の通知により肯定さ

---

　*7　平均賃金の意義と定義→【川口『労働法・第 6 版』250-251 頁】。
　*8　解雇予告又は解雇予告手当の支払を欠く効力→【川口『労働法・第 6 版』557-558 頁】。
　*9　有期労働契約における解雇権の法的根拠・「やむを得ない事由」→【川口『労働法・第 6 版』577-579 頁】。

れるべきである。ただし、契約期間満了まで待てず期間途中で解雇することの客観的に合理的な理由と社会通念上の相当性が要求され、一般に、期間の定めのない労働契約における解雇よりも高度の必要性・相当性が要求される。

　設問1の第2でも述べたように、X は適正な食生活を行うことができないので、適性を欠き、また、何度も乗車前の飲酒検査で乗車不適とされ、無断欠勤をし、自損事故を起こし、乗車前に意識を消失しているので、勤務状況が著しく不良であり、解雇の客観的に合理的な理由が存在し、さらに、Y 社の指導・注意、懲戒処分等にもかかわらず、適性を欠き、勤務状況が著しく不良という状態は変わっていないので、X をその他の職務に配転することが可能であるという事情がなければ解雇回避義務は履行されており、解雇についての X への説明・協議は不明であるが、解雇理由は通知されている。Y 社は 1 月 31 日限りで X を解雇しており残りの契約期間は 2 か月であるが、重大な交通事故発生の危険性等に鑑みれば、解雇回避義務の履行と説明・協議が肯定される場合は、契約期間途中で解雇する高度の必要性・相当性も肯定されよう。

第2　解雇権の行使の適法性[10]

　Y 社が解雇権を有する場合でも、解雇権の行使が適法であるためには、1)就業規則所定の解雇事由に該当する事実の存在、2)就業規則の解雇に関する定めの充足、3)解雇権の行使が信義則（労契法 3 条 4 項）違反、解雇権濫用（同法 16 条）でないこと、4)その他強行法規違反でないことが必要である。

　1)と 3)の判断基準と本件事案の判断は「やむを得ない事由」のそれと同じで、前記第1で述べた通りである。また、2)と 4)は、X が期間の定めなく雇用された場合と同様で、設問1の第2で述べた通りである。

第 12 回　労働契約内容の変更（就業規則・労働協約）等

（2011〈平成 23〉年第 2 問）

I　設問

　次の設問について、現時点での法令、判例、学説等に基づき解答して下さい。

（35 字 × 23 行 × 4 頁 = 3220 字くらいまで）

---

[10]　有期労働契約における解雇権の行使の適法性 →【川口『労働法・第 6 版』579 頁】。

次の事例を読んで、後記の設問に答えなさい。
【事　例】
1　Y社は、A県に本店を置く信用金庫であり、店舗数は44店、従業員数は920名である。X1は昭和45年に、X2は昭和46年に、それぞれY社に入社した者である。
　　Y社には、従業員で組織するM労働組合（以下「M組合」という。）とN労働組合（以下「N組合」という。）が併存しており、M組合は、本店及び全ての支店において、従業員の80パーセント以上を組織している。X1は、Y社の従業員の9パーセント弱を組織する少数組合であるN組合の組合員であり、顧客開拓と営業活動に従事している。X2は、Y社B支店に勤務する営業担当調査役である。営業担当調査役は、Y社、M組合間及びY社、N組合間の各労働協約で非組合員とされている地位であるが、通常の管理職のような人事権や責任は有しておらず、X2は、一般の組合員と同様に、上司であるB支店長の業務命令に従って通常の営業活動に従事している。
2　Y社は、就業規則において、定年制及び定年後の嘱託社員制度について次のとおり規定していた。
　　　　第74条　従業員の定年は満60歳とし、定年に達した日が属する年度末をもって退職する。
　　　　第75条　満60歳で定年に達した従業員が希望し、会社が必要と認めた者については、1年ごとの契約によって再雇用し、満63歳に達した日が属する年度末まで嘱託社員として勤務させる。
　　　　　2　嘱託社員の月額給は、定年に達した年度の月額給から5パーセントを減じて支給する。定期昇給は実施しない。
　　　　　3　嘱託社員の勤続年数は、退職金の算定期間に算入しない。
　　嘱託社員制度の運用実績としては、平成10年から平成15年までの定年退職者68名のうち、病弱者5名を除く63名が嘱託社員として再雇用されており、従業員間では、本人が希望すれば再雇用されるとの認識が定着していた。嘱託社員の所定労働時間は、定年到達直前と同一（1日8時間）であり、職務内容もほぼ同一であった。
3　Y社は、平成14年ころから、M組合及びN組合から65歳定年制の導入に関する要求を受け、これら労働組合との間で団体交渉を開始した。当時、Y社は、多額の不良債権を抱え、預金利息及び経費が貸出利息を上回る「逆ざや現象」が生ずるなど、資産内容が悪化し、A県を管轄する財務局から経営内容の改善指導を受けていた。そこで、Y社は、M組合及びN組合に対し、定年年齢を65歳としつつ、定年延長後の賃金水準を満60歳到達年度より大幅に引き下げることを内容とする定年延長制度の提案を行った。これに対して、M組合は、同制度によって雇用の安定が図られることを積極的に評価し、Y社の提案に基本的に賛成した。そして、Y社とM組合は、5回の交渉を経て合意に達し、平成15年6月、後記4記載の就業規則第74条ないし第77条と同一内容の定年延長制度を定める労働協約（定年延長協定）を締結した。
　　一方、N組合は、Y社の提案に対して、定年延長には賛成したものの、賃金水準の引下げについては、現行嘱託社員制度上の賃金水準の維持を強く主張して反対した。そこで、Y社は、平成14年から平成16年にわたって合計18回、N組合との間で団体交渉を行ったものの、合意に至らなかった。この間、Y社は、賃金水準引下げの必要性を示す最近5か年分の貸借対照表、損益計算書、営業報告書等の資料を開示するなど、N組合との間で誠実に交渉を行った。
4　同年3月20日、Y社は、以下のとおり就業規則を改訂して定年延長制度を導入し、労働基準法第106条第1項の手続に従って従業員に周知させた。また、労働基準監督

署への届出に際しては、同法第 90 条に従い、事業所ごとに M 組合から意見を聴取し、賛成する旨の意見書を得て添付した。

第 74 条　従業員の定年は満 65 歳とし、定年に達した日が属する年度末をもって退職する。

第 75 条　従業員が満 60 歳に達した日が属する年度の翌年度初日をもって嘱託社員とする。

第 76 条　嘱託社員の月額給は、次のとおりとする。
(1) 基本給　従業員が満 60 歳に達した日が属する年度の月額給の 54 パーセントを支給する。
(2) 勤務手当　1 万円から 3 万円の範囲内で、各社員の勤務内容に応じて支給する。

第 77 条　退職金は、嘱託社員としての勤務を終了した年度末に支給する。ただし、本人の申出により、退職金の 50 パーセントを限度として、満 60 歳から 65 歳の期間中に分割支給することができる。なお、嘱託社員の勤続年数は、退職金の算定期間に算入しない。

5　上記定年延長制度及び賃金体系の導入に伴い、Y 社従業員は、満 60 歳到達後は、嘱託社員となり、所定労働時間は、1 日 8 時間から 7 時間と短縮されるものの、職務内容は、満 60 歳到達以前と比較して、ほぼ同じ内容で就業することになる。改訂後の就業規則第 76 条第 2 号所定の勤務手当及び第 77 条所定の退職金の分割支給規定は、Y 社の当初提案にはなかったが、このような労働条件変更及び職務内容に不満を抱いた M 組合が団体交渉において要求し、これに応じて追加されたものである。

上記定年延長制度及び賃金体系の導入後の給与水準は、同様の制度導入を行った他の信用金庫と比較すると、下位の部類に属するが、極端に低いわけではない。

6　X1 は平成 19 年に、X2 は平成 20 年に、それぞれ満 60 歳に達し、それぞれの翌年度の初日から嘱託社員となった。その結果、X1 の基本給は、満 60 歳到達直前の月額給と比較して 46 パーセント減額となり（月額 30 万円から 16 万 2000 円に減額）、X1 が改訂前の就業規則に基づいて満 60 歳から 63 歳までの間に得ることを期待できた給与額が 1026 万円であったのに対し、満 60 歳から 65 歳までの間に得る給与額は、勤務手当（X1 の場合は月額 1 万円）を合わせて 1032 万円となる。また、X2 の基本給も、満 60 歳到達直前の月額給と比較して 46 パーセント減額となり（月額 35 万円から 18 万 9000 円に減額）、X2 が改訂前の就業規則に基づいて満 60 歳から 63 歳までの間に得ることを期待できた給与額が 1197 万円であったのに対し、満 60 歳から 65 歳までの間に得る給与額は、勤務手当（X2 の場合も月額 1 万円）を合わせて 1194 万円となる。

なお、X1 及び X2 が Y 社から受給する退職金の額は、本件勤務延長制度及び賃金体系の導入前後で変化はない。また、X1 及び X2 は、一定の資産を保有していたため、退職金の分割支給（改訂後の就業規則第 77 条）を申請していない。

［設　問］
(1) 改訂後の就業規則が X1 及び X2 をそれぞれ拘束するか否かについて、法的な論点を指摘しつつ論じなさい。
(2) Y 社と M 組合が締結した定年延長協定が X1 及び X2 をそれぞれ拘束するか否かについて、法的な論点を指摘しつつ論じなさい。

なお、(1)、(2)を通して、高齢者等の雇用の安定等に関する法律及び同法上の論点に触れる必要はない。

II 事案の概要

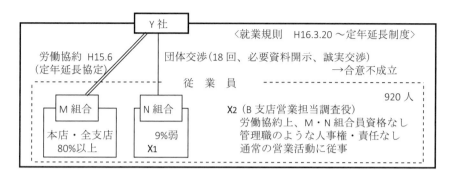

各 事 業 所 従 業 員				
M 組 合 加 入 資 格 あ り			M 組合加入 資格なし （非組合員） (X2)	使用者の 利益代表者
M 組合員〈従業 員の 80%以上〉	別組合員 (X1)	非組合員		

【M 組合と Y 社の
労働協約の拡張適
用と従業員構成】

【制度改訂の内容】

	＜旧就業規則＞	＜新就業規則・定年延長協定＞
定年	満60歳	満65歳
定年退職日	満60歳に達した日の年度末	満65歳に達した日の年度末
満60歳年度末以降	嘱託社員	嘱託社員
	契約期間1年毎の再雇用	－
	満63歳の日の年度末まで	－
	月給額＝定年時×95%	月給額＝定年時×54%（基本給） 　　　　　　＋1～3万円（勤務手当）
退職金算定期間	嘱託社員期間不算入	嘱託社員期間不算入
退職金支給時	（定年退職時）	嘱託社員終了年度末 60～65歳の間に50%内で分割支給可

【嘱託社員のその他の労働条件】

	＜制度改訂前＞	＜制度改訂後＞
所定労働時間	8時間（定年前と同じ）	7時間　（根拠規定？）
職務内容	定年前とほぼ同じ内容	定年前とほぼ同じ内容

【X1X2の給与等】

	＜X1＞	＜X2＞
嘱託社員開始時	H20年度～	H21年度～
基本給（60歳直前）	月額30万円	月額35万円
基本給（嘱託社員）	月額16万2000円	月額18万9000円
制度改訂前期待給与額（60～63歳）	1026万円	1197万円
制度改訂後給与額（60～65歳）	1032万円	1194万円
	（勤務手当月1万円含む）	（勤務手当月1万円含む）

Ⅲ　論点

[基本的論点]

①就業規則の変更、及び、②労働協約の締結・変更による、労働契約内容の集合的な変更の効力[*1]

[具体的論点、及び、配点案]（配点：50）

＜設問（1）＞（小計 19）

　　就業規則の変更による労働契約内容変更の肯否〈2〉

第1　本件就業規則改訂の評価〈4〉

第2　不利益変更効の肯否

　1　判断基準〈6〉

　2　本件事案の判断〈7〉

＜設問（2）＞（小計 31）

　　新たに締結された労働協約による、① X1（別組合員）及び② X2（未組織労働者）の労働契約内容変更の肯否〈2〉

第1　工場事業場単位の拡張適用の肯否（小計 9）

　1　工場事業場単位の拡張適用（労組法 17 条）の要件〈6〉

　2　本件事案の判断〈3〉

第2　拡張適用の対象労働者該当性（小計 8）

　1　X1（別組合員）〈4〉

　2　X2（未組織労働者）〈4〉

第3　労働協約の拡張適用による労働契約内容変更の肯否（小計 12）

　1　本件労働協約の定める基準の内容〈2〉

　2　両面的規範的効力による労働契約内容不利益変更の肯否〈2〉

　（1）判断基準〈4〉

　（2）本件事案の判断〈4〉

Ⅳ　解答例　　（35字×23行×4頁＝35字×92行〈3220字〉）

　① M 組合は労組法上の労働組合、② N 組合は憲法組合又は労組法上の労働組合、③事例の 1 に言う「Y 社の従業員」は常時使用される労働者であること

---

*1　本問の事例が参考としているのは、第四銀行事件・最二小判平 9・2・28 民集 51 巻 2 号 705 頁/労判 710 号 12 頁と、朝日火災海上保険（高田）事件・最三小判平 8・3・26 民集 50 巻 4 号 1008 頁/労判 698 号 16 頁の事案であるが、前者の判決は労契法施行（2008〈平 20〉年 3 月 1 日）以前のものであり、現行法ではその判断枠組みをそのまま使えないことに注意する必要がある。

を前提として解答する[*2]。

＜設問（1）＞

改訂前の就業規則の定める定年制及び嘱託社員制度は、X1・X2 と Y 社の合意又は就業規則の最低基準効（労契法 12 条）[*3]により、X1・X2 の労働契約の内容となっているところ、X1・X2 が同制度の変更に同意しない場合[*4]、就業規則の変更による労働契約内容変更の肯否[*5]が問題となる。

第1　本件就業規則改訂の評価

本件就業規則改訂は、ほぼ同じ職務内容であるのに月額給の大幅減額により従来 1 日 8 時間・3 年間の労働で得た賃金を 1 日 7 時間・5 年間の労働により得ることになり、従来と同じ賃金を得るためには、（8 分の 7 時間）×（3 分の 5 年）＝ 24 分の 35 時間、すなわち、約 1.45 倍の労働時間が必要となり（63 歳までの 3 年間で得られる賃金は、従来の賃金の（7 分の 8）×（5 分の 3）＝ 35 分の 24、すなわち、約 0.68 となり）、同意しない労働者にとっては労働条件の「不利益な変更」である。

第2　不利益変更効の肯否

改訂後の就業規則が X1・X2[*6]の労働契約内容を不利益に変更する効力（不利益変更効）[*7]の発生要件は、1) 不利益変更であることの他、2) 労働契約締結後の就業規則の変更による変更、3) 就業規則の変更が労契法 10 条所定の判断要素（①労働者の受ける不利益の程度、②労働条件の変更の必要性、③変更後の就業規則の内容の相当性、④労働組合等との交渉の状況、⑤その他の就業規則の変更に係る事情）に照らし合理的で、特に賃金、退職金など重要な労働条件の不利益変更は高度の必要性に基づく合理的な内容であること[*8]、4) 労契法 10 条所定の周知、5) 労基法所定の意見聴取と添付・届出・周知、6) 労契法 10 条

---

*2　①は労働協約締結主体の要件、②は団結権享受主体の要件、③は拡張適用の要件（労組法 17 条）を充足するかを判断するために確認すべきことであるところ、これらは設問からは明らかではないが、これを論点とする趣旨ではないと解されるので、初めにこのように断っておく。

*3　就業規則の最低基準効→【川口『労働法・第 6 版』105-107・1012-1013 頁】。

*4　X1、X2 が定年制及び嘱託社員制度の変更に同意している場合は、X1・X2 と Y 社の合意により労働契約内容変更の効果が生じる（労契法 8 条）が、特に労働者に不利益な変更への労働者の同意の効力の判断には留意する必要がある。詳細は【川口『労働法・第 6 版』465-468 頁】。

*5　労働者の同意がない場合の就業規則の変更による労働契約内容変更の効力→【川口『労働法・第 6 版』468-473・1012-1013 頁】。

*6　就業規則の不利益変更効の肯否の判断基準は一つであるので、少なくとも判断基準については X1 と X2 を分けて論じる必要はない。

*7　就業規則の不利益変更効→【川口『労働法・第 6 版』110-115・469-472・1012-1013 頁】。

*8　大曲市農協事件・最三小判昭 63・2・16 民集 42 巻 2 号 60 頁/労判 512 号 7 頁、第四銀行事件・最二小判平 9・2・28 民集 51 巻 2 号 705 頁/労判 710 号 12 頁等。

但書所定の特約の不存在[*9]である（労契法 10 条、労基法 90 条・89 条・106 条 1 項）。

　本件事案では[*10]、2) は充足、3) について、①は、月額給の大幅減額により従来と同じ賃金額を得るために約 1.45 倍の労働時間が必要となること、制度変更まで X1 は 4 年 X2 は 5 年しか猶予期間がないこと、退職金の受給時期が遅くなることであり、②は、M・N 組合からの 65 歳定年制導入の要求、資産内容の悪化と財務局からの経営内容改善指導、③は、前記①の事情、同じ退職金額、同じ職務内容、1 日の所定労働時間の短縮、65 歳までの雇用保障、他の信用金庫と比較した給与水準に照らし判断され、④は、M 組合との交渉・労働協約の締結、N 組合との誠実な団体交渉、M 組合の要求による勤務手当及び退職金の分割支給規定の追加が挙げられ、⑤は特になく、以上を総合して判断する。4) は労基法所定の周知はなされ、5) は充足し、6) は記述がない。

＜設問（2）＞

　Y 社と M 組合が締結した定年延長協定（労働協約）の工場事業場単位の拡張適用（労組法 17 条）[*11]による、① X1（別組合員）、及び、② X2（未組織労働者）の労働契約内容変更の肯否が問題となる[*12]。

第 1　工場事業場単位の拡張適用の肯否

1　工場事業場単位の拡張適用（労組法 17 条）の要件

　工場事業場単位の拡張適用（労組法 17 条）の要件[*13]は、「一の工場事業場に常時使用される同種の労働者の 4 分の 3 以上の数の労働者が一の労働協約の適用を受けるに至つた」ことで、「同種の労働者」は当該労働協約の適用対象労働者である協約締結組合員と同じ範囲の労働者と解されるところ[*14]、①「使用

---

*9　労働者に有利な特約が存在する場合は、合意により当該特約が労働契約の内容となり、労働者に不利な特約が存在する場合は、就業規則の定めが労働契約の内容となる（労契法 12 条）。

*10　結論を出す必要はない。また、本件では X1 と X2 の被る不利益等はほぼ同じなので分けて論じなくてもよいと思われる。

*11　定年制及び嘱託社員制度は労働協約の規範的部分（労組法 16 条）（【川口『労働法・第 6 版』873-874 頁】）であるが、その規範的効力は協約締結組合の組合員の労働契約にしか及ばない（労働協約の規範的効力の及ぶ労働契約の範囲については【川口『労働法・第 6 版』881-883 頁】）ので、別組合員である X1 及び未組織労働者である X2 については、工場事業場単位の拡張適用による労働契約内容変更の肯否が問題となる。工場事業場単位の拡張適用については【川口『労働法・第 6 版』887-903 頁】。

*12　労働協約による労働契約内容変更の効力については、当該対象労働者が、a）協約締結組合員か、b）未組織労働者（非組合員）か、c）別組合員（協約締結組合以外の組合に加入している者）かにより、判断枠組みが異なることに注意する必要がある。詳細は【川口『労働法・第 6 版』908-915・1015 頁】。

*13　工場事業場単位の拡張適用（労組法 17 条）の要件→【川口『労働法・第 6 版』888-894 頁】。

*14　【川口『労働法・第 6 版』890-892 頁】。

者の利益代表者（労組法 2 条但書 1 号）」、及び、②「それ以外の者で当該労働組合への加入資格を有しない労働者」は「同種の労働者」かが問題となる[*15]。

　①は労組法上の労働組合への加入資格を有しておらず（厳密に言えば当該労働者の加入組織は労組法上の労働組合ではなく）、②も当該労働組合への加入資格を有しないところ、組合加入資格の内容が何であれ、組合加入資格のない労働者は組合員（組合加入資格を有している）とは異なるカテゴリーの労働者で、当然協約適用対象者である組合員と同じ範囲の労働者ではないから、①も②も「同種の労働者」ではないと解すべきである（以下「a 説」という。）[*16]。

2　本件事案の判断

　定年延長協定は従業員全員に関わる労働条件を内容とするが、「同種の労働者」は、a 説では M 組合加入資格を有する者であるところ、同見解でも、あるいは、「同種の労働者」は、使用者の利益代表者以外の者（b 説）又は組合加入資格の有無に関わらず従業員全員（c 説）という見解でも、X1 の所属事業場及び X2 の所属する B 支店のいずれも、従業員の 80 ％以上が M 組合員であり同協定の適用を受けるから、拡張適用の要件を充足する。

第 2　拡張適用の対象労働者該当性

　工場事業場単位の拡張適用の対象労働者は、当該工場事業場に使用される「他の同種の労働者」（労組法 17 条）である[*17]。

1　X1（別組合員）

　X1 は「使用者の利益代表者」ではなく M 組合加入資格を有しているから、前記第 1 の a 説・b 説・c 説のいずれでも「同種の労働者」である。

　しかし、協約締結組合及び同組合員並びに別組合及び別組合員の団結権・団体交渉権保障という観点から、別組合員である X1 に対しては、「同種の労働者」であっても定年延長協定を拡張適用できず（拡張適用の対象となる「他の同種の労働者」に別組合員は含まれず）、したがって、その労働契約の内容を変更できないと解するのが、憲法 28 条と労組法 17 条の整合的解釈である[*18]。

[*15]　同論点→【川口『労働法・第 6 版』891-892 頁】。
[*16]　【川口『労働法・第 6 版』891-892 頁】。これに対し、朝日火災海上保険（高田）事件・最三小判平 8・3・26 民集 50 巻 4 号 1008 頁/判 698 号 16 頁は、「使用者の利益代表者以外の者で当該労働組合への加入資格を有しない労働者」が「同種の労働者」か否かを直接判断してはいないものの、労働協約の拡張適用の対象となり規範的効力が及ぶ場合があると解しているようであるが（「使用者の利益代表者」については判断していない）、支持できない。
[*17]　拡張適用の規範的効力の及ぶ範囲（「他の同種の労働者」の範囲）→【川口『労働法・第 6 版』894-898 頁】。
[*18]　【川口『労働法・第 6 版』895-896 頁】。

2 X2（未組織労働者）

営業担当調査役である X2 は、人事権や責任は有しておらず「使用者の利益代表者」（労組法 2 条但書 1 号）ではないが、M 組合加入資格を有していないので「同種の労働者」に該当せず（a 説）、当然「他の同種の労働者」にも該当しないので、定年延長協定は拡張適用されずその労働契約内容は変更されない[*19]。

第3 労働協約の拡張適用による労働契約内容変更の肯否

仮に X2 が「同種の労働者」であり「他の同種の労働者」として定年延長協定の拡張適用の対象となるとの見解（b 説・c 説）を採る場合、定年延長協定は、それを上回ることも下回ることも許容しない統一的基準として設定され[*20]、両面的規範的効力を有すると解されるところ、拡張適用された労働協約の両面的規範的効力による未組織労働者の労働契約内容の不利益変更[*21]は、原則として肯定されるが、①労働協約により特定の未組織労働者にもたらされる不利益の程度・内容、②労働協約が締結されるに至った経緯等に照らし、当該労働協約を特定の未組織労働者に適用することが著しく不合理であると認められる特段の事情のあるときは、例外的に否定される[*22]。

X2 に対する不利益変更効を否定する「特段の事情」の有無について[*23]は、職務内容は同じで月額給の大幅減額により従来と同じ賃金額を得るために約 1.45 倍の労働時間が必要となること（①）、制度変更まで 5 年しか猶予期間がないこと、退職金の受給時期が遅くなること、M 組合及び N 組合からの 65 歳定年制導入の要求、資産内容の悪化と財務局からの経営内容改善指導等（②）に照らして判断されることになろう。

[*19] 【川口『労働法・第 6 版』891-892 頁】。

[*20] 労働協約の当事者は、労働協約の定める労働条件を、①最低基準、②統一的基準、③任意的基準のいずれとして設定することも可能である【川口『労働法・第 6 版』876-878 頁】。

[*21] 工場事業場単位の拡張適用の法的効力→【川口『労働法・第 6 版』899-902 頁】、工場事業場単位の拡張適用による労働契約内容の変更→【川口『労働法・第 6 版』912-914 頁】。

[*22] 朝日火災海上保険（高田）事件・最三小判平 8・3・26 民集 50 巻 4 号 1008 頁/労判 698 号 16 頁参照。ただし、同判決は、「特段の事情の有無」の判断基準として、本文①と②に加えて、③当該労働者が労働組合の組合員資格を認められているかどうかも挙げているが、組合加入資格を有しない労働者はそもそも同種の労働者ではなく、したがって、他の同種の労働者でもなく拡張適用の対象とはならない（a 説）と解すれば、同判断基準は不要である。

[*23] 結論を述べる必要はないと思われる。

第 13 回　懲戒処分／有給休暇／育児休業等

（2012〈平成 24〉年第 1 問）

I　設問

　　次の設問について、現時点での法令、判例、学説等に基づき解答して下さい。

（35 字×23 行×4 頁＝ 3220 字くらいまで）

［2012 年司法試験労働法第 1 問（配点：50）］
　　次の事例を読んで、後記の設問に答えなさい。

【事　例】

　　X は、平成 10 年、インテリアデザイン設計・施工業を営む Y 社に期間の定めなく雇用され、入社以来、主にインテリアデザイン設計を担当している社員である。X が入社した当時、Y 社には、同じインテリアデザイン設計担当として勤続年数 10 年以上の正社員が 1 名いたが、この社員は平成 20 年に転職した。ところが、Y 社は人材を補充しなかったため、同年以降、X 一人でインテリアデザイン設計を担当していた。X は、これでは自己の業務負担が大きく、まとまった休暇の取得もままならないことを Y 社に訴え続け、Y 社は、適した人材が見付からないことを理由になかなか人材を補充しなかったが、ようやく平成 23 年 4 月になって、デザイン専門学校を卒業したばかりの A を正社員として雇用し、インテリアデザイン設計担当とした。

　　ところで、X は、共働きの妻が出産し、その産前産後休業後に妻が職場復帰できるよう、それに合わせて 2 か月の育児休業を取得しようと考え、Y 社の承認を得て、同年 7 月 1 日から同年 8 月 31 まで所定の休日を除く 43 日の育児休業を取得した。

　　X は、当初、同年 9 月 1 日からは妻が育児休業を取得し、自分は職場復帰する予定でいたところ、妻の勤務先が繁忙で、同月中は妻の休業が困難であり、妻も勤務継続を希望した。そこで、X は、いまだ消化していない当該年度の年次有給休暇 20 日分をここで利用しようと考え、同年 8 月 25 日、Y 社に電話で連絡し、同年 9 月 1 日から同月 30 日まで所定の休日を除く 20 日の年次有給休暇を取得する旨申し出た。

　　他方、Y 社は、マンション建設・販売業を営む B 社が新築マンションのインテリアデザイン設計・施工を外注する案件につき、他社に先んじて営業活動を展開し、X が 1 年近く、B 社との交渉や企画提案等に従事してきたところ、同年 7 月上旬頃、B 社から、同年 9 月中に B 社が Y 社及び競合他社の各企画提案を受け、その最終評価に基づき外注先を決する旨を伝えられていた。

　　そこで、Y 社は、同年 8 月 25 日に電話連絡してきた X に対し、前記事情を説明し、大きな利益が見込まれる前記案件を受注するためには、X が最終的な企画提案及び交渉を行う必要が大きく、入社したばかりで実務経験の浅い A には任せられないことを理由に、同年 9 月の年次有給休暇の取得は避けてもらいたい旨申し出た。しかし、家庭の事情を優先せざるを得ないと考えた X は、これに応じなかった。そこで、Y 社は、同年 8 月 26 日、X に電話連絡し、同年 9 月半ばまでは何とか A に代替させるとしても、他社との企画競争及び B 社との交渉が山場となる同月 15 日から同月 30 日までの期間中（うち勤務日

10 日）は、X による年次有給休暇の取得が事業の正常な運営を妨げるとして、同月 1 日から同月 14 日までの期間における年次有給休暇は承認するが、同月 15 日から同月 30 日までの期間における年次有給休暇は承認しない旨通知するとともに、同年 10 月中であれば、これに相当する期間の年次有給休暇を取得しても差し支えない旨提案した。

しかし、X は、この提案も受け入れず、そのまま、同年 9 月 1 日から同月 30 日まで出勤しなかった。

Y 社は、やむなく X に代えて A を企画提案及び交渉に当たらせたが、その実務経験不足から、結局、前記案件につき受注できなかった。

Y 社は、X が同月 15 日から同月 30 日までの間の勤務日に Y 社の承認を得ずに出勤しなかったことが、就業規則に規定された懲戒事由である「正当な理由なく、業務上の指示命令に従わなかったとき」に該当するとして、就業規則所定の手続に従って、X を懲戒処分であるけん責処分にした。また、Y 社は、同年 10 月、毎月末日締めで計算される同年 9 月分の賃金につき、X に対し、Y 社が X の年次有給休暇を承認しなかった同年 9 月 15 日から同月 30 日までの間の勤務日である 10 日相当分の賃金を控除して支給した。さらに、Y 社は、同年 12 月支給に係る賞与につき、X に対し、全額支給しなかった。Y 社は、これについて、就業規則に定められた賞与の支給条件に従った措置であるとしているところ、就業規則には、賞与支給に関して、次のように規定されていた。

すなわち、12 月支給の賞与の対象期間は、5 月初勤務日（同年では 5 月 2 日）から 10 月最終勤務日（同年では 10 月 31 日）まで、支給対象者は、同期間の出勤率（出勤した日数÷有効に取得した休暇日を含めた所定労働日数）が 90 パーセント以上の者（同年の前記対象期間で所定労働日 124 日のうち 112 日以上出勤した者）とされ、その出勤率の算定において、年次有給休暇はこれを出勤したものとみなす旨の規定はあるが、育児休業についてその旨の規定はない。

また、賞与額の算定については、月額基本給 3 か月分の額から、月額基本給を 20 日分で除して得た額に欠勤日数を乗じて得た額を差し引く計算方式を採ることとされている。育児休業は無給とされているところ、前記賞与額の算定においては、年次有給休暇も含め、全ての取得休暇日を欠勤日数に算入するものと規定されている。

なお、X は、同年 5 月 2 日から同年 10 月 31 日までの間、前記のとおり出勤しなかった同年 7 月 1 日から同年 9 月 30 日までの期間を除き、全ての勤務日に出勤した。

〔設　問〕

Y 社が X に対して行った懲戒処分、平成 23 年 9 月分給与からの 10 日相当分の賃金控除及び同年 12 月の賞与全額不支給の各措置について、法律上の問題点を指摘し、あなたの見解を述べなさい。なお、Y 社は X に対して賞与を支給すべきであるとする見解の場合には、前記計算方式による賞与額の算定において欠勤日数を何日として計算すべきか、また、その根拠について説明しなさい。

II　事案の概要

【経緯】

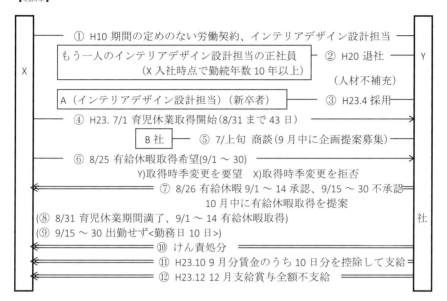

【12月支給賞与の支給対象者と額の決定方法】
・賞与の対象期間：5月2日から10月31日まで
・支給対象者：出勤率が0.9以上

$$出勤率＝\frac{出勤した日数}{有効に取得した休暇日を含めた所定労働日数}$$

出勤率0.9以上＝出勤した日数（有給休暇を含む）が112日以上
　　　　　　　欠勤した日数（育児休業を含む）が12日以下
年次有給休暇／出勤したものとみなす
育児休業／出勤したものとみなす規定はない
・賞与額算定の計算方法
　　月額基本給3か月分－月額基本給÷20×欠勤日数（年次有給休暇・育児休業含む）

III　論点

［基本的論点］
　①時期変更権の行使の適法性と懲戒処分の効力
　②有給休暇・育児休業取得と不利益取扱いの可否

[具体的論点、及び、配点案]（配点 50）

第1　Y 社の X に対する懲戒処分（小計 20）

　1　懲戒権の法的根拠と行使の適法性〈6〉

　2　懲戒事由に該当する事実の存否〈3〉

　（1）時季変更権行使の適法性の判断枠組み〈4〉

　（2）本件事案の判断〈4〉

　3　信義則違反・懲戒権濫用等でないこと〈3〉

第2　10 日分相当の賃金請求権の有無（小計 2）

第3　12 月支給賞与請求権の有無と額（小計 28）

　1　賞与支給対象者の決定にあたり
　　　　　　　　　育児休業を欠勤日数に含めることの可否〈2〉

　（1）判断基準〈4〉

　（2）本件事案の判断〈3〉

　（3）X の賞与支給対象者該当性〈2〉

　2　賞与額の算定上
　　　　　　年次有給休暇と育児休業を欠勤日数に含めることの可否〈4〉

　（1）年次有給休暇について

　　ア　判断基準〈4〉

　　イ　本件事案の判断〈2〉

　（2）育児休業について

　　ア　判断基準〈3〉

　　イ　本件への本件事案の判断〈2〉

　（3）X の賞与額の算定における欠勤日数〈2〉

Ⅳ　解答例　（35字×23行×4頁＝35字×92行〈3220字〉）

第1　Y 社の X に対する懲戒処分[*1]

1　懲戒権の法的根拠と行使の適法性

　Y 社の X に対する懲戒処分が有効であるためには、Y 社が X に対し懲戒権の労働契約上の根拠（X と Y 社の合意又は労働契約の内容となる就業規則の定め）を有しその行使が適法であること、具体的には、①就業規則に懲戒事由と懲戒処分の程度・種類の定めがあり、規定内容が法令・労働協約に反せず（労基法 92 条 1 項）合理的で実質的に周知され、労基法所定の意見聴取と添付・届出・

---

*1　懲戒処分の効力→【川口『労働法・第 6 版』523-548・1014 頁】。

周知（90条・89条・106条1項）が履践され、②就業規則所定の懲戒事由該当事実が存在し、③就業規則所定の要件（手続等）を充足し、④信義則（労契法3条4項）違反、懲戒権濫用（同15条）、強行法規違反でないことが必要である[*2]。

本件では、労働契約上の根拠の有無、及び、①につき懲戒処分としてのけん責処分の規定の有無、周知・労基法所定の手続の履践の有無は不明であるが、もしこれが肯定されれば、③は充足しているので、特に、②と④が問題となる。

2 懲戒事由に該当する事実の存否

Xが年次有給休暇[*3]の時季指定をした9月15日から30日までの勤務日10日につき、有給休暇が成立していれば[*4]、当該日にXの労働義務はなく、出勤しなかったことは懲戒事由である業務命令違反に該当しないが、有給休暇が成立していなければ、当該日にXの労働義務はあり、出勤しなかったことは業務命令違反に該当し、Y社がB社の外注案件を受注できなかったことに鑑みれば実質的にも懲戒事由に該当すると思われるので、Y社の時季変更権行使の適法性（「事業の正常な運営を妨げる場合」〈労基法39条5項但書〉該当性）[*5]が問題となる。

(1) 時季変更権行使の適法性の判断枠組み

労働者が事前の調整を経ることなく、その有する年次有給休暇の日数の範囲内で始期と終期を特定して長期かつ連続の時季指定をした場合、使用者の時季変更権の行使については、当該休暇が事業運営にどのような支障をもたらすか、休暇の時期、期間につきどの程度の修正、変更を行うかに関し、使用者にある程度の裁量的判断の余地があり、使用者の裁量的判断が労基法39条の趣旨に反し労働者に休暇を取得させるための状況に応じた配慮を欠くなど不合理であると認められるときに限り、時季変更権の行使は違法と判断される[*6]。

(2) 本件事案の判断

Xの年休時季指定は、育児休業取得に引き続く事前調整のない直前の長期・

---

*2 契約説である。固有権説であれば、Y社は、使用者（労働契約の当事者）として企業秩序維持のために当然に懲戒権を有しているが、懲戒権の行使が適法であることが必要となる。

*3 年次有給休暇に関する定めと論点→【川口『労働法・第6版』334-346頁】。

*4 労働者が労基法39条1～3項に基づき有する年次有給休暇の日数の範囲内で時季指定権を行使して有給休暇取得日を指定した場合、使用者が、同条5項但書に基づく適法な時季変更権を行使した場合を除き、指定された日が年次有給休暇として成立し、当該日の所定の賃金請求権の取得と就労義務の消滅という法的効果が発生する（【川口『労働法・第6版』339-340頁】）。

*5 使用者による時季変更権行使の適法性（「事業の正常な運営を妨げる場合」〈労基法39条5項但書〉該当性）の判断基準→【川口『労働法・第6版』339-342頁】。

*6 時事通信社事件・最三小判平4・6・23民集46巻4号306頁/労判613号6頁。

連続（1か月・勤務日20日分）の時季指定であるところ、Y社の長期間の人材不補充が問題の発端ではあるものの、B社の案件を受注するために特に9月15日から30日にXが最終的な企画提案及び交渉を行う必要性、Y社による9月1日から14日までの年休承認と10月中の有給休暇取得の提案に照らし、Y社の時季変更権の行使が不合理であるとまでは言えないのではなかろうか。

3　信義則違反・懲戒権濫用等でないこと

仮に、時季変更権の行使が適法で、懲戒事由に該当する事実が存在するとしても、けん責処分は、信義則（労契法3条4項）違反、懲戒権濫用（同15条）[*7]であってはならないところ、最も軽い懲戒処分と思われ処分の相当性は問題ないと思われるので、従来の先例に照らし平等原則違反ではなく、適正手続が履践されていれば、信義則違反、懲戒権濫用ではないであろう。

第2　10日分相当の賃金請求権の有無

Y社の時季変更権の行使が違法であれば、9月15日から30日までの勤務日10日につき有給休暇が成立しXは所定の賃金請求権を有するが、時季変更権の行使が適法であれば、有給休暇は成立せずXは賃金請求権を有しない。

第3　12月支給賞与請求権の有無と額

賞与に関する就業規則の規定のうち、①賞与支給対象者の決定にあたり育児休業を出勤したものとせず欠勤日数に含める規定、及び、②賞与額の算定にあたり年次有給休暇及び育児休業を欠勤日数に含める規定の効力が問題となる。

1　賞与支給対象者の決定にあたり育児休業を欠勤日数に含めることの可否

(1) 判断基準

育児休業に関する育介法の規定（第2章）は、労働者の労働義務を消滅させる権利の保障に止まり賃金を保障するものではなく、育児休業日が労務が履行された日と全く同様に取り扱われることまでは保障していないので、労務の履行時間に対応して決定される賞与につき、労務が履行されなかった時間に応じてこれを減額する規定は適法であるが、それ以上に減額する規定は育児休業取得を理由とする不利益な取扱いであり、育介法10条に反し無効である[*8]。

(2) 本件事案の判断

賞与支給対象者を出勤率90％以上の者とし、育児休業を出勤したものとみなさない就業規則の規定は、育児休業を取得すれば、賞与支給対象者に該当せず一切賞与を支給されない可能性があるので、育介法10条に反し無効であり、

---

*7　懲戒処分について、信義則上の義務の履行、懲戒権濫用でないことの判断基準→
　　【川口『労働法・第6版』546-548頁】。

*8　【川口『労働法・第6版』389頁】。なお、「V　補足説明」参照。

Xの労働契約の内容とならない（労契法 13 条）。

(3) Xの賞与支給対象者該当性

Y社の時季変更権の行使が違法であれば、Xが有給休暇の時季指定をした 9 月 1 日から 30 日までの勤務日 20 日について全て有給休暇が成立し、Xの欠勤日数はゼロとなり、Y社の時季変更権の行使が適法であれば、9 月 15 日から 30 日までの勤務日 10 日については有給休暇は成立せず、Xの欠勤日数は 10 日となるが、いずれにしても出勤率は 90 ％以上であり、Xは賞与支給対象者となる。

2　賞与額の算定上年次有給休暇と育児休業を欠勤日数に含めることの可否

(1) 年次有給休暇について

「労基法 136 条は努力義務規定だが、年次有給休暇取得を経済的不利益と結びつける措置は、その趣旨、目的、労働者が失う経済的利益の程度、年休取得に対する事実上の抑止力の強弱等諸般の事情を総合し、年休権の行使を抑制しその保障の趣旨を実質的に失わせる場合は、公序に反して無効」との見解[9]もあるが、労基法 39 条が年休取得日に賃金支払を義務づけている趣旨からすれば、年休取得日は出勤日と同様に取り扱われるべきであり、年休取得を理由とする不利益な取扱いは同条違反、136 条（強行法規と解すべき）違反である[10]。

したがって、賞与額の算定にあたり年次有給休暇を欠勤日数に含める旨の就業規則の規定は、年休取得を理由とする不利益な取扱いで、労基法 39 条・136 条違反で無効であり、Xの労働契約の内容とならない（労契法 13 条）。

(2) 育児休業について

前記 1 (1)で述べたように、労務が履行されなかった時間に応じて賞与を減額する規定は適法と解すべきところ、育児休業日を欠勤日数に含める規定は、賞与の額をその育児休業日数に応じて減額するに止まるものであるから、育介法 10 条違反ではなく、合意又は労契法等所定の要件の充足により X の労働契約の内容となりうる。

(3) Xの賞与額の算定における欠勤日数

育児休業日を欠勤日数に含める規定が X の労働契約の内容となっていれば、X の欠勤日数は、Y 社の時季変更権行使が違法であれば育児休業の 43 日、Y 社の時季変更権行使が適法であれば育児休業の 43 日＋ 10 日の 53 日である。

---

*9　沼津交通事件・最二小判平 5・6・25 民集 47 巻 6 号 4585 頁/労判 636 号 11 頁。エス・ウント・エー事件・最三小判平 4・2・18 集民 164 号 67 頁/労判 609 号 12 頁は、賞与の算出にあたり年休取得日を欠勤日扱いすることは無効と判断している。
*10　年休取得と不利益取扱いの可否→【川口『労働法・第 6 版』345 頁】。

V 補足説明

　東朋学園事件・最一小判平成 15・12・4 集民 212 号 87 頁/労判 862 号 14 頁は、産前産後休業と育児に伴う所定労働時間の短縮について、「これらの休業等の日・時間を『欠勤扱い』とし経済的不利益を被らせる制度は、その制度の趣旨、目的、労働者が失う経済的利益の程度、権利行使に対する事実上の抑止力の強弱等諸般の事情を総合して、これらの権利の行使を抑制し、ひいてはこれらの権利を保障した趣旨を実質的に失わせるものと認めらる場合は、公序に反し無効」との判断枠組みを示した上で、第一に、賞与の支給対象者を出勤率 90 ％以上として産前産後休業及び所定労働時間の短縮部分を「欠勤扱い」とした就業規則の規定（90 ％条項）は、①出勤率が 90 ％未満の場合は一切賞与が支給されず、②従業員の年間総収入額に占める賞与の比重は相当大きく、③90 ％という出勤率は、産前産後休業取得又は勤務時間短縮措置だけで賞与不支給となる可能性が高く、権利行使に対する事実上の抑止力が相当強いので、労基法等が同権利を保障した趣旨を実質的に失わせるもので公序に反し無効と判断し、第二に、賞与の支給計算基準として、産前産後休業の日数と勤務時間短縮措置による短縮時間分を「欠勤扱い」する就業規則の規定は、①賞与の額をその欠勤日数に応じて減額するに止まるもので、②産前産後休業を取得し又は勤務時間短縮措置を受けた労働者は、法律上、当該不就労期間に対応する賃金請求権を有しておらず、就業規則でも当該不就労時間は無給とされているので、当該規定は労働者の権利の行使を抑制し労基法等が同権利を保障した趣旨を実質的に失わせるものとは認められず、公序に反し無効ではないと判断した。

　しかし、当該事件（平 6）後、2001（平 13）年の育介法の改正により、育児休業取得を理由とする全ての不利益取扱いは禁止され、現行法では、事業主は、労働者が、育介法が定める、①育児休業、②介護休業、③子の看護休暇、④介護休暇の取得を申出若しくは取得したこと、又は、⑤所定外労働の制限、⑥法定労働時間外労働の制限、⑦深夜労働の制限、⑧所定労働時間の短縮措置を請求若しくは労働しなかったこと等を理由として、解雇その他の不利益な取扱いをすることは具体的な強行規定により禁止されている（育介 10 条、16 条、16 条の 4、16 条の 7、16 条の 10、18 条の 2、20 条の 2、23 条の 2）。

　したがって、現行法では、当該不利益な取扱いは、「公序違反」ではなく当該強行法規違反との解答が正確であろう[11]。

---

　[11]　休暇・休業等の取得と経済的不利益の可否→【川口『労働法・第 6 版』435-440 頁】。

第14回　不当労働行為／団結活動等

(2012〈平成 24〉年第 2 問)

I　設問

　次の設問について、現時点での法令、判例、学説等に基づき解答して下さい。

(35 字× 23 行× 4 頁＝ 3220 字くらいまで)

[2012 年司法試験労働法第 2 問（配点：50）]

　次の事例を読んで、後記の設問に答えなさい。

【事　例】

1　Y 社は、事務所用家具のインターネット販売を主な事業とする株式会社であり、従業員は 50 名で、部長、課長及び係長の役職が設けられ、課長以上に人事考課の権限が与えられている。

2　Y 社は、いわゆる薄利多売の営業でこれまで好調に売上げを伸ばしていたことから、例年 4 月に賃金の引上げ（ベース・アップ）を行ってきた。ところが、主要な仕入先の会社が倒産したことに伴い、従前の廉価な販売価格を維持できなくなり、平成 21 年の事業年度における業績が急激に悪化した。Y 社の代表取締役である A は、現在の財務状況からすれば、平成 22 年も多少のベース・アップは可能ではあるものの、Y 社のぜい弱な財務体質からすると、同年の事業年度以降も業績が引き続き低迷した場合、早ければ平成 24 年にも深刻な経営難に陥る可能性があると分析し、平成 22 年 4 月のベース・アップは行うべきではないと判断した。そこで、Y 社は、同年 1 月上旬頃、全従業員に対して、平成 21 年の業績悪化により平成 22 年 4 月のベース・アップは実施しない旨を書面で通知した。

3　Y 社には、これまで労働組合が存在しなかったところ、部下 2 名を配された Y 社の係長である B は、平成 21 年の業績が悪化したとはいえ、ベース・アップができないほどに Y 社の財務状況は悪くないはずであり、ベース・アップを行わないのは不当であると考え、Y 社に対してベース・アップ要求の団体交渉を行うべく、Y 社の係長以下の従業員を勧誘して、平成 22 年 1 月末頃、Y 社の従業員計 30 名で X 労働組合（以下「X 組合」という。）を結成し、自らその執行委員長に就任した。そして、X 組合は、Y 社に対し、X 組合結成の旨を通知し、X 組合とのベース・アップを議題とする団体交渉の開催を求めた。

　Y 社はこの要請に応じ、同年 2 月初め頃に開催された団体交渉に出席した A は、X 組合に対し、「平成 21 年の業績が著しく悪く、現在の財務状況では、平成 22 年以降の業績が引き続き低迷した場合、早ければ平成 24 年にも従業員のリストラを検討せざるを得ないほどの経営難に陥る危険がある。そこで、本年のベース・アップを断念し、財務体質の改善に力を注ぐ必要がある。」旨、自らの判断を率直に説明した。これに対し、X 組合は、Y 社の財務状況に関する資料の提出を数回にわたり求めたところ、Y 社はその都度、これに迅速に対応し、財務諸表等、要求された資料を全て X 組合に提出した上、その後、平成 22 年 2 月中、X 組合からの合計 3 回にわたる日時指定の団体

123

交渉開催要請に全て応じた。これらの団体交渉では、いずれも、X組合側が「深刻な経営難に陥る危険があると言うが、提出された財務関係資料を見てもY社の説明は理解できない。合理的根拠を示して納得のいく説明をしてほしい。」などと主張したのに対し、Y社側は、「既に提出した資料をきちんと分析すれば当方の説明の合理性は明白だ。説明しようにも根拠は資料のとおりだと言うほかない。」などと述べるのみであった。

4　Bは、X組合の執行委員長として前記団体交渉の内容をX組合の全組合員に伝達するため、同月末頃、Y社の許可なく、始業時刻前に、Y社事務所において、団体交渉の日時、出席者及び交渉概要に関する記述のほか、「会社は財務状況が悪いの一点張り。」、「会社はベース・アップできない合理的根拠を示せ。」などの文言を片面印刷したA4サイズの紙1枚を印刷面を下にしてX組合の各組合員の机上に置くという方法でビラを配布した。

　　Y社は、Bの前記ビラ配布が、Y社の就業規則に規定された従業員の遵守事項のうち、「許可なく、社内で業務外の掲示をし、又は図書若しくは印刷物等の頒布あるいは貼付をしないこと。」との規定に違反するとともに、Y社の係長としての職責に照らして相当でない行為であるとして、前記ビラ配布の翌日、Bにつき、人事権の行使として係長職を解いて役職なしに降格し、Bにその旨を通知した。その結果、Bは、部下を持たない立場になったほか、基本給に変動はないものの、これまで支給されていた月額2万円の係長手当の支給が受けられなくなった。

5　X組合は、前記降格通知の翌日、Y社に対して、従前のベース・アップ要求に加え、Bの降格人事の撤回を要求し、団体交渉の開催を求めたところ、Aは、「Bの降格は人事権の行使であって経営権に属する事項であり、団体交渉に応じる必要はない。ベース・アップについても、合計4回の団体交渉にもX組合の資料要求にも全て応じた。双方の主張が折り合わないのは、要は、財務関係資料に基づく現在の財務状況及び今後の業績の見通しの分析・評価についての見解の相違である。そもそも、そのような分析・評価も経営者の判断事項であって、その当否を団体交渉で議論する必要はない。当方の経営判断を変えるつもりは全くないので、これ以上の団体交渉を行っても協議に進展が見られるとは思えない。」などと述べて、Y社として、X組合に対し、今後、前記要求に関する団体交渉を拒否する旨を即時に通告した。

6　そこで、X組合は、Y社に対する前記要求を外部に宣伝し、Y社を団体交渉に応じさせるべく、同年3月初め頃から、週2回、Y社の休憩時間中の午後零時30分から午後零時50分までの間、Y社事務所が所在するビルの敷地内の1階出入口外において、ビラ配布等の活動を始めた。その状況は、毎回、X組合の組合員10名余りが、同出入口外の両側に分かれて並び、同ビルを出入りする不特定者に対して、「執行委員長の降格は組合敵視の現れ。」、「会社は違法な降格人事を撤回しろ。」、「会社は団体交渉に応じろ。」、「会社はベース・アップできない合理的根拠を示せ。」などの文言を印刷したA4サイズのビラを配布しながら、同旨の文言を声高に連呼するというものであった。

　　このような活動が3回実施された後、Y社に対して、同ビルに事務所を置く他社等から、「取引先がビルに入りにくいと言って迷惑している。批判の相手が当社と勘違いされては企業イメージも下がり、売上げにも響く。」といった抗議がなされ、テナントから同様の苦情を受けた同ビルの管理会社からも、X組合の前記活動を中止させてほしいとの強い要請がなされるようになった。

7　Y社の人事管理の責任者である総務部長Cは、これまで前記団体交渉に毎回出席し、そもそもX組合を好ましく思っていなかった上、前記ビル出入口外の活動をこのまま

続けさせては Y 社の対外的な信用にも関わることから、このような活動をやめさせるべきだと考え、同月下旬頃、A その他 Y 社の役員に諮ることなく独断で、終業後、X 組合の組合員を順次、酒食の席に誘い、「X 組合の活動はかえって会社の業績を悪化させる。今年はベース・アップがなされなくても、皆が一丸となって働いて業績を回復すれば、ベース・アップもできる。組合活動を続けていると出世にも影響するぞ。」などと話した。その数日後、C に誘われたこれら組合員のうち 5 名が X 組合から脱退した。

8 B その他 X 組合の幹部は、X 組合の組合員に対する C の働き掛けが A の意向による X 組合への組織弱体化工作であると考えて Y 社への反感を強め、同月末頃、始業時刻前で Y 社の従業員がいずれも出勤していない早朝に、Y 社事務所において、Y 社の許可を得ず、X 組合の組合員以外の者も含めた Y 社の全従業員の机上に、「会社は違法な降格人事を撤回しろ。」、「会社は団体交渉に応じろ。」、「会社はベース・アップできない合理的根拠を示せ。」、「組合弱体化工作に断固抗議する。」、「A 社長は違法行為の達人。」、「A 社長は従業員を犠牲にして私腹を肥やす偽善者。」などの文言を片面印刷した A4 サイズの紙 1 枚を印刷面を上にして置くという方法でビラを配布した。その後、B らが始業時刻までの時間を潰すために一旦 Y 社事務所を出ている間、Y 社の他の従業員よりも早く出勤した C は、前記ビラを見て、これは A 個人を根拠なく誹謗中傷するもので、従業員の目に触れさせるわけにはいかないと考え、A その他 Y 社の役員に諮ることなく独断で、Y 社の他の従業員が出勤してくる前に、机上配布された前記ビラを X 組合に無断で全て回収してしまった。

〔設 問〕

1 X 組合は、Y 社側の一連の対応について、いずれも不当であると考えているが、その場合、X 組合として採り得る法的措置とその法律上の問題点について論じなさい。なお、B 個人が当事者となる法律関係については検討しなくてよい。また、X 組合が労働組合法上の労働組合に該当することを前提に論じてよい。

2 Y 社は、直ちに X 組合による前記ビル出入口外でのビラ配布等の活動をやめさせたいと考えているが、その場合、Y 社として採り得る法的措置とその法律上の問題点について論じなさい。

II 論点

〔基本的論点〕

＜設問 1 ＞ 不当労働行為の成立要件と法的救済

＜設問 2 ＞ 労働組合の活動に対し使用者が求めうる法的救済

〔具体的論点、及び、配点案〕（配点 50）

＜設問 1 ＞（小計 40）

第 1 X 組合が採り得る法的措置（小計 10）

・労働委員会〈8〉

・裁判所〈2〉

第 2 法律上の問題点（小計 30）

1 団体交渉で資料以上の説明をしなかったことの

不当労働行為・不法行為該当性〈3〉

Ⅲ 事案の概要

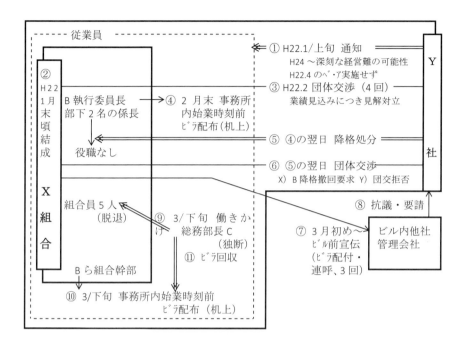

Ⅳ 解答例　(35字×23行×4頁＝35字×92行〈3220字〉)

＜設問1＞

第1　X組合が採り得る法的措置

　X組合は、Y社を相手方として、①団体交渉で資料以上の説明をしなかったこと、②Bを降格したこと、③ベース・アップ要求とBの降格人事撤回を団交事項とする団交を拒否したこと、④CのX組合員に対する発言・働きかけ及びビラ回収につき、第一に、X組合が労組法5条1項を充足すれば、労働委員会において、①が団体交渉拒否（労組法7条2号）であるとして、誠実に団体交渉し説明せよ等の救済命令を、②が不利益取扱い（同条1号）及び支配介入（同条3号）であるとして、降格人事の撤回・バックペイ（係長手当の支払）等の救済命令を、③が団体交渉拒否（同条2号）であるとして、ベース・アップ要求とBの降格人事撤回につき団体交渉に応じよ等の救済命令を、④が支配介入（同条3号）であるとして、今後このような行為を行ってはならない等の救済命令を求め（いずれもポスト・ノーティス等も求めうる）、第二に、裁

判所において、①〜④がX組合の団結権又は団体交渉権を侵害する不法行為であるとして損害賠償（民法709条・715条）を、③につきY社に対し当該事項を団交事項として団体交渉を求めうる地位にあることの確認を請求する[*1]。

第2　法律上の問題点

1　①（団体交渉で資料以上の説明をしなかったこと）の不当労働行為・不法行為該当性

Y社はX組合に対し一定の事項につき団体交渉義務を負う使用者（労組法7条2号）であり、その回答や主張の根拠を示し説明する誠実交渉義務を負う[*2]ところ、根拠は資料の通りと述べるのみという対応は誠実交渉義務違反で団体交渉拒否（同号）に該当し、X組合の団体交渉権侵害の不法行為にも該当する[*3]。

2　②（Bの降格）の不当労働行為・不法行為該当性

(1)　Bの行ったビラ配付の団結活動としての正当性

Bのビラ配布が正当な団結活動[*4]であれば、それを理由とする降格処分は不利益取扱い及び支配介入（労組法7条1号・3号）であり、X組合の団結権侵害の不法行為でもあるので、当該活動の正当性が問題となるところ、特に、その手段・態様につき、a)ビラの内容、b)Y社の許可なき配付が問題となる。

a)については、虚偽の事実や誤解を与えかねない事実を記載し、使用者の利益の不当な侵害、名誉、信用の毀損、失墜、企業の円滑な運営への支障となる場合は、団結活動として正当でない[*5]ところ、当該ビラの内容（事例の4）は虚偽の事実ではなく、正当性の範囲を逸脱するものではない。

b)については、使用者の許可なくその物的施設等を利用して行う団結活動は、使用者がその利用を許さないことが信義則違反又は施設管理権の濫用と認められる特段の事情がある場合[*6]は正当な団結活動であるところ[*7]、当該ビラ

---

*1　不当労働行為の法的救済→【川口『労働法・第6版』980-1000頁】。

*2　山形県労委（山形大学）事件・最二小判令4・3・18浪版1264号20頁等。誠実交渉義務の内容→【川口『労働法・第6版』786-788頁】。

*3　当該事項については、X組合に対し団体交渉義務を負う使用者であることは争っていないと思われるので、団体交渉を求めうる地位確認は請求する必要はない。

*4　団結活動の正当性→【川口『労働法・第6版』824-838・1016-1017頁】。

*5　中国電力事件・山口地判昭60・2・1労判447号21頁/判時1152号166頁、同事件・広島高判平元・10・23労判583号49頁/判時1345号128頁。情宣活動における情宣の内容の正当性→【川口『労働法・第6版』836-838頁】。

*6　国鉄札幌運転区事件・最三小判昭54・10・30民集33巻6号647頁/判判329号12頁、中労委（済生会中央病院）事件・最二小判平元・12・11民集43巻12号1786頁/労判552号10頁、中労委（オリエンタルモーター＜会社上告＞）事件・最二小判平7・9・8集民176号699頁/労判679号11頁。

*7　使用者の施設等を利用した団結活動の正当性→【川口『労働法・第6版』831-834頁】。

128

配布は印刷面を下に Y 社事務所の X 組合員の机上に置くという方法で Y 社の業務に支障を来したり企業秩序を乱すものではなく、その利用を許さないことは施設管理権濫用又は信義則違反で、正当な団結活動と解される。

（2）降格処分の理由

仮に B のビラ配布が正当な団結活動でないとしても、B が X 組合員又はその執行委員長であることが降格処分の理由であれば、当該処分は不利益取扱い・支配介入（労組法 7 条 1 号・3 号）で、X 組合の団結権侵害の不法行為である。

3 ③（団交拒否）の不当労働行為・不法行為該当性と地位確認の肯否

③の団交拒否について、a)「B の降格人事撤回」については、Y 社は X 組合に対し団体交渉義務を負う使用者（労組法 7 条 2 号）か、b)ベース・アップ要求について、団交打ち切りの正当な理由の存否が問題となるところ、a)につき、「B の降格人事撤回」は X 組合の組合員である B の雇用・労働条件に関し、かつ、B の労働契約上の使用者である Y 社が決定可能な事項であるから、Y 社は当該事項につき団体交渉義務を負う使用者であり、当該事項は Y 社の義務的団交事項である[*8]。また、b)につき、使用者が誠実交渉義務を尽くし十分な協議が行われた後団体交渉を継続する余地がなくなった場合は、使用者は団体交渉を拒否することができる[*9]ところ、前記 1 で述べたとおり、Y 社は誠実交渉義務を履行していないから、団体交渉を拒否する正当な理由はない。

したがって、当該団交拒否は、労組法 7 条 2 号の不当労働行為、及び、X 組合の団体交渉権侵害の不法行為に該当し、X 組合は当該事項につき団体交渉を求めうる地位にある。

4 ④（C の行為）の不当労働行為・不法行為該当性

「使用者の利益代表者」（労組法 2 条 1 号）に近接する職制上の地位にある者が使用者の意を体してなした行為は、具体的な意思の連絡がなくても使用者の行為[*10]と評価できる[*11]ところ、総務部長 C は「使用者の利益代表者」に近接する地位にあると思われ、その行為は独断ではあるが役員等の意に反するとは思われず、Y 社の行為と評価しうるから、組合脱退勧奨の支配介入（労組法 7 条

[*8] 中労委（INAX メンテナンス）事件・最三小判平 23・4・12 集民 236 号 327 頁/労判 1026 号 27 頁参照。義務的団交事項→【川口『労働法・第 6 版』781-785 頁】。

[*9] 徳島労委（池田電器〈船井電機〉）事件・最二小判平 4・2・14 労判 614 号 6 頁、東京労委（寿建築研究所）事件・東京高判昭 52・6・29 労民 28 巻 3 号 223 頁/労判 281 号 64 頁等。団体交渉の打ち切りと再開→【川口『労働法・第 6 版』788-789 頁】。

[*10] 「使用者の行為」→【川口『労働法・第 6 版』946-947 頁】。

[*11] 中労委（JR 東海〈新幹線・科長脱退勧奨〉）事件・最二小判平 18・12・8 集民 222 号 585 頁/労判 929 号 5 頁。

3 号）に該当し、また、X 組合の団結権侵害の不法行為であり、Y 社は、黙示の指示があれば民法 709 条、なければ民法 715 条により損害賠償責任を負う。

また、B らのビラ配布が正当な団結活動であればその無断回収は支配介入（労組法 7 条 3 号）、X 組合の団結権侵害の不法行為に該当するので、当該活動の正当性が問題となるところ、特に、その手段・態様につき、ビラの内容、及び、Y 社の許可なく X 組合員の机上に配付したことが問題となる。

ビラの内容及び使用者の許可のない施設利用の団結活動の正当性の判断基準は、前記 2（1）で述べたとおりであるところ、当該ビラの内容の中には「A 社長は違法行為の達人」「従業員を犠牲にして私腹を肥やす偽善者」との表現も見られるものの、前記 1 〜 3 で述べた Y 社の違法な行為に照らせば、正当性の範囲を逸脱するとまでは言えないであろう。また、Y 社の許可なく印刷面を上にして Y 社事務所の従業員全員の机上に置くという方法も、Y 社の業務に支障を来したり企業秩序を乱すものとまでは言えず、その利用を許さないことは施設管理権濫用又は信義則違反で、正当な団結活動である。

＜設問 2＞
第 1　Y 社が採り得る法的措置
　裁判所に、当該情宣活動が Y 社の名誉・信用を毀損し営業権を侵害する不法行為で、かつ、今後も継続する蓋然性が高いとして、差し止めを求める[*12]。
第 2　法律上の問題点
　当該情宣活動が団結活動として正当であれば適法な行為であるところ、当該活動の正当性は、特に手段・態様につき、情宣の内容と方法が問題となる。
　情宣の内容の判断基準は、前記 2（1）で述べたとおりであるところ、当該ビラ・情宣の内容（事例の 6）は正当性の範囲を逸脱するものではない。
　また、情宣活動は、その態様・方法が、諸般の事情を考慮して社会通念上相当でない場合は正当な団結活動ではなく、相手方の名誉・信用の毀損、営業権等を侵害する場合は不法行為（民法 709 条）となるが[*13]、当該情宣は、週 2 回休憩時間中の 20 分間という限定された時間に、組合員 10 人あまりが、Y 社事務所の所在するビルの敷地内の 1 階出入り口で、ビラを配布し同旨の文言を声高に連呼するにすぎず、社会通念上相当な範囲内の正当な団結活動であろう。

[*12]　情宣活動が企業経営者の自宅付近等で行われ、企業経営者の自己の住居の平穏や地域社会における名誉・信用等を侵害する不法行為に該当し、かつ、今後も当該侵害行為が継続する蓋然性が高い場合も、当該経営者等はその差し止める権利を有する【川口『労働法・第 6 版』836 頁】。
[*13]　情宣活動の時間・方法等の正当性→【川口『労働法・第 6 版』838 頁】。

第 15 回 労働契約の終了／賃金請求権等

（2013〈平成 25〉年第 1 問）

I 設問

次の設問について、現時点での法令、判例、学説等に基づき解答して下さい。

（35 字×23 行×4 頁＝3220 字くらいまで）

［2013 年司法試験労働法第 1 問（配点：50）］
【事　例】

X は、平成 20 年 3 月に大学の理工学部を卒業し、自動車製造会社に勤務していたが、自己が希望していた電気自動車の開発に携わることができず、営業を担当させられたことから、転職したいと考えるようになった。

学校法人 Y は、同法人が経営する私立高校（以下「Y 高校」という。）について、理数系特進クラスを設けて生徒数を増加させるとの方針を採り、理科系教育に力を入れるべく、物理教員の中途採用を拡充することとし、平成 23 年 6 月に、就職情報誌に物理教員の中途採用者募集広告を出した。当該募集広告には、中途採用者の給与に関し、「既卒者でも収入面のハンデはありません。例えば、平成 20 年 3 月大卒の方なら、同年に新卒で採用した教員の現時点での給与と同等の額をお約束いたします。」などと記載されていた。

X は大学在学中に教員を志望し、教員免許を取得していたこともあり、前記募集広告を見て応募し、筆記試験を受け、平成 23 年 9 月に実施された採用説明会に出席した。同説明会において、X が Y から示された書面では、採用後の労働条件について、各種手当の額は表示されていたものの、基本給については具体的な額を示す資料は提示されなかった。

X は、同年 10 月に実施された採用面接の際、Y の理事長から、「契約期間は平成 24 年 4 月 1 日から 1 年ということに一応しておきます。その 1 年間の勤務状態を見て再雇用するかどうかを決めたいと思います。その条件で良ければあなたを本校に採用したいと思います。」と言われたが、X としては、早く転職して念願の教員になりたかったことから、その申出を承諾するとともに、「私は、平成 25 年 3 月 31 日までの契約期間 1 年の常勤講師として Y に採用されることを承諾いたします。同期間が満了したときは解雇予告その他何らの通知を要せず、期間満了の日に当然退職の効果が生ずることに異議はありません。」という内容の誓約書を Y に提出した。なお、Y は、教員経験のない者を新規採用する際の契約期間については、X に限らず、これを 1 年としていたが、同期間経過後に引き続き雇用する場合に契約書作成の手続等は採られていなかった。

X は、Y に採用され、平成 24 年 4 月 1 日から Y 高校において物理教員として勤務し、同僚教員と同程度の週 12 時限の特進クラスの授業を受け持ち、卓球部の顧問として部活指導等も行っていた。そうした中、X は、同年 8 月に至って、自己の給与については、平成 24 年 4 月に新卒で採用された教員の給与と同等の給与であることを初めて知らされ、Y に対し、平成 20 年 4 月に新卒で採用された教員の現時点での給与と同等の給与へ

131

の増額を求めたものの認められなかった。

　Yの就業規則には、「賞与として、7月10日（算定対象期間：前年12月1日から当年5月31日まで）及び12月25日（同期間：6月1日から11月30日まで）に、それぞれ基本給の1か月分を支給する。」という規定があった。ところが、Yは、特進クラス創設に伴い、大規模な設備投資や多数の教員採用等を行ったことから、経営状態が急激に悪化し、資金繰りに窮するようになり、平成24年12月の賞与を支払えない見込みとなった。そこで、Yの理事長は、平成24年12月14日、教職員に対する説明会を開催し、平成24年12月の賞与を支払えないこと及びその理由を説明したところ、教職員側からは何ら異議は出ず、また、Xを含む教職員全員から、平成24年12月の賞与の不支給について同意する旨の書面が提出された。しかし、Yは、就業規則の変更は行わなかった。そして、その後、Yは、平成24年12月の賞与を教職員に支払っていない。

　その後、Yは、父母会からXの授業は特進クラスのレベルに達していないとのクレームが相次いでいるため再雇用はしないとして、Xに対し、平成25年3月31日をもってXの労働契約は期間満了により終了する旨の通知を行った。

〔設　問〕

　弁護士であるあなたが、Xから、Y高校で今後も教員として働き続けるため、並びに、本来支給されるべきものと考えた賃金及び賞与を得るため、Yを相手方として訴えを提起したいとの相談を受けた場合に検討すべき法律上の問題点を指摘し、それについてのあなたの見解を述べなさい。

Ⅱ　事案の概要

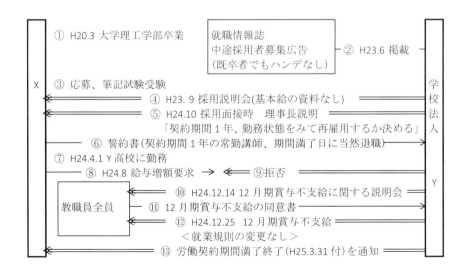

132

Ⅲ　論点

［基本的論点］
① 労働契約終了の肯否
② 同年卒新卒採用教員と同額の賃金請求権・損害賠償請求権の有無
③ 賞与請求権の有無

［具体的論点、及び、配点案］（配点 50）

第1　XとYの労働契約終了の肯否（小計 28）
　1　労働契約の法的性質
　　(1) 試用期間付解約権留保付の期間の定めのない労働契約か〈10〉
　　　ア　判断基準
　　　イ　本件事案の判断
　　(2) 労契法 19 条 2 号に該当する労働契約か〈4〉
　　　ア　判断基準
　　　イ　本件事案の判断
　2　労働契約終了の肯否
　　(1) 試用期間付解約権留保付期間の定めのない労働契約である場合〈10〉
　　　ア　解雇の効力の判断基準
　　　　(ア) 解雇権の法的根拠
　　　　(イ) 解雇権の行使の適法性
　　　　(ウ) 就業規則所定の解雇事由該当事実の有無、信義則違反、解雇権濫
　　　　　　用の判断基準
　　　イ　本件事案の判断
　　(2) 労契法 19 条 2 号に該当する労働契約である場合〈4〉
　　　ア　契約締結・更新みなしの判断基準
　　　イ　本件事案の判断
第2　同年卒新卒採用教員と同額の賃金請求権・損害賠償請求権の有無（小計 12）
　1　賃金請求権の法的根拠〈8〉
　　(1) 合意の有無
　　(2) 募集広告の法的性質
　　(3) 募集広告の記載と契約内容
　2　損害賠償請求権の有無〈4〉
第3　賞与請求権の有無（小計 10）
　1　賞与請求権の法的根拠〈2〉
　2　賞与不支給に同意する旨の書面の効力

（1）労働契約内容変更の承諾の意思表示と解される場合〈3〉

（2）賞与債権の放棄の意思表示と解される場合〈5〉

　　ア　判断基準

　　イ　本件事案の判断

Ⅳ　解答例　(35字×23行×4頁＝35字×92行〈3220字〉)

第1　XとYの労働契約終了の肯否

1　労働契約の法的性質

　XとYの労働契約終了の肯否は、その前提として、XとYの労働契約が、①試用期間付解約権留保付の期間の定めのない労働契約か、②有期労働契約であるとしても労契法19条2号に該当するかが問題となる。

（1）試用期間付解約権留保付の期間の定めのない労働契約か

　使用者が労働者の採用にあたり労働契約に期間を設けた場合、期間を設けた趣旨が労働者の適性の評価・判断であるときは、当該期間は試用期間であり、また、期間の満了により当該労働契約が当然に終了する旨の明確な合意が当事者間に成立しているなどの特段の事情が認められる場合を除き、契約の存続期間ではなく解約権が留保された期間であり、別途契約期間が設定されている場合を除き、当該契約は試用期間付解約権留保付期間の定めのない労働契約であるところ[*1]、Yは教員経験のない者を新規採用する際は1年の「契約期間」としていたことや採用面接の際の理事長の発言からすれば、XとYの労働契約の期間の趣旨はXの適性の評価・判断であり、また、Xは1年の期間満了により当然に退職の効果が生じる旨の誓約書を提出しているが、同僚教員と同程度の授業を持ち卓球部顧問として部活を指導し、Yは1年経過後引き続き雇用する場合契約書作成の手続等はなさず、特段の事情が認められないので、XとYの労働契約は試用期間付解約権留保付期間の定めのない労働契約と解される。

（2）労契法19条2号[*2]に該当する労働契約か

　仮にXとYの労働契約が契約期間1年の有期労働契約であるとしても、前記（1）で述べた事情に鑑みれば、Xが1年の契約期間満了時に契約の更新を期待する合理的理由が存在すると解されるので、労契法19条2号に該当する。

---

*1　【川口『労働法・第6版』455-456頁】（神戸弘陵学園事件・最三小判平2・6・5民集44巻4号668頁/労判564号7頁を参考にこれを整理した）。

*2　有期労働契約締結・更新の承諾みなし制度（労契法19条）→【川口『労働法・第6版』586-593頁・1004頁】。

2 労働契約終了の肯否

(1) 試用期間付解約権留保付期間の定めのない労働契約である場合

XとYの労働契約が期間の定めのない労働契約である場合、Yの契約終了通知は試用期間満了後の解雇であり、解雇の効力[*3]が問題となる。

Yは、期間の定めのない契約の一般原則（及び民法 627 条 1 項）に基づき解雇権を有し労働契約上も解約権を留保している。しかし、解雇権の行使は適法でなければならず、具体的には、①労基法所定の意見聴取と添付・届出・周知（90 条・89 条・106 条 1 項）を履践して作成された就業規則所定の解雇事由該当事実の存在（就業規則作成義務のある事業場）、②信義則（労契法 3 条 4 項）上の義務の履行、解雇権濫用（同 16 条）でないこと、③強行法規違反でないことが必要であり、①と②の判断基準は、労働者の人的理由による解雇の場合[*4]は、試用中の勤務状態等により当初知ることができず知ることが期待できない事実（職務遂行能力、勤務態度等）を知るに至った場合に、その事実に照らし労働契約の継続が適当でないと判断することが試用期間の趣旨、目的に徴して客観的に合理的であり、社会通念上相当と認められることと解すべきである[*5]。

本件において、①につき、労基法所定の手続を履践して作成された就業規則と本件解雇に適用しうる解雇事由の定めの有無、③につき、解雇予告又は解雇予告手当の支払（労基法 21 条但書）の有無は明らかではないが、これを充足していると仮定すると、解雇の客観的に合理的理由と社会通念上の相当性が問題となり、父母会のクレームの内容、実際の授業の内容・レベル、改善可能性、指導・説明協議の有無等により判断されることになる。

(2) 労契法 19 条 2 号に該当する労働契約である場合

XとYの労働契約が労契法 19 条 2 号に該当する場合、① X が有期労働契約の更新又は締結の申込みを行い、② Y の契約終了通知（当該申込み拒絶）が客観的に合理的理由を欠き社会通念上相当でないときは[*6]、Y は従前と同一の労働条件で当該申込みを承諾したとみなされるところ[*7]、客観的に合理的理由と社会通念上の相当性は前記(1)のように判断されることになる。

---

*3 試用期間満了後の解雇の効力→【川口『労働法・第 6 版』456-459・1005 頁】。

*4 これに対し、経営上の理由による解雇の場合は、整理解雇の四要件を参考とする基準により判断される【川口『労働法・第 6 版』459・569-573 頁】。

*5 【川口『労働法・第 6 版』458-459 頁】（三菱樹脂事件・最大判昭 48・12・12 民集 27 巻 11 号 1536 頁/労判 189 号 16 頁を参考に整理した）。

*6 労契法 19 条所定のみなしの要件→【川口『労働法・第 6 版』587-593・1004 頁】。

*7 労契法 19 条所定のみなし要件を充足した場合の法律効果→【川口『労働法・第 6 版』593・1004 頁】。

第2　同年卒新卒採用教員と同額の賃金請求権・損害賠償請求権の有無

1　賃金請求権の法的根拠

同年卒新卒採用教員と同額の賃金請求権の有無については、Ｘ と Ｙ の合意の有無が問題となる。

Ｘ の見た募集広告には、中途採用者に同年卒新卒採用教員の現時点での給与と同額を保障する旨の規定があるところ、この募集広告が Ｙ による労働契約締結の申込みであれば Ｘ の応募（承諾）によりこれを内容とする労働契約が成立するが、募集広告は一般に申込みの誘引と解されるから、その内容が当然に労働契約の内容となるわけではない[*8]。

しかし、応募者は募集広告記載の労働条件が労働契約の内容となると考えて応募し、募集者もそう考えるのが通常であるから、募集広告で明示された労働条件は、それと異なる合意をするなど特段の事情がない限り、労働契約の内容となると解すべきところ[*9]、本件では、その後の採用説明会では基本給の具体的額は提示されず異なる合意は存在しないと思われるので、募集広告の示す内容で労働契約が成立したとの認定も可能であろう。

2　損害賠償請求権の有無

仮に Ｘ の賃金を同年卒新卒採用教員と同額とする旨の Ｘ と Ｙ の合意が認定されないとしても、Ｙ は募集広告で同年卒新卒採用教員と同額の賃金が支払われると Ｘ に信じさせかねない説明をし、Ｘ はそれを信じて労働契約を締結し入社後その給与が新卒同年次採用教員と同じであることを知り精神的衝撃を受けたもので、Ｙ の説明は労基法 15 条 1 項、信義則（労契法 4 条 1 項）に違反し、不法行為（民法 709 条）を構成し、Ｙ は Ｘ に対し損害賠償義務を負う[*10]。

第3　賞与請求権の有無

1　賞与請求権の法的根拠

Ｙ の就業規則につき、実質的周知又は届出（労基法 90 条）がなされていれば、同就業規則は Ｘ の労働契約に対し最低基準効（労契法 12 条）[*11]を有し、Ｘ は同就業規則に基づき、基本給（その額は前記第 2 の検討結果による）の 1 か月分の金額を平成 24 年 12 月の賞与請求権として有する。

[*8]　【川口『労働法・第 6 版』436-437 頁】。
[*9]　千代田工業事件・大阪高判平 2・3・8 労判 575 号 59 頁/判タ 737 号 141 頁等、【川口『労働法・第 6 版』437 頁】。
[*10]　日産火災海上保険事件・東京高判平 12・4・19 労判 787 号 35 頁、【川口『労働法・第 6 版』443 頁・注 49】。
[*11]　就業規則の最低基準効→【川口『労働法・第 6 版』105-107・1012-1013 頁】。

2 賞与不支給に同意する旨の書面の効力
(1) 労働契約内容変更の承諾の意思表示と解される場合

Xによる賞与不支給に同意する旨の書面の提出が、XとYとの間の労働契約内容（賞与）変更の承諾の意思表示である場合、当該変更は就業規則の定める基準を下回るXに不利な内容なので、就業規則の実質的周知又は届出（労基法90条）がなされていればその最低基準効により無効である（労契法12条）。

(2) 賞与債権の放棄の意思表示と解される場合

Xによる賞与不支給に同意する旨の書面の提出が、12月支給賞与債権の放棄の意思表示と解される場合、当該意思表示の効力を肯定するためには、①労基法24条1項但書所定の労使協定が締結され、かつ、②当該意思表示が労働者の署名または押印のある書面によるもので、③労働者の自由な意思表示に基づくものと認めるに足りる合理的な理由の客観的存在を根拠付ける事実が必要と解すべきところ[*12]、教職員全員の書面提出が①の労使協定締結と同視しうるとしても、②と③を充足するか判断される必要があろう。

第16回　賃金・休業手当請求権／争議行為／
　　　　使用者の対抗行為／統制処分等

（2013〈平成25〉年第2問）

I　設問

次の設問について、現時点での法令、判例、学説等に基づき解答して下さい。

（35字×23行×4頁＝3220字くらいまで）

[2013年司法試験労働法第2問（配点：50）]
次の事例を読んで、後記の設問に答えなさい。
【事　例】
Y社は、従業員数約700名、客室数約500室、収容人員数約2000名のホテルを営んでおり、X1らはいずれもY社の従業員で、Y社の従業員の半数以上により組織されるX労働組合（以下「X組合」という。）の組合員である。また、Zは、Y社の従業員であり、

---

*12　賃金債権放棄の意思表示の効力→【川口『労働法・第6版』275-276頁】。シンガー・ソーイング・メシーン事件・最二小判昭48・1・19民集27巻1号27頁／判時695号107頁を参考に整理したが、本文①は、同判決とは異なり、労基法24条1項本文所定の全額払の原則は「賃金債権の放棄」も禁止しているとの見解である。

当初 X 組合の組合員であったが、平成 24 年 8 月 17 日、X 組合の最高決議機関である組合大会において、除名処分を受けた者である。

　Y 社は、平成 22 年度の決算から営業損失を計上するなど経営が悪化していたため、経営を再建すべく経営コンサルタントであった A を採用した。Y 社における X 組合の活動は活発であり、Y 社としては好ましくないと思いつつ勤務時間中の組合活動も黙認している状態が続いていたため、A は、Y 社の人事労務管理についても抜本的に見直すよう Y 社に提案した。そこで、Y 社は、平成 24 年 3 月 14 日、100 名の人員削減を中心とする大幅な合理化案（経営改善計画）を X 組合に提示した上、従来黙認していた勤務時間中の組合活動を行う者に対しては、今後賃金をカットするとともに懲戒処分を行い、職場規律の確立に努める旨を X 組合に通知した。X 組合は、外部からきた A がこれまでの労使慣行を無視していることに納得せず、勤務時間中の組合活動は既得権であると主張し、また、前記経営改善計画をめぐって Y 社との間で団体交渉を行ったが合意に達しなかった。Y 社は、同年 5 月 8 日、これまでの労働協約を全て破棄する旨通知し、同年 6 月 1 日、X 組合の組合員 29 名に対し、勤務時間中の組合活動を理由に 3 日間の出勤停止の懲戒処分を行った。

　X 組合は、Y 社の措置に強く反発し、これらの問題をめぐって同月 5 日に団体交渉を行ったが、A が Y 社側の代表となっていることに X 組合が拒否反応を示し、実質的な交渉に至らなかった。その後も、X 組合は、A の団体交渉出席に強く反発し、同日以降、現在に至るまで正式な団体交渉は開催されていない。

　この状況を打破するために、X 組合は、Y 社に予告することなく、同年 7 月 10 日午後 3 時から全組合員によるストライキに突入した。Y 社は、ストライキの解除を求めたが、X 組合は、48 時間ストライキを継続すると Y 社に伝えた。実際には、X 組合は同日午後 6 時にストライキを解除したが、Y 社としては、当日と翌日の宿泊客及び予約客をキャンセルせざるを得なかった。このことがあって、その後の宿泊客数は大きく減少することになった。

　Y 社は、X 組合とは何らの協議のないまま、同年 8 月 1 日、100 名の希望退職者を募集したが、これに対し、X 組合はますます反発を強めた。X 組合は、Y 社の行った前記懲戒処分と希望退職募集の撤回を求めて、同月 10 日午後 3 時から、予告なしに、調理部門の組合員のストライキを実施し、同ストライキは 48 時間継続した。調理部門の従業員の多くが、X 組合の組合員であったため、Y 社としては、夏休みシーズンの書き入れ時において通常どおりの営業を継続することが困難となったことから、予約客については予約の取消しを要請した上で他のホテルに振り分け、宿泊客についてはアルバイト従業員を利用するなどして何とか急場をしのいだ。

　調理部門の組合員であった Z は、X 組合の戦術は行き過ぎであり、自分としては納得できないとして、同月 11 日、X 組合に対し、今後ストライキには参加しないと通告し、同日から Y 社に出勤した。X 組合は、同月 17 日、組合大会において、Z のストライキ不参加を「組合の決定に違反して統制を乱したとき」という組合規約の制裁事由に該当するとして、Z を除名処分とした。なお、組合規約には、制裁の種類として、けん責、組合員資格の停止及び除名が規定されていた。また、この除名処分は、組合規約にのっとって行われたものであり、手続的には問題がなかった。

　その後、X 組合は、同月 20 日午後 3 時から、予告なしに、調理部門の組合員による 48 時間のストライキを行った。

　このような状況の中で予約客数が著しく減少し、営業が不可能となったので、ついに Y 社は同月 22 日からホテル建物を閉鎖して営業を休止し、以降 X1 らの就労を拒否し、同日以降の賃金の支払いを拒んでいる。

〔設 問〕
1．X1 らは、Y 社に対し、平成 24 年 8 月 22 日以降の賃金を請求できるか。なお、Z に
  ついては論じなくてよい。
2．X 組合による Z の除名処分は有効か。

Ⅱ　事案の概要

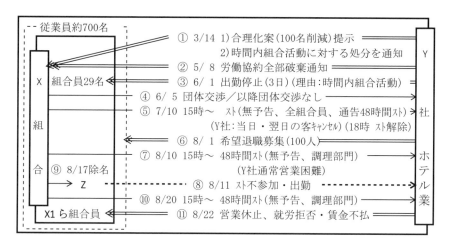

Ⅲ　論点

〔基本的論点〕
＜設問 1 ＞
　労務が履行されていない場合の賃金・休業手当請求権の有無
＜設問 2 ＞
　統制処分の効力
〔具体的論点、及び、配点案〕（配点 50）
＜設問 1 ＞（小計 31）
　平成 24 年 8 月 22 日以降の X1 らの賃金・休業手当請求権の有無
第 1　労務が履行されていない場合の賃金請求権の法的根拠＜8＞
　　　（・契約の定め）
　　　　・民法 536 条 2 項前段
　　　　・労基法 26 条
第 2　就労拒否の「ロックアウト」としての正当性＜10＞
　　1　ロックアウトの正当性の判断基準

Ⅳ　解答例　　(35字×23行×4頁＝35字×92行〈3220字〉)

＜設問1＞

第1　労務が履行されていない場合の賃金請求権の法的根拠

　X1 らは平成 24 年 8 月 22 日以降労務を履行していないところ、労務不履行期間の賃金請求権の有無は労働契約により決定される[*1]が本問では不明である。しかし、X1 らの労務不履行（履行不能）は、同日午後 3 時までの調理部門スト参加者を除き、Y 社の就労拒否（労務受領拒否）によるものであるところ、この就労拒否が「債権者の責めに帰すべき事由」（民法 536 条 2 項前段）に該当すれば、X1 らは反対給付請求権を有する[*2]から、Y 社の就労拒否が、①正当な「ロックアウト」、又は、②債権者の責めに帰すべきでない「休業措置」でなければ、X1 らは賃金請求権を有する。また、Y 社の就労拒否が「債権者の責めに帰すべき事由」（民法 536 条 2 項前段）に該当しなくても「使用者の責に帰すべき事由」（労基法 26 条）に該当すれば、X1 らは休業手当（労基法上の

---

*1　【川口『労働法・第 6 版』259 頁】。
*2　【川口『労働法・第 6 版』259-261 頁】。

140

賃金である）の請求権を有する[*3]ので、以下、順に検討する[*4]。

第2　就労拒否の「ロックアウト」としての正当性

　Y社の就労拒否は、①個々の具体的な労働争議における労使間の交渉態度、②経過、③組合側の争議行為の態様、④それによってY社側の受ける打撃の程度等に関する具体的諸事情に照らし、衡平の見地から見てX組合側の争議行為に対する対抗防衛手段として相当と認められる場合は、正当なロックアウトとして「債権者の責めに帰すべき事由」に該当せず、ロックアウト期間中の対象労働者に対する賃金支払義務を免れると解すべきである[*5]。

　本件では、①②については、Y社による便宜供与（勤務時間中の組合活動の黙認[*6]）の廃止[*7]、労働協約の破棄[*8]、懲戒処分が労使関係悪化の原因であるところ、これらは不当労働行為、団結権侵害の不法行為に該当する可能性があること、これらを指導したAの団体交渉出席のためX組合とY社の実質的な団体交渉が行われなかったこと、X組合が7月10日の全面スト、8月10日・20日の部分ストを行ったこと、Y社はX組合の8月20日からの部分スト中にホテル建物を閉鎖して営業を休止しX1らX組合の組合員の就労を拒否したことが、③については、X組合は予告のない全面スト及び部分ストを行ったこと、④については、予約客数が著しく減少し営業が不可能となったことが挙げられ、①〜④に照らし、Y社による就労拒否が衡平の見地から見てX組合側の争議行為に対する対抗防衛手段として相当と認められるかどうかが判断されよう。なお、当初は対抗防衛手段として相当であっても、就労拒否の期間、その後の交渉状況等によっては、一定日時以降は相当性を欠く場合もある。

第3　就労拒否の「休業措置」としての使用者の帰責性

　Y社の就労拒否はX組合の部分スト中に開始されているところ、①労働者のストが原因で、スト中及びスト終了予定後の一定期間、労働者の労働が社会観

[*3]　休業手当請求権と発生要件→【川口『労働法・第6版』266-268頁】。休業手当は労基法11条の賃金である【川口『労働法・第6版』268頁】。

[*4]　出題の趣旨では①を中心に記載されているが、①だけでなく②及び後述の休業手当請求権の有無も書くべきであろう。

[*5]　【川口『労働法・第6版』855-856頁】（丸島水門事件・最三小判昭50・4・25民集29巻4号481頁/労判227号12頁を参考に整理した）。

[*6]　本件の場合は労使慣行と思われるが、労使慣行は、黙示の合意又は事実たる慣習（民法90条）により労働契約の内容又は労働組合と使用者の契約内容となる場合がある→【川口『労働法・第6版』132-133頁】。

[*7]　使用者による便宜供与の一方的な廃止は支配介入の不当労働行為となる場合がある→【川口『労働法・第6版』969-970頁】。

[*8]　労働協約の破棄（解約）は支配介入の不当労働行為となる場合がある→【川口『労働法・第6版』915頁】。

念上不能又は無価値となり労働義務が履行できなくなる場合は、②当該争議行為が使用者による違法行為、不当労働行為に対する是正や抗議として行われた場合等特段の事情がある場合を除き、当該就労拒否は「債権者の責めに帰すべき事由」には当たらず、当該労働者は賃金請求権を失うと解すべきである[*9]。

本件就労拒否については、①は少なくとも一定期間は肯定されようが、②につき、X組合のストライキの原因となったY社の懲戒処分、X労組との協議のない希望退職募集等が不当労働行為、不法行為と判断される場合は、「特段の事情」が認められX1らが賃金請求権を有する場合もあろう。

第4 休業手当（労基法26条）請求権の有無

Y社の就労拒否が「正当なロックアウト」でも「債権者の責めに帰すべきでない休業措置」でもなければ、X1らは民法536条2項前段に基づき賃金全額の請求権を有するので、休業手当を請求する必要はない。

これに対し、Y社の就労拒否が「正当なロックアウト」であれば、X1らの労務不能は「使用者の責に帰すべき事由による休業」（労基法26条）にも該当せず、X1らは休業手当請求権を有しない。

また、Y社の就労拒否が「休業措置」としても「債権者の責めに帰すべきでない休業」である場合、休業措置の原因はX1らの所属するX組合が自らの主体的な判断と責任に基づいて行ったストライキであるから、X組合員であるX1らとの関係ではY社側に起因する事象ではなく、「使用者の責に帰すべき事由による休業」にも該当せず、休業手当請求権はないと解される[*10]。

＜設問2＞

第1 統制処分の効力[*11]の判断基準

労働組合は、憲法28条が団結権を保障していることの効果として、その目的（労働者の労働条件の維持改善その他経済的地位の向上を図ること）を達成するために必要かつ合理的な範囲内において、組合員に対する統制権を有し、その内容の一つとして、統制違反者に対する制裁（統制処分）をなしうる[*12]。

[*9] 【川口『労働法・第6版』848-849頁】（ストライキ期間中使用者がスト不参加労働者の労務受領を拒否した場合のスト不参加者の賃金請求権の有無に関するノースウエスト航空（労働者上告）事件・最二小判昭62・7・17民集41巻5号1350頁/労判499号6頁②事件の判断基準を整理しストライキ終了後の労務受領拒否に応用した）。

[*10] ストライキ期間中使用者がスト不参加労働者の労務受領を拒否した場合のスト不参加者（スト組合員）の休業手当請求権の有無に関するノースウエスト航空（会社上告）事件・最二小判昭62・7・17民集41巻5号1283頁/労判499号6頁①事件の判断基準を整理し、ストライキ終了後の労務受領拒否にも応用した。

[*11] 統制処分の効力→【川口『労働法・第6版』751-757・1017頁】。

[*12] 三井美唄労組事件・最大判昭43・12・4刑集22巻13号1425頁/労判74号8頁。

しかし、統制権の行使は適法でなければならず、具体的には、①組合規約に統制事由（統制処分の対象となる行為）及び統制処分に関する定めがあること、②統制事由が、労働組合の目的を達成するために必要かつ合理的なものであること、③統制事由に該当する事実の存在、④統制処分の組合規約適合性と相当性（民法1条2・3項）、⑤組合規約所定の手続の履践及び適正手続の履践（同条同項）が必要である。

第2　除名処分の効力

本件除名処分は、前記第1で述べた①⑤については問題ない。

しかし、②③について、「組合の決定に違反して統制を乱したとき」は統制事由としうるが「違法な争議行為への参加拒否」はこれに含まれず（統制事由として定めても当該部分は公序違反で無効）、違法な争議行為への参加拒否は統制事由に該当しない(違法な争議行為への参加指令は公序違反で無効であり、違法争議行為への参加拒否は決定違反ではなく統制事由に該当しないとも言いうる)[*13]。そこで、Zが参加を拒否したストの正当性が問題となる。

争議行為の正当性[*14]は、a)主体、b)集団的意思の形成、c)目的、d)手続、e)手段・態様により判断されるところ、当該ストは、a)はX組合が労組法2条本文を充足していれば問題なく、b)は不明であるが、c)は懲戒処分と希望退職募集の撤回で正当であり、e)は48時間の部分スト（調理部門の組合員）で単なる労務提供の停止であれば正当であるが、d)につき予告のない争議行為であることが問題となりうる[*15]。たしかに、予告がなかったことにより、Y社は宿泊予約の取消し等、事業運営に大きな影響を受けているが、争議行為は事業運営の阻害による使用者への圧力手段であるから、事業運営の混乱を避け使用者が対応できるようにその具体的内容を相当な期間をおいて予告する信義則上の義務があるとは言えず、1)関係者の生命・身体・健康に対する危険防止と安全確保の措置や施設や機械の損壊防止等必要な場合、又は、2)労働協約・労使慣行上予告義務がある場合を除き、予告のない争議行為はその正当性を否定されない。それゆえ、1)又は2)が肯定されなければ、当該ストは正当である。

当該ストが正当であれば、Zの不参加は統制事由に該当するが、④につき、除名処分が、組合規約所定の統制処分に含まれてはいるものの、先例や諸般の事情に照らし相当かどうかが判断されよう。

---

*13　【川口『労働法・第6版』755頁】。
*14　争議行為の正当性の判断基準→【川口『労働法・第6版』797-824頁・1016-1017頁】。
*15　予告のない争議行為の正当性→【川口『労働法・第6版』809-810頁】。

第 17 回　配転／解雇／「変更解約告知」等

（2014〈平成 26〉年第 1 問）

Ⅰ　設問

　次の設問について、現時点での法令、判例、学説等に基づき解答して下さい。

（35 字× 23 行× 4 頁＝ 3220 字くらいまで）

［2014 年司法試験労働法第 1 問（配点：50）］

　次の事例について、弁護士であるあなたが、X1、X2 及び X3 から、Y 社に対し、訴えの提起を行いたいとの相談を受けた場合に検討すべき法律上の問題点を指摘し、それについてのあなたの見解を述べなさい。

　なお、Y 社の就業規則（抜粋）は、後記のとおりである。

【事　例】

　Y 社は、自動車製造等を業とする株式会社である。

　X1 ら 50 名は、いずれも機械工として Y 社に採用され、その後一貫して甲工場にあるスポーツカー部門においてエンジンの組立て作業に従事しており、短い者でも十数年間、長い者は二十数年間の経験を持つ、熟練機械工であった。

　X2 及び X3 の両名は、いずれも、平成元年 3 月に工学修士の学位を取得し、同年 4 月、Y 社にスポーツカー用エンジンの開発設計の研究者として採用され、その後一貫して同スポーツカー部門において新型エンジンの開発設計を担当してきた。

　Y 社は、自動車製造業界全体が不況にあえいでいた時期に、あえて大規模な設備投資と事業拡大を推し進めたことが災いし、平成 24 年期には累積赤字が 50 億円を超える事態に陥ったため、採算のとれていない同スポーツカー部門の閉鎖を決定した。

　そこで、Y 社は、平成 25 年 6 月 6 日、X1 ら 50 名の熟練機械工に対し、甲工場で生産中の小型乗用車の塗装等他職種への異動を命じたが、X1 は、機械工としての勤務を希望し、当該命令に応じていない。なお、Y 社は、当該命令を行うに当たり、X1 ら 50 名の意向を一切聴取しなかった。

　また、Y 社は、同年 6 月 20 日、X2 及び X3 に対し、早期退職募集と再雇用の提案を行い、通常の退職金に加えてその 1 割を増額した割増退職金の支給を提示した。Y 社が提案した再雇用の内容は、甲工場内の営業事務所の営業職として採用することと、エンジン開発設計の研究者のみを支給対象とする研究特別手当（月額 2 万円）がなくなることを除き、従来と同様の労働条件であった。

　早期退職募集の応募期限は同年 8 月 30 日であったところ、X2 は、同日、Y 社に対し、前記再雇用の提案の内容につき、後に裁判で争うことを伝えた上で、早期退職募集及び再雇用に応ずる旨を申し出たが、Y 社はこれを拒否した。また、X3 は、前記応募期限までに早期退職募集に応募せず、Y 社に対し従前の労働条件で雇用を継続するよう求めた。

　そこで、Y 社は、同年 10 月 31 日付けで X2 及び X3 を解雇する旨の意思表示を行った。

（人事異動）

第8条　会社は、業務上必要がある場合には、従業員に対し、あらかじめその意向を聴取した上で、就業する場所及び従事する業務の変更を命ずることがある。

2　前項の場合、従業員は正当な理由なくこれを拒むことはできない。

Ⅱ　事案の概要

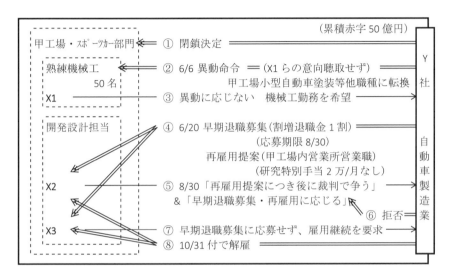

Ⅲ　論点

［基本的論点］

配転・解雇の効力・適法性と求めうる法的救済

［具体的論点、及び、配点案］（配点50）

第1　X1 〜 X3 の請求の趣旨と争点（小計11）

1　X1〈5〉

2　X2・X3〈5〉

3　賃金請求権の有無〈1〉

第2　X1 の職種限定の有無（小計1）

第3　X1 に対する配転命令の効力（小計18）

1　配転命令権の法的根拠〈7〉

（1）事前の合意

（2）就業規則（X1 との労働契約締結時に配転規定が存在していた場合）

- ・合理性
- ・労契法 7 条所定の手続
- ・労基法所定の手続
- ・特約の有無
2 配転命令権の行使の適法性〈11〉
　(1) 就業規則、労働契約の定めの充足
- ・就業規則 8 条 1 項所定の労働者の意向聴取
- ・就業規則 8 条 2 項所定の配転を拒否する正当な理由
　(2) 信義則違反（労契法 3 条 4 項）・権利濫用（労契法 3 条 5 項）でないこと
- ・判断基準
- ・本件事案の判断
第 4 X2・X3 に対する解雇の効力（小計 18）
1 解雇の類型と「異議留保付承諾」の肯否〈5〉
2 解雇権の法的根拠（期間の定めのない労働契約である場合）〈2〉
3 解雇権の行使の適法性〈11〉
　(1) 就業規則の定め
　(2) 解雇事由該当事実と信義則違反・解雇権濫用の有無
- ・判断基準
- ・本件事案の判断
　(3) 解雇予告
第 5 X2・X3 の Y 社に対する損害賠償請求権の有無（小計 2）

Ⅳ　解答例　(35字×23行×4頁＝35字×92行〈3220字〉)

　X1 及び X2・X3 に適用される労働協約がないことを前提に解答する。

第 1　X1 〜 X3 の請求の趣旨と争点

　X1 は、①機械工以外の職種に従事する義務の不存在確認、又は、②甲工場の小型乗用車の塗装等に従事する義務の不存在確認と、未払賃金（もしあれば）の支払を請求し、争点は、①については機械工という職種限定の有無（→第 2）、②については配転命令の効力（→第 3）である[*1]。X2・X3 は、① Y 社に対し労働契約上の権利を有する地位にあることの確認と未払賃金の支払、又は、②損害賠償を請求し[*2]、争点は、①については解雇の効力（→第 4）、②について

- *1　配転に関する法律上の論点と請求の趣旨→【川口『労働法・第 6 版』481 頁】。
- *2　解雇された労働者が求めうる法的救済→【川口『労働法・第 6 版』610-617 頁】。

は雇の信義則違反又は不法行為該当性（→第5）である。X1 及び X2・X3 の賃金請求権は、X1 の職種が機械工に限定され又は配転命令が無効であれば、また、X2・X3 の解雇が無効であれば、労務の受領を拒絶され履行不能となっても就労の意思と能力を有している限り肯定される（民法 536 条 2 項前段）[*3]。

第2　X1 の職種限定の有無

X1 は機械工として採用され甲工場のスポーツカー部門のエンジン組立て作業に 10 数年以上従事しており、配転命令前に機械工という職種限定の合意が成立していれば、他職種に従事する義務を負わず、配転命令は無効である。

第3　X1 に対する配転命令の効力[*4]

1　配転命令権の法的根拠

第一に、Y 社が配転命令権を有する旨の Y 社と X1 の事前の合意について、問題文では「機械工として採用」とありこれを認定しうる記述は見当たらない。

第二に、Y 社の就業規則 8 条の作成時期は不明だが、X1 と Y 社の労働契約締結時に存在していれば[*5]、同規定は、①合理的な労働条件で、②労働契約締結時に X1 及び事業場の労働者全体に周知され、③労基法所定の意見聴取と添付・届出・周知（90 条・89 条・106 条 1 項）がなされ、④ X1 と Y 間に異なる合意が存在しなければ、X1 と Y 社の労働契約の内容となるところ（労契法 7 条）[*6]、①は一応合理的な内容と言いうるが、②と③は不明であり、④は前記第 2 で述べたように機械工という職種限定合意が成立している可能性がある。

2　配転命令権の行使の適法性

仮に Y 社が X1 に対し配転命令権を有していたとしても、その行使は適法でなければならず、具体的には、①就業規則、労働契約の定める要件の充足、②信義則（労契法 3 条 4 項）違反、権利濫用（同 3 条 5 項）でないこと、③その他強行法規違反でないことが必要であるが、③は特に見当たらない。

①につき、就業規則 8 条が X1 と Y 社の労働契約の内容となっていれば、同条 1 項により配転前に X1 の意向を聴取する必要があるが、本件では一切行われておらず、配転命令は労働契約に反し無効ではないか。また、同条 2 項によれば、正当な理由があれば X1 は配転を拒否できるが、正当な理由の有無の判断基準は、②の信義則違反又は権利濫用該当性の判断基準と同じと解される。

---

*3　民法 536 条 2 項前段に基づく賃金請求権→【川口『労働法・第 6 版』259-261 頁】。
*4　配転命令の効力→【川口『労働法・第 6 版』482-488・1006-1007 頁】。
*5　X1 と Y 社の労働契約締結後同規定が創設・変更された可能性もあり、本来はこの点も検討すべきであるが、紙幅の関係上無理だと思われるので、このような前提とする。
*6　労契法 7 条の非有利設定効→【川口『労働法・第 6 版』107-110・1012-1013 頁】。

②につき、配転命令は「業務上の必要性が存在しない、又は、存在するが、不当な動機・目的によるとき若しくは労働者に通常甘受すべき程度を著しく越える不利益を負わせるとき等、特段の事情が存する場合」は権利濫用との判断基準[*7]もあるが、本件のように経営上の理由による配転の信義則違反又は権利濫用については、a) 配転の必要性、b) 対象労働者の選定基準と適用の合理性、c) 配転時期及び配転後の労働条件の労働者の被る不利益等に照らしての相当性、d) 説明・協議等の手続の履践を判断基準とすべきところ[*8]、本件事案では、a) はスポーツカー部門の閉鎖により肯定され、b) は同部門でエンジン組立作業に従事していた X1 らを対象としたことに合理性がないとは言えないものの、c) は甲工場の小型乗用車の塗装等への異動という異職種配転は、X1 にとってより不利益の少ない配転先がなかったのかその相当性に疑問があり、d) は意向聴取が一切なく、本件配転は信義則違反、権利濫用で無効ではなかろうか。

第4　X2・X3 に対する解雇の効力[*9]

1　解雇の類型と「異議留保付承諾」の肯否

X2・X3 に対する解雇は、経営上の理由による Y 社の再雇用（労働条件変更）の申込みに対し X2・X3 の承諾がないことを理由とする解雇である[*10]。

X2 は、再雇用の内容につき後に裁判で争う旨伝えた上で早期退職募集と再雇用に応じると申し出ているところ、「裁判で争う」の内容は不明だが、「当該労働条件変更に合理性があると裁判所が判断すること」を停止条件とする承諾であれば、裁判所が使用者の申し込んだ労働条件変更の「合理性」を判断する制度は存在しないから当該条件は不能条件であり、当該意思表示（停止条件付承諾）は無効となって承諾の効果は生じない（民法 133 条 1 項）[*11]。したがって、X2 も X3 と同様、Y 社の労働条件変更の申込みを拒否したと評価される。

2　解雇権の法的根拠（期間の定めのない労働契約である場合）

Y 社と X2・X3 の労働契約に期間の定めがなければ、Y 社は期間の定めのない契約の一般原則（及び民法 627 条 1 項）に基づき解雇権を有する[*12]。

---

*7　東亜ペイント事件・最二小判昭 61・7・14 集民 148 号 281 頁/労判 477 号 6 頁。
*8　【川口『労働法・第 6 版』487-488 頁】。
*9　期間の定めのない労働契約における解雇の効力→【川口『労働法・第 6 版』552-577・1002-1003 頁】。
*10　余剰人員が発生したことを理由とする解雇（整理解雇）とも言えるから、整理解雇の四要件（【川口『労働法・第 6 版』569-573 頁】）により判断することも可能である。
*11　【川口『労働法・第 6 版』621 頁】。いわゆる「変更解約告知」に関する論点と検討については【川口『労働法・第 6 版』617-622 頁】。
*12　有期労働契約である可能性が皆無とは言えず、本来は有期労働契約である場合も検討すべきであるが、紙幅の関係上無理だと思われるのでこのような前提とする。

3 解雇権の行使の適法性

解雇権の行使は適法でなければならず、①就業規則作成義務のある事業場では、労基法所定の意見聴取と添付・届出・周知（90 条・89 条・106 条 1 項）を履践した就業規則に解雇事由を定め、解雇事由該当事実が存在すること、②就業規則、労働契約の定める要件の充足、③信義則違反（労契法 3 条 4 項）・解雇権濫用（同法 16 条）でないこと、④強行法規違反でないことが必要である。

①と②に関し、X2 と X3 の事業場（甲工場と思われる）は就業規則作成義務のある事業場である（少なくとも 50 人＋ 2 人はいる）ところ、労基法所定の手続の履践や解雇事由の定めの有無・内容等は不明である。

仮に就業規則に「事業の必要上やむを得ない場合」といった解雇事由が規定されていれば、②解雇事由該当事実の存否、及び、③信義則違反・解雇権濫用の有無が問題となり、その判断基準[13]はいずれも「客観的に合理的な理由と社会通念上の相当性」であるところ、経営上の理由による使用者の労働条件変更の申込みに対し労働者の承諾がないことを理由とする解雇については、a)労働条件変更の客観的に合理的な理由の存在と変更後の労働条件の相当性、b)労働条件変更対象者の選定基準と適用の合理性・客観性、c)解雇の必要性（解雇回避義務の履行）、d)説明・協議と解雇理由の通知によって判断すべきである[14]。本件では、a)b)につき、閉鎖するスポーツカー部門の研究職 X2・X3 を対象に職務内容を変更する合理的理由は存在するが、変更後の職務は営業職で異職種であり、より X2・X3 の希望に添った職種はなかったのか、変更後の労働条件の相当性に疑問があり、c)につき、Y 社は就業規則 8 条に基づき解雇ではなく配転を命じることはできなかったのか、d)につき、職務変更や解雇につき十分に説明・協議したのかどうか等につき検討される必要がある。

④は Y 社の解雇の意思表示が労基法 20 条[15]を充足しているかは不明である。

第5　X2・X3 の Y 社に対する損害賠償請求権の有無

本件解雇が信義則違反である場合、解雇は信義則上の義務の不履行（民法 415 条）又は労務を供給し賃金支払を受ける権利・利益侵害の不法行為（民法 709 条）に該当するから、X2・X3 は、財産的損害（解雇と相当因果関係のある一定期間の賃金相当額）と精神的損害の賠償を請求しうる[16]。

---

[13]　解雇の類型毎の具体的判断基準→【川口『労働法・第 6 版』564-575・1002-1003 頁】。
[14]　【川口『労働法・第 6 版』573-575・1002-1003 頁】。
[15]　解雇予告又は解雇予告手当の支払（労基法 20 条）→【川口『労働法・第 6 版』554-557 頁】。
[16]　解雇の信義則違反・不法行為該当性と損害賠償請求→【川口『労働法・第 6 版』614-616 頁】。

第 18 回　労働者概念

（2014〈平成 26〉年第 2 問）

I　設問

　次の設問について、現時点での法令、判例、学説等に基づき解答して下さい。

（35 字× 23 行× 4 頁＝ 3220 字くらいまで）

［2014 年司法試験労働法第 2 問（配点：50）］

　労働組合法における「労働者」の概念につき、労働基準法におけるそれとの異同に言及しつつ概説した上、次の事例の甲が、労働組合法における「労働者」に該当するかについて論じなさい。

　なお、A 社による団体交渉拒否の適法性について論じる必要はない。

【事　例】

1 (1)　A 社は、コピー機等ビジネス事務設備機器の販売及び修理補修等を業とする株式会社である。甲は、A 社と業務委託契約を締結してビジネス事務機器の修理補修等の業務に従事する「カスタマーサポーター」（以下「CS」という。）であり、CS を構成員とする B 労働組合に加入している。

　(2)　A 社と CS は、A 社が作成した「業務委託に関する覚書」と題する文書に記載した内容で業務委託契約を締結しており、同覚書には、A 社と CS とがそれぞれ独立した事業者であることを認識した上で契約を遂行する旨の条項がある。A 社における修理補修等の業務の大部分は、総勢約 600 名の CS によって行われている。

2 (1)　A 社は、顧客からの修理補修等の発注を修理受付センターで受け付けた後、顧客の所在場所を担当する CS に割り振って業務を依頼する。CS は、原則として、業務日の午前 8 時半から午後 7 時までの間に A 社から発注依頼連絡を受ける。依頼を受けた CS がこれを応諾した場合には、当該 CS が修理補修等を遂行するが、当該 CS が依頼を断った場合には、A 社は他の CS に依頼している。CS が応諾を拒否する割合は 1 ％に過ぎないが、一方、CS が応諾を拒否した理由が、業務の遂行とは無関係の事情によるものであったとしても、A 社がそれを理由に業務委託契約の債務不履行であると判断することはない。また、CS が独自に営業活動を行って修理補修等を行うことも認められている。

　(2)　A 社と CS との間の業務委託契約は、前記覚書によって規律され、その内容を CS の側で変更した事例はない。また、A 社は、全国で一定水準以上の技術による確実な事務の遂行に資するため、CS に対し、修理補修等の作業手順、CS としての心構えや役割、接客態度等を記載した各種マニュアルを配布し、これに基づく業務の遂行を求めている。一方、委託された業務をどの時間帯に、いかなる方法で行うかについては、CS の裁量に委ねられている。

　(3)　A 社は、ランキング制度を設け、毎年 1 回、CS を能力、実績及び経験を基に評価し、5 段階ある級の昇格、更新及び降格の判定を行っている。また、A 社は、CS を全国の担当地域に配置して修理補修等の業務に対応させ、CS と調整しつつその業務日や休日

を指定し、日曜日や祝日についても交替で業務を担当するよう要請している。
3　CS は、修理補修等の業務が終了した後、顧客から代金を回収し、週 1 回程度の割合で A 社に振込送金するほか、業務日ごとに行動予定、経過、結果等を A 社に報告している。
　　顧客に対する請求金額は、A 社が、商品や修理内容に従ってあらかじめ全国一律で決定するが、CS は、修理補修等の難易度や別の CS を補助者として使用したことなどを理由に、その裁量によって、ある程度割増して顧客に請求することが認められている。
　　A 社が CS に支払う業務委託手数料は、CS が顧客に請求する金額に、A 社の前記ランキング制度における当該 CS の属する級ごとに定められた一定率を乗ずる方法で支払われている。
　　過去 1 年間の CS の作業時間は、1 件平均約 70 分、1 日平均計 3.7 時間であり、A 社からの平均依頼件数は月 113 件、平均休日取得日数は月 5.8 日であった。
4　B 労働組合が、A 社に対して、業務委託条件を変更する場合には B 労働組合と協議することや、最低年収額の保障を求めて団体交渉を申し入れたところ、A 社は、甲らCS は労働組合法上の労働者に当たらないとして団体交渉を拒否した。

Ⅱ　事案の概要

○ A 社における CS の位置付け：A 社の修理補修業務の大部分　600 人の CS
○業務委託契約：「業務委託に関する覚書」（A 社作成）に記載された内容
○業務の流れ

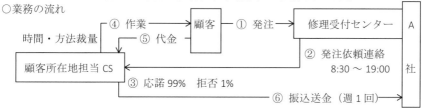

○ A 社による業務管理：
　　　各種マニュアル（作業手順、心構え・役割、接客態度等）
　　　業務日・休日指定、日曜・祝日の交替業務担当要請
　　　CS から行動予定、経過、結果等報告提出（業務日毎）
○評価：年 1 回（能力・実績・経験）→　昇格・更新・降格判定
○報酬：（CS の業務委託手数料）＝（顧客に対する請求金額）×（級毎の一定率）
　　　顧客に対する請求金額：予め A 社が全国一律に決定
　　　CS の裁量による割増（修理補修の難易度、補助者の使用）
○時間：作業時間　70 分/件　　平均 3.7 件/日　　平均依頼件数　113 件/月
　　　平均休日取得日数　5.8 日/月
○専属性に関連する事項：A 社経由以外の顧客／独自営業（修理補修等）可

Ⅲ　論点

［基本的論点］
　労組法上の労働者概念
　　（労組法上の労働者＞労契法上の労働者＞労基法上の労働者）

IV　解答例　　（35字×23行×4頁＝35字×92行〈3220字〉）

第 1　労組法上の労働者概念[*1]

1　従来の学説・判例[*2]

　従来の学説の多くは、労組法上の労働者（労組法 3 条）について、労基法上の労働者と同様、使用者の指揮監督（命令）下で労働していること（使用従属性）を労働者性の判断基準（の一部）としており、2011（平 23）年の最高裁 2 判決[*3]と 2012（平 24）年の最高裁判決[*4]は、諸事情を総合考慮する事例判断ではあるが、総合考慮した諸事情は、①組織への組み入れ、②契約内容の一方的決定、③申込み・依頼に基本的に応ずべき関係、④指揮監督の下での労務提供、⑤時間的場所的一定の拘束、⑥報酬が労務提供の対価であることであり、また、⑦会社に対する専属性・当該収入に生活を依存していることを考慮しているもの[*5]もあり、使用従属性の判断基準・判断要素を考慮していることは否定できない。ただし、2012 年の最高裁判決[*6]は、労務供給者が、自動車の保有やその諸費用を負担していること、及び、源泉徴収や社会保険料等の控除を受けず確定申告していることは労働者性を否定する事情ではないとしている。

---

*1　労働者概念→【川口『労働法・第 6 版』57-78 頁】。

*2　労組法上の労働者に関する従来の学説・判例→【川口『労働法・第 6 版』64-66 頁】。

*3　中労委（新国立劇場運営財団）事件・最三小判平 23・4・12 民集 65 巻 3 号 943 頁/労判 1026 号 6 頁、中労委（INAX メンテナンス）事件・最三小判平 23・4・12 集民 236 号 327 頁/労判 1026 号 27 頁。

*4　中労委（ビクターサービスエンジニアリング）事件・最三小判平 24・2・21 民集 66 巻 3 号 955 頁/労判 1043 号 5 頁。

*5　中労委（INAX メンテナンス）事件・最三小判平 23・4・12 集民 236 号 327 頁/労判 1026 号 27 頁。

*6　中労委（ビクターサービスエンジニアリング）事件・最三小判平 24・2・21 民集 66 巻 3 号 955 頁/労判 1043 号 5 頁。

2　使用従属性の判断基準の要否[*7]

しかし、前記①～⑤及び⑦は判断基準として妥当ではない。①は、労務供給契約が締結されている以上当然肯定され、「一定以上の組み入れ」を要求するのであれば、より弱い立場にある臨時的労働者を労働法の適用から除外する結果となる。②につき、労組法上の労働者性は「労務の供給を受ける者と契約内容を実質的に対等に決定できる立場かどうかにより契約締結前に決定」され、「労務供給契約の内容が一方的に決定されたかにより事後的に決定」されるものではない。③につき、履行義務がない業務には応ずべき関係になく、また、履行義務の内容・範囲は職種・職務内容等に基づき契約により定まるが、履行義務の範囲が狭くても、労務供給者が契約内容を対等決定できるわけではない。④について、労務受領者の「指示」は当然あるがその内容は契約により多様であるところ、具体的・詳細な指示を受けなくても、労務供給者が契約内容を対等決定できるわけではない。⑤につき、労務供給契約が締結されている以上一定の時間的場所的拘束性があるのは当然であり、また、契約により拘束性が少なくても、労務供給者が契約内容を対等決定できるわけではない。⑦につき、労務供給者は、複数の使用者と労務供給契約を締結していても契約内容を対等決定できるわけではなく、専属性や依存度の低さはその労働者性を否定する理由にはならない。

3　労組法上の労働者の判断基準[*8]

労組法は、第一に、憲法 28 条とともに、自ら他人に有償で労務を供給する自然人に対し、団結権・団体交渉権・団体行動権を保障し、労働協約の規範的効力を及ぼし、不当労働行為からの救済等を行い、その雇用・労働条件を保障するものである。けだし、自ら他人に有償で労務を供給する自然人は、人権保障を内包した雇用・労働条件の保障が必要であるが、労務の供給を受ける者と実質的に対等に交渉できない立場にあるので、個別交渉ではその雇用・労働条件は保障されず、また、法律による雇用・労働条件規制のみでは、産業・職種・企業の状況に応じたきめ細かいかつ高いレベルの雇用・労働条件保障、労働者の経済的地位の向上のための十分な活動を行うことは困難だからである。第二に、労組法は、労基法等とは異なり、対象労働者を事業者に労務を供給する者に限定せず、また、団結権を保障するものであるから、失業者も対象とする。

したがって、労組法上の労働者は、自ら他人に有償で労務を供給する自然人

---

*7　使用従属性の判断基準・要素の批判→【川口『労働法・第 6 版』66-69 頁】。
*8　勤労者(憲法 28 条)、労基法・労契法・労組法の労働者の判断基準については【川口『労働法・第 6 版』69-78 頁】。判例や学説の多くの見解とは異なることを断っておく。

で、失業者も含む。ただし、a)契約相手方が「事業者」である場合は、当該契約が、「独立した事業に必要な資産を当該契約締結の交渉以前から有し、当該資産を用いて労務を供給し、かつ、労務の内容が、当該事業者の事業内容の一部ではなく専属的継続的な労務供給でもないという契約」（会計事務所を経営する公認会計士が顧客の確定申告業務を行う契約等）である者、b)契約相手方が当該労務（役務）のエンドユーザーである「消費者」である場合は、当該契約が、「『当該消費者に専属かつ継続的に労務を供給する契約（専属的家事使用人契約等）』以外の契約（大工が個人の自宅を修理する契約等）」である者（これらを「独立事業者」と呼ぶ）は、労務の供給を受ける契約相手方と実質的に対等に交渉できる立場にあるので、例外的に労組法上の労働者ではない。

　要約すると、労組法上の労働者は「自ら他人に有償で労務を供給する自然人であって、独立事業者ではない者（失業者も含む）」であり、労務の供給を受ける者が事業者に限定されない点、及び、失業者を含む点が労基法上の労働者（労基法9条）と異なる。

第2　事例における甲の労働者性

1　使用従属性の判断要素論

　①組織への組み入れ、②契約内容の一方的決定、③申込み・依頼に基本的に応ずべき関係、④指揮監督の下での労務提供、⑤時間的場所的一定の拘束、⑥報酬が労務提供の対価であること、⑦会社に対する専属性・当該収入に生活を依存していること等を総合考慮して労働者性を判断する見解によれば、当該事例[9]では、①は、A社の修理補修等の業務の大部分は約600名のCSにより行われ、A社はCSをランキング制度により管理し全国の担当地域に配置しCSと調整しつつその業務日及び休日を指定し、日曜日及び祝日も交替で業務を担当するよう要請していたこと、②は、A社とCSの業務委託契約はA社作成の覚書により規律されその内容をCSの側で変更した例はないこと、③は、CSがA社からの発注依頼を拒否しても契約の債務不履行とされることはないが、拒否する割合は1％であること、④と⑤は、CSは委託された業務を行う時間帯と方法につき裁量を有していたが、A社が指定した担当地域内で、原則として業務日の午前8時半から午後7時までA社からの発注依頼を受けることになっており、また、A社が作成した修理補修等の作業手順、CSとしての心構えや役割、接客態度等の各種マニュアルの配布を受けてこれに基づき業務を遂行し、修理補

---

*9　当該事例は中労委（INAXメンテナンス）事件・最三小判平23・4・12集民236号327頁/労判1026号27頁の事案をベースに作成したものと思われる。

修の業務日毎に行動予定、経過、結果等を報告することが求められていたこと、⑥は、CS の報酬（業務委託手数料）は A 社が商品や修理内容に従って予め全国一律に決定した顧客に対する請求額に、当該 CS につき A 社が決定した級ごとに定められた一定率を乗ずる方法により支払われていたこと、⑦は、CS の独自の営業活動は認められていたがその時間的余裕は乏しかったことから、いずれも肯定され、甲の労組法上の労働者性は肯定されよう。

2　自ら有償で労務を供給する者で独立事業者でない者

労組法上の労働者を「①自ら他人に有償で労務を供給する自然人で、②独立事業者でない者」と定義する見解によれば、甲は、①は、自ら他人（A 社）に有償で労務を供給する自然人であること、②は、甲と A 社（事業者）の契約は、「甲が独立した事業に必要な資産を当該契約の締結交渉以前から有し、当該資産を用いて労務を供給するという契約」ではなく、また、「供給する労務の内容が A 社の事業内容の一部ではなく、専属的継続的な労務供給でもないという契約」でもないから、甲は「独立事業者」ではなく、したがって、①と②はいずれも肯定されるから、甲は労組法上の労働者である。

第 19 回　労働契約の成否／
有期（派遣）労働契約の解雇と契約不更新等
（2015〈平成 27〉年第 1 問）

I　設問

次の設問について、現時点での法令、判例、学説等に基づき解答して下さい。

（35 字× 23 行× 4 頁＝ 3220 字くらいまで）

［2015 年司法試験労働法第 1 問（配点：50）］
次の事例を読んで、後記の設問に答えなさい。
なお、職業安定法に言及する必要はない。
【事　例】
　Y1 社は、主に製造業務の請負等を目的として、平成元年頃から、一般労働者派遣事業の許可を取得して労働者派遣事業を展開しつつ、業務請負事業も行っていた。Y1 社は、自動車製造を業とする Y2 社とは平成 18 年頃から業務請負契約を締結して取引を行っていた。当該業務請負契約の契約書によれば、契約期間は 6 か月とされ、Y1 社が Y2 社から設備、事務所等を無償で借り受け、Y1 社の雇用する従業員を Y2 社 A 工場（以下「A 工

場」という。）の自動車組立てラインに派遣して組立て作業に従事させ、Y2 社は月間生産台数に応じた額の報酬を Y1 社に毎月支払うものとされていた。Y1 社・Y2 社間に資本関係や人的関係はない上、Y1 社の取引先は Y2 社に限られておらず、また、Y1 社による X を含む作業員（以下「X ら」という。）の採用面接に Y2 社の社員が立ち会ったなどの事情は認められない。

　X らは、Y1 社との間で雇用期間 6 か月、就労開始日を平成 20 年 4 月 1 日とする雇用契約を締結し、雇用契約で指定された A 工場の就業場所において自動車組立て作業に従事すること、これに対して Y1 社は X らに Y1 社就業規則に定めた給与を支給することとされていた。雇用期間の始期と終期は、Y1 社・Y2 社間の業務請負期間のそれと一致していた。X らは、自動車組立てラインにおいて自動車部品を Y2 社作成のマニュアルに従って取り付ける作業を行い、同ラインにおいて Y2 社の従業員と一緒に作業していた。A 工場には Y1 社の正社員が常駐していたが、X らは作業について Y2 社の社員からも直接指示を受けていた。

　Y1 社及び Y2 社は、平成 22 年 9 月 1 日、A 工場の所在する地域を管轄する労働局から、A 工場における X らの勤務実態は業務請負ではなく労働者派遣であり、労働者派遣事業の適正な運営の確保及び派遣労働者の保護等に関する法律（以下「労働者派遣法」という。）違反の事実があると認定され、業務請負契約を解消して新たに労働者派遣契約を締結するようにとの行政指導を受けた。

　これを受けて、Y1 社及び Y2 社は業務請負契約の期間満了日である同年 9 月 30 日をもって業務請負契約を終了し、同年 10 月 1 日から新たに 6 か月の契約期間を定めた労働者派遣契約を締結した。それと同時に、Y1 社は X らを派遣労働者とする雇用契約を締結した。新たな雇用契約は、従前と同一の労働条件で同一の就業場所において同一の作業に従事することを内容としたものであった。X らは、同年 10 月 1 日から就労を開始し、その後、同一内容の雇用契約を反復更新した。

　ところが、Y2 社は、平成 24 年秋から Y2 社を取り巻く経営環境の悪化により生産規模の縮小を余儀なくされ、平成 24 年 12 月 10 日に、Y1 社との労働者派遣契約に定める規定に基づき、平成 25 年 1 月 20 日をもって労働者派遣契約を解約する旨 Y1 社に通知した。そこで、Y1 社は、A 工場で作業を行う X らの雇用契約が同年 3 月 31 日をもって期間満了とされていたことから、X らに対し、別の就業場所を紹介してそこで作業を行うよう打診したところ、X は、期間満了後も引き続き A 工場で同一の作業に従事することを希望し、同打診を断ったが、X らのうち X 以外の者は、いずれも同打診を受け入れた。Y1 社は、Y2 社が同年 1 月 20 日に労働者派遣契約を解約したため X の就労する場所がない上、他の発注先からの契約打切りにより Y1 社の財務状況が急速に悪化した事情もあり、30 日間の予告期間を置いた上で、同年 2 月 28 日付けで X を解雇した。

〔設　問〕

1．X は、本件就労は労働者派遣法違反であるので Y1 社との雇用契約は無効であり、Y2 社との間に雇用契約が成立していたと主張し、Y2 社との雇用関係上の地位の確認を請求して訴えを提起した。予想される Y2 社からの反論を踏まえつつ、法的な論点を指摘して、X の請求の当否を論じなさい。

2．X は、Y1 社に対して、平成 25 年 2 月 28 日の解雇が無効として、Y1 社との間の雇用関係上の地位の確認を請求して訴えを提起した。この請求の当否を論じなさい。

3．仮に、前記【事例】において、Y1 社が、X を解雇せず、平成 25 年 3 月 31 日をもって期間満了により X との雇用契約が終了したものと扱い、これに対して X が Y1 社との間の雇用関係上の地位の確認を請求して訴えを提起した場合におけるその請求の当否を論じなさい。

II 事案の概要

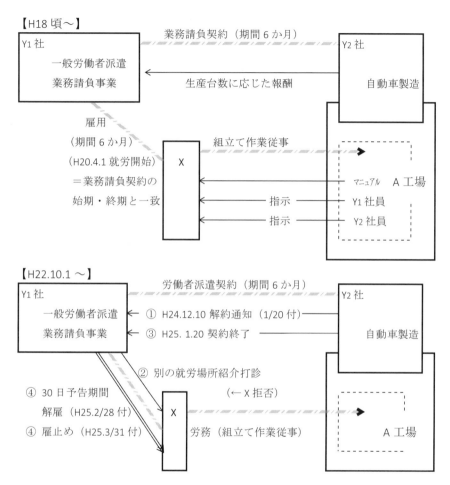

【H18 頃～】

業務請負契約（期間 6 か月）

Y1 社
一般労働者派遣
業務請負事業

Y2 社
自動車製造

生産台数に応じた報酬

雇用
（期間 6 か月）
（H20.4.1 就労開始）
＝業務請負契約の
始期・終期と一致

組立て作業従事

X

マニュアル　A 工場

指示　Y1 社員

指示　Y2 社員

【H22.10.1 ～】

労働者派遣契約（期間 6 か月）

Y1 社
一般労働者派遣
業務請負事業

① H24.12.10 解約通知（1/20 付）

③ H25. 1.20 契約終了

Y2 社
自動車製造

② 別の就労場所紹介打診
（← X 拒否）

④ 30 日予告期間
解雇（H25.2/28 付）

④ 雇止め（H25.3/31 付）

X

労務（組立て作業従事）

A 工場

III 論点

[基本的論点]

＜設問 1 ＞
　発注企業・派遣先に対し労働契約上の権利を有する地位にあることの肯否

＜設問 2 ＞
　有期(派遣)労働契約における解雇の効力

＜設問 3 ＞
　有期(派遣)労働契約における契約不更新の効力

［具体的論点、及び、配点案］（配点 50）

＜設問 1 ＞（小計 19）

　X が Y2 社に対し労働契約上の権利を有する地位にあることの肯否

第 1　X と Y2 社の労働契約の成否（小計 17）

　　1　派遣法違反等の評価〈3〉

　　2　法人格否認の法理の適用の可否〈4〉

　　3　黙示の労働契約の成否〈10〉

第 2　X と Y1 社の「派遣労働契約」締結と X と Y2 社の労働契約終了〈2〉

＜設問 2 ＞（小計 17）

　有期（派遣）労働契約の期間途中の解雇の効力

第 1　解雇権の法的根拠〈11〉

　　1　判断基準

　　2　本件事案の判断

第 2　解雇権の行使の適法性〈6〉

　　1　判断基準

　　2　本件事案の検討

＜設問 3 ＞（小計 14）

　有期（派遣）労働契約の契約更新拒否による契約終了の肯否

第 1　有期労働契約の更新・締結の承諾みなし制度〈3〉

第 2　本件事案の検討

　　1　本件派遣労働契約の法的性質〈6〉

　　2　更新拒否の客観的に合理的な理由と社会通念上の相当性〈5〉

Ⅳ　解答例　　(35字×23行×4頁＝35字×92行〈3220字〉)

＜設問 1 ＞

第 1　X と Y2 社の労働契約の成否

**　1　派遣法違反等の評価**

　労働契約は両当事者の意思の合致により成立し[*1]、派遣法違反で X と Y1 社との労働契約が無効でも当然に X と Y2 社の間に労働契約が成立するわけではなく、労働契約締結の申込みのみなし制度（派遣法 40 条の 6）[*2]も違法行為終

---

*1　労働契約の成立→【川口『労働法・第 6 版』434-435 頁】。

*2　労働契約締結の申込みのみなし制度（派遣法 40 条の 6）→【川口『労働法・第 6 版』688-689 頁】。

158

了後 1 年以内の労働者の承諾が必要で本件では適用できないので、Y1 社の労働者として取り扱われている X と Y2 社の労働契約は、a)法人格否認の法理の適用、又は、b)黙示の労働契約の成立がなければ肯定されない[*3]。

2　法人格否認の法理[*4]の適用の可否

Y1 社と Y2 社の間には資本関係や人的関係はなく、Y1 社の取引先は Y2 社に限られていないことから、Y1 社の法人格の形骸化も法人格の濫用（Y2 社による支配）も認められず、法人格否認の法理は適用されない。

3　黙示の労働契約[*5]の成否

X と Y2 社の黙示の労働契約の成否について、① Y2 社の X の採用への関与、② X が Y1 社から受けていた給与の額を Y2 社が事実上決定していたか、③ Y1 社は X の具体的な就業態様を一定の限度で決定しうる地位にあるかを考慮して判断すれば[*6]、本件事案では、①は否定され、②は、Y2 社の Y1 社に対する報酬は月間生産台数に応じた額で、X は Y1 社の就業規則所定の給与を支給されていたので否定され、③は、X は Y2 社の A 工場で Y2 社のマニュアルに従い Y2 社の従業員とともに作業し Y2 社員からも直接指示を受けていたが、A 工場に Y1 社の正社員も常駐しているので肯定される可能性もあり、その場合は X と Y2 社の間の黙示の労働契約の成立は否定されよう。

しかし、労働契約は、適法な労働者派遣を除き、労務供給とその対価としての報酬の支払の意思の合致により成立するので、前記③の事情から X は Y2 社に対して労務を供給していると評価され、X が Y2 社に労務を供給しその対価として Y2 社が Y1 社を介して報酬を支払うことについて両者の意思の合致が認められれば、黙示の労働契約の成立を肯定すべきであろう[*7]。

第2　X と Y1 社の「派遣労働契約」締結と X と Y2 社の労働契約終了

X と Y2 社の間の労働契約の成立が肯定されても、平成 22 年 10 月 1 日に X は Y1 社と派遣労働契約を締結しているので、同契約の締結に際し X は Y2 社との労働契約を辞職又は合意解約により終了させたと評価される可能性もある。

[*3]　請負人・受任者・派遣元の労働者として取り扱われている者と注文者・委任者・派遣先との間の労働契約の成否→【川口『労働法・第 6 版』643-644・689-691 頁】。
[*4]　法人格否認の法理→【川口『労働法・第 6 版』640-641・643・690 頁】。
[*5]　黙示の労働契約の成立→【川口『労働法・第 6 版』641・643・690 頁】。
[*6]　松下 PDP 事件・最二小判平 21・12・18 民集 63 巻 10 号 2754 頁/労判 993 号 5 頁は、黙示の労働契約の成否につき一般的基準を示していないが、①～③を考慮して当該事案での黙示の労働契約の成立を否定している【川口『労働法・第 6 版』691 頁注 128】。
[*7]　【川口『労働法・第 6 版』690-692 頁】。

<設問２>

第1　解雇権の法的根拠

　解雇が有効であるためには、解雇権の法的根拠と解雇権の行使の適法性が必要であるところ、X と Y1 社の労働契約は契約期間 6 か月の有期労働契約で、平成 20 年 4 月 1 日から算定しても 5 年を超えることとなる労働契約の締結前であって労契法 18 条の適用はなく、当該解雇は有期労働契約における解雇[*8]である。

　したがって、解雇権は「やむを得ない事由」（労契法 17 条 1 項）がある場合に発生するところ、当該解雇は Y2 社による労働者派遣契約の解約による X の就労場所の喪失と Y1 社の財政状況悪化を理由とするもので、雇用の廃止・削減等を理由とする解雇（整理解雇）であるから、「やむを得ない事由」は、①人員削減の必要性、②解雇の必要性（解雇回避義務の履行）、③解雇対象者の選定基準と適用の合理性・客観性、④説明・協議と解雇理由の通知が肯定される場合に認められ[*9]、ただし、契約期間途中で解雇することの必要性・相当性が要求される。本件では、④は不明であるが、①は Y2 社による労働者派遣契約の解約を、②は A 工場で就労していた労働者に別の就業場所を紹介したこと、他の発注先からも契約打切りがあったこと、③は、X 以外の者は別の就業場所での作業に同意したが X はこれを拒否したこと等を考慮して判断される。

第2　解雇権の行使の適法性

　仮に Y1 社が解雇権を有する場合でもその行使の適法性が必要であり、具体的には、①就業規則作成義務のある事業場においては、労基法所定の意見聴取と添付・届出・周知（90 条・89 条・106 条 1 項）を履践した就業規則に解雇事由を定め、解雇事由に該当する事実が存在すること、②就業規則、労働契約の定める要件の充足、③信義則違反（労契法 3 条 4 項）・解雇権濫用（同法 16 条）でないこと、④強行法規違反でないことが必要であるところ、本件では、①②につき、X が所属する事業場が就業規則作成義務のある事業場か、就業規則の有無と規定内容、労基法所定の手続の履践の有無等は不明であり、③の判断は前記「やむを得ない事由」該当性の判断と同じであり、④につき労基法 20 条所定の解雇予告はなされており、他に強行法規違反は特に見当たらない。

<設問３>

第1　有期労働契約の更新・締結の承諾みなし制度

　X と Y1 社の労働契約は設問 2 で述べたとおり有期労働契約であるので、当

---

*8　有期労働契約の期間途中の解雇→【川口『労働法・第 6 版』577-583・1002-1003 頁】。
　　派遣労働契約の契約期間途中の解雇→【川口『労働法・第 6 版』684-686 頁】。
*9　整理解雇の有効性の具体的判断基準→【川口『労働法・第 6 版』569-573 頁】。

該契約更新拒否による労働契約終了の肯否[*10]が問題となるところ、有期労働契約は期間満了により終了するのが原則であるが、当該労働契約が労契法 19 条 1 号又は 2 号に該当する場合は、同条本文所定の有期労働契約の更新・締結の承諾みなしが適用される可能性がある[*11]。

第2　本件事案の検討

1　本件派遣労働契約の法的性質

X と Y1 社の契約締結時のやりとりや合意内容は明らかではないが、X と Y1 社は、平成 20 年 4 月 1 日を就労開始日とする契約期間 6 か月の労働契約を締結して同一内容の労働契約を反復更新し、その後、平成 22 年 10 月 1 日を就労開始日とする契約期間 6 か月の派遣労働契約を締結して同一内容の契約を反復更新していたのであるから、X と Y1 社の労働契約は、労契法 19 条 1 号には該当しないとしても、また、派遣就業の場所毎の業務につき労働者派遣の受け入れの上限は原則 3 年である（派遣法 40 条の 2）ことを考慮し（平成 22 年 10 月 1 日から計算すれば平成 25 年 3 月 31 日の時点でまだ半年あるが、平成 20 年 4 月 1 日から計算すればすでに 3 年を過ぎている）、Y2 社 A 工場での就労による雇用の継続には合理的な期待がないとしても、少なくとも Y1 社との派遣労働契約の継続に対する X の合理的な期待は存在し、労契法 19 条 2 号に該当すると解される。

2　申込みの拒絶の客観的に合理的な理由と社会通念上の相当性

X と Y1 社の派遣労働契約が労契法 19 条 2 号に該当する場合、X が同条所定の契約の更新又は締結の申込みをしたとすると、当該申込みの拒絶が客観的に合理的な理由を欠き社会通念上相当と認められなければ[*12]、Y1 社は従前の派遣労働契約と同一の労働条件で当該申込みを承諾したとみなされる。

当該申込みの拒絶は、Y2 社による労働者派遣契約の解約による X の就労場所の喪失と Y1 社の財政状況悪化を理由とするもので、雇用の廃止・削減等を理由とする契約不更新であるから、申込みの拒絶の客観的に合理的な理由と社会通念上の相当性は、整理解雇に準じた要件に照らして判断され、設問 2 第 1 で述べた「やむを得ない事由」の存否の判断基準・あてはめと基本的に同じである。ただし、契約期間途中の解雇よりは、契約終了の必要性・相当性は緩やかに判断されることになろう。

---

*10　有期労働契約の契約更新拒否→【川口『労働法・第 6 版』584-594・1004 頁】。派遣労働契約の契約更新拒否→【川口『労働法・第 6 版』684-687 頁】。
*11　有期労働契約締結・更新の承諾みなし制度（労契法 19 条）→【川口『労働法・第 6 版』586-593・1004 頁】。
*12　申込みの拒絶の違法性の判断基準→【川口『労働法・第 6 版』592-593・564-575 頁】。

第 20 回　労働契約内容の変更（労働協約）／
懲戒処分／団結活動／不当労働行為等
（2015〈平成 27〉年第 2 問）

Ⅰ　設問

次の設問について、現時点での法令、判例、学説等に基づき解答して下さい。

（35 字× 23 行× 4 頁＝ 3220 字くらいまで）

［2015 年司法試験労働法第 2 問（配点：50）］
次の事例を読んで、後記の設問に答えなさい。

【事　例】

Y 社は、クッキー、チョコレート、アメ等多品種の菓子を製造・販売する株式会社であり、多くのパートタイマーを活用することで人件費を抑制し、多大な利益を上げてきた。Y 社は、正社員 300 名のほか、パートタイマー 850 名を雇用しており、大阪市の本社のほかに全国各地に計 8 か所の営業所及び計 3 か所の工場を有していた。Y 社には、正社員とパートタイマーの双方が加盟する労働組合（以下「労組」という。）があり、Y 社との間に、労使協議や団体交渉等のルールについて規定した期間の定めのない労働協約を締結していた。労組には、全正社員の 8 割に当たる非管理職の正社員全員、パートタイマーの 2 割が加入しており、本社及び全ての営業所・工場に分会を有していた。

Y 社では、平成 20 年のいわゆるリーマンショックによる売上げの激減により、経営状況が目に見えて悪化し、賃金も全く増額できなくなったほか、いくつかの菓子製造ラインが閉鎖されるなど事業の縮小が目立つようになり、転職のために辞めていく従業員も次第に増えていった。

Z は、労組の委員長であったが、この様子を見て危機感を覚え、他の執行部のメンバーと相談し、会社との間に、雇用の維持を認めさせる新たな協約を締結することを目指して、平成 26 年 5 月に Y 社の社長甲らと内密の懇談の場を数回持った。Z は、自分が委員長に選出された選挙の折、甲が自分を推薦して「我が社の労組には Z が委員長としてふさわしい。」との発言を繰り返していたこと、自分が委員長に選出されてからも親しい交流を続けていたことなどから、甲が自分の要請を理解してくれるものと期待していた。

上記の懇談の場において甲は、「5 ％の基本給カットをのんでくれるなら、少なくとも正社員については雇用は維持できるよう会社としても最大限の努力をする。」と Z に伝えた。賃金カットをのめば組合員の雇用の維持を保障する協約を結べると判断した Z ら執行部は、組合規約に定められた「協約締結権限」を早急に取得する必要があると考え、執行部内で対応を協議したところ、組合規約には、「協約締結権限を執行部が得るためには組合大会を開催し、全組合員の過半数の賛成を得る必要がある。」と規定されていた。しかし、全組合員の招集をはかるには時間と手数がかかりすぎると判断した執行部は、「重要事項に該当しない問題については各分会における単純多数決の結果を集約し、組合全体として賛成が多数であれば執行部に協約締結権限が付与されたものとする。」

162

という組合規約の規定に着目し、かつ、実際には労働協約の締結権限についても、ここ10年内に5回締結された労働協約は全てこの方式で締結権限が認められてきた事実を確認した上で、今回もこの方式により、全分会における単純多数決の結果を集約したところ、全組合員の過半数がZら執行部の方針を了承したことを確認した。

その後、平成26年7月10日付けで労組とY社との間に労働協約が締結され、予定どおり5％の基本給カットが規定されたが、同カットは平成27年4月から行うこととされ、また、「平成26年冬の賞与を前年より5％アップすることで緩和措置とする。」との規定も設けられていた。さらに、「会社は可能な限り雇用の維持に努め、人員整理の必要性が生じた場合は組合と協議の上、対応を決定するものとする。」との規定もあった。

菓子を製造するA工場の分会に所属する組合員であるXは協約内容を見て、不満を抱き、Zに「組合大会も開催せずに、5％の基本給カットをのんだことは許し難い。」と問い詰めたところ、Zは、「確かに組合大会は開催していないが、従来の慣行に従って分会における単純多数決の結果を集約しているので問題はない。」と回答した。

そこで、Xは、5％の基本給カットの実施に不安や疑問を抱いていた他の5名の組合員と相談し、Zら執行部の了承を得ずに独断で「刷新派」と称するグループを結成した。これに対し、甲はXを呼んで、「労組を混乱させてはいけない。刷新派などと称するグループは解散しなさい。」と強く命じたが、Xは「お断りします。」と答えた。その後、刷新派は、自分たちの主張を広めるため、「賃金カットは許さない」、「会社は5％の基本給カットを撤回せよ」などと記載した縦10センチメートル、横2センチメートルのリボンを左胸部に着装して始業時刻から30分間業務に従事し、30分後には当該リボンを取り外すという行動に出た。リボンを着装した組合員は、Xを含め全員がA工場の菓子製造のラインで働いていた。

Y社はこれに対し、Zら執行部にXらの行動が労組の指導によるものでないことを確認した上で、リボンの着装をやめるようXらに業務命令を発したが、Xらがこれに従わなかったため、就業規則第12条に基づき、リボンを着装して業務に従事した組合員全員を戒告の懲戒処分に処した。

〔設　問〕
1．Xが、平成27年4月以降の賃金につき、5％カットされた基本給分の差額を請求して訴訟を提起した場合、この請求は認められるか。想定される論点を検討した上で結論を示しなさい。
2．Xらは、戒告の懲戒処分は不当であると考えている。Xらがこの懲戒処分につき救済を求めるには、どのような機関にどのような救済を求めることが考えられるか。想定される論点を検討した上で結論を示しなさい。

【Y社就業規則　（抜粋）】
　　（懲戒）
　第12条　従業員が次のいずれかに該当するときは、情状に応じ、けん責、戒告又は減給とする。
　　　①　業務中に許可なく職場を離れ、又は、業務と関係のない行為を行ったとき。
　　　②　業務命令に反したとき。
　　　（以下略）

Ⅱ　事案の概要

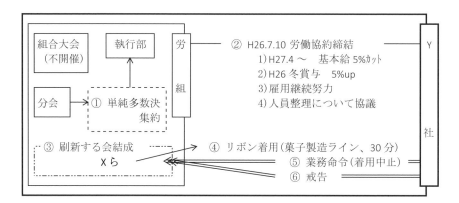

Ⅲ　論点

[**基本的論点**]

＜設問1＞

　労働協約による労働契約内容変更

＜設問2＞

　懲戒処分の効力と法的救済

[**具体的論点、及び、配点案**]（配点50）

＜設問1＞（小計18）

　XのY社に対する賃金（基本給の5％カット分）請求権の有無

　　　・労働協約による労働契約内容変更の肯否

第1　労働協約の成否（協約締結権限の有無）〈9〉

第2　労働協約の不利益変更効の肯否〈9〉

　1　判断枠組み

　2　本件事案の検討

＜設問2＞（小計32）

　懲戒処分と求めうる救済

第1　Xらの求めうる法的救済（小計6）

　1　労働委員会

　2　裁判所

第2　法律上の論点（小計26）

　1　戒告処分の不当労働行為該当性（小計15）

　（1）不利益取扱い（労組法7条1号）該当性

ア　正当な団結活動を理由とする不利益取扱いか〈10〉
　　　・主体・集団的意思形成等
　　　・目的
　　　・手段・態様
　イ　「刷新派」を理由とする不利益取扱いか〈4〉
　(2)　支配介入（労組法 7 条 3 号）該当性〈1〉
2　戒告処分の効力（小計 10）
　(1)　確認の利益の有無〈4〉
　(2)　戒告処分の効力〈6〉
3　戒告処分の不法行為該当性（小計 1）

Ⅳ　解答例 （35字×23行×4頁＝35字×92行〈3220字〉）

＜設問 1 ＞

　X の Y 社に対する賃金（基本給の 5 ％カット分）請求権は、労組と Y 社の労働協約による X（労働協約締結組合の組合員）の労働契約内容（基本給額）の変更が否定されれば肯定されるところ、具体的には、①当該労働協約の成否、②当該労働協約の不利益変更効の肯否が問題となる。

第 1　労働協約の成否（協約締結権限の有無）[*1]

　当該労働協約については、労組執行部が組合規約に基づき協約締結権限を有しており労働協約として有効に成立したかが問題となり、具体的には、本件基本給の 5 ％カットが組合規約[*2]所定の組合大会を開催すべき「重要事項」に該当するか否かが問題となるが、これについては、当該労働協約が労働条件を不利益に変更するもので重要性が高いこと、従来の慣行の内容（労働条件を不利益に変更する労働協約も各分会における単純多数決の結果を集約するという方式で締結されていたのか）、組合大会の開催による組合員全員の討論の機会の確保を犠牲にしてでも早急に意見を集約し労働協約を締結しなければならない特段の事情（緊急性等）の有無等に照らし判断される。

第 2　労働協約の不利益変更効の肯否[*3]

　労働協約が有効に成立したとしても、当該労働協約により X の労働契約内容

---

*1　労働協約の締結権限と手続→【川口『労働法・第 6 版』863-864 頁】。
*2　組合規約→【川口『労働法・第 6 版』120-122 頁】。
*3　労働協約による協約締結組合員の労働契約内容の変更→【川口『労働法・第 6 版』908-911・1015 頁】。

が不利益に変更されるかが問題となるところ、当該労働協約の定める基本給の5％カットは統一的基準と解されるから、原則としてその両面的規範的効力（労組法 16 条）により X の労働契約内容は不利益に変更されるが、労働協約が、①当該労働協約が締結されるに至った経緯、②当時の使用者の経営状態、③協約に定められた基準の全体としての合理性に照らし、特定の又は一部の組合員を殊更不利益に取り扱うことを目的として締結されたなど労働組合の目的を逸脱して締結されたときは、例外的にその不利益変更効は否定される[*4]。

　本件では、①については、経営状況の悪化の中で組合員の雇用の維持のための執行部の対応であること、組合大会は開催されていないが全分会における多数決の結果全組合員の過半数が労働協約締結を了承したこと、②については、リーマンショックによる売り上げの激減、経営状況の悪化、賃金の増額ができなくなったこと、事業の縮小、③については、基本給の5％カットが規定されたが、実施は協約締結時から約9ヶ月後の平成 27 年 4 月からとし、平成 26 年冬の賞与の5％アップで緩和措置とし、雇用維持のための努力と人員整理の場合の組合との協議の上での対応の決定に関する規定も置かれ全体としての合理性が肯定されることに照らせば、「特定の又は一部の組合員を殊更不利益に取り扱うことを目的として締結されたなど労働組合の目的を逸脱して締結された」とは言えず、不利益変更効が肯定され、X の請求は棄却されるのではないか。

＜設問2＞
第1　Xらの求めうる法的救済
　Xらは、労働委員会において、①本件戒告処分が労組法 7 条 1 号の不利益取扱い及び 3 号の支配介入に該当する不当労働行為であるとして、戒告処分の撤回とポスト・ノーティス等を求め、裁判所において、②本件戒告処分の無効確認、及び、③不法行為に基づく精神的損害賠償を請求することが考えられる。
第2　法律上の論点
　法律上の論点は、本件戒告処分の、①不当労働行為該当性、②効力、③不法行為該当性である。

　1　戒告処分の不当労働行為該当性
　（1）不利益取扱い（労組法 7 条 1 号）該当性[*5]
　　ア　正当な団結活動を理由とする不利益な取扱いか
　Xらのリボン闘争が正当な団結活動であれば、本件戒告処分は「労働組合の

---

*4　朝日火災海上保険（石堂）事件・最一小判平 9・3・27 集民 182 号 673 頁/労判 713 号 27 頁。
*5　「不利益取扱い」（労組法 7 条 1 号）の成立要件→【川口『労働法・第 6 版』948-958 頁】。

正当な行為をしたこと」を理由とする不利益な取扱いであり、労組法7条1号の不利益取扱いの不当労働行為に該当する。

当該団結活動（リボン活動）の正当性[*6]については、特に、①主体・集団的意思形成等、②目的、③態様の点で問題となるところ、②については、「基本給カットの撤回」は、労働者の雇用・労働条件その他経済的地位の向上を図るもので正当であり、③については、就業時間内の団結活動であるので労働義務の抵触との関係が問題となるが[*7]、本件リボンの着装が、食品の衛生管理や機械の取扱上の安全管理の点で問題がなく、A工場の菓子製造ラインでの労働義務と何ら支障なく両立する場合[*8]は、同就労は債務の本旨に従った労務の履行と評価することができ正当であるが、①については、Xらの自発的行為が労組の集団的意思に基づく行為と言えるかが問題となり[*9]、基本給カットに関する労働協約が有効であれば、労組が正式に決定した方針に反する行為であり労組の行為とは言えず、当該労働協約が無効であっても集団的意思に基づく対外的行為ではないから、主体・集団的意思形成の点で正当とは言えない。

イ 「刷新派」を理由とする不利益取扱いか

本件戒告処分が、Xらが「刷新派」であること（労働組合の中の一部のグループに属すること）を理由とするものであれば、本件戒告処分は「労働組合の組合員であること」を理由とする不利益な取扱い[*10]であり、労組法7条1号の不利益取扱いの不当労働行為に該当する。

(2) 支配介入（労組法7条3号）該当性[*11]

本件戒告処分が、労組法7条1号の不利益取扱いに該当する場合は、当該行為は労働組合の運営に介入する行為であり同条3号の支配介入にも該当する。

2 戒告処分の効力

(1) 確認の利益の有無[*12]

本件戒告により、Xらが昇格・昇給・賞与・人事考課等で不利益に取り扱われる可能性がある場合は、戒告処分の無効確認を求める法律上の利益と必要性

---

*6　団結活動の正当性の判断基準→【川口『労働法・第6版』824-838・1016-1017頁】。
*7　就業時間内の団結活動の正当性→【川口『労働法・第6版』828-831頁】。
*8　東京労委（ホテルオークラ）事件・最三小判昭57・4・13民集36巻4号659頁/労判383号19頁は、ホテル職員の就業時間中のリボン着装を組合の正当な行為に当たらないとした原審の判断を是認している（特に理由は述べず）が疑問である。
*9　団結活動の正当性の主体・集団的意思形成の要件→【川口『労働法・第6版』824-826頁】。
*10　労働組合の「組合員であること」を理由とする不利益な取扱い→【川口『労働法・第6版』949頁】。
*11　「支配介入」（労組法7条3号）の成立要件→【川口『労働法・第6版』962-973頁】。
*12　無効確認の訴えの可否→【川口『労働法・第6版』522-523頁】。

があるので、無効確認の訴えを適法に行使しうる*13。

(2) 戒告処分の効力*14

本件戒告処分は、労組法 7 条 1 号・3 号の不当労働行為に該当する場合は、同条違反及び民法 90 条違反で無効である。

これに対し、不当労働行為に該当しない場合、すなわち、X らのリボン闘争が正当な団結活動ではない場合は、X らのリボン闘争は、Y 社就業規則 12 条 1 号の「業務と関係のない行為を行ったとき」及び 2 号の「業務命令に反したとき」に少なくとも形式的には該当する。したがって、①就業規則 12 条が X らと Y 社の労働契約締結時に X ら及び当該事業場の労働者に周知され、労基法 90・89・106 条 1 項所定の意見聴取と添付・届出・周知も履践されて X らの労働契約の内容となっており（労契法 7 条）*15、②企業秩序が乱されるおそれのない特段の事情がなく実質的にも懲戒事由該当事実の存在が肯定され、③処分内容の相当性、前例との均衡（平等取扱原則）、説明・手続の点で信義則（労契法 3 条 4 項）違反、懲戒権濫用（労契法 15 条）に該当しなければ、有効である。

3 戒告処分の不法行為該当性

本件戒告処分が労組法 7 条 1 号・3 号不当労働行為に該当する場合は、当該行為は X らの団結権を侵害する不法行為（民法 709 条）でもあり、精神的損害に対する賠償を請求しうる。

第 21 回　普通解雇／休職期間満了と労働契約終了

（2016〈平成 28〉年第 1 問）

I　設問

次の設問について、現時点での法令、判例、学説等に基づき解答して下さい。

（35 字× 23 行× 4 頁＝ 3220 字くらいまで）

[2016 年司法試験労働法第 1 問（配点：50）]
次の事例を読んで、後記の設問に答えなさい。

---

*13　関西電力事件・神戸尼崎支判昭 49・2・8 労判 199 号 50 頁/判時 739 号 125 頁、同事件・大阪高判昭 53・6・29 労民 29 巻 3 号 371 頁/労判 302 号 58 頁。
*14　懲戒処分の効力→【川口『労働法・第 6 版』523-548・1014 頁】。
*15　使用者の懲戒権の法的根拠につき契約説で記述している。

【事　例】

　Xは、平成20年3月に大学の理工学部を卒業後、同年4月、Y社と、職種を限定せずに、期間の定めのない労働契約を締結して入社し、本社の研究開発部門に配属された。Xは、平成25年4月にY社のA工場に異動となり、液晶生産事業部（以下「本件配属部」という。）の技術部門を担当する課に配属となった。

　Y社は電気機器製造を業とする株式会社であり、東京本社のほか、全国に複数の工場、支社を配置し、5000人以上の従業員を擁していた。Y社は、平成25年11月、A工場において、当時世界最大のサイズの液晶ディスプレイの製造ラインを構築するプロジェクト（以下「本件プロジェクト」という。）を立ち上げた。本件プロジェクトにおけるXを含む技術担当者の主な業務は、製品の製造装置の効率性を高める運転条件を調整する作業であった。Xは、本件プロジェクトの一つの工程において初めてプロジェクトのリーダーになった。

　本件プロジェクトのリーダーは、常時、複雑な担当業務を多く抱え、時間外労働（法定労働時間を超える時間の労働をいう。以下同じ。）を余儀なくされており、Xは、本件プロジェクトが立ち上がってから平成26年4月までの間に、休日出勤を繰り返し、帰宅が午後11時を過ぎることもあった。Xは、平成25年12月から平成26年4月までの間、毎月80時間から100時間、月平均90時間程度の時間外労働を行っていた。

　Xは、平成25年12月から、頭痛、めまい、不眠の症状が現れ、平成26年3月のY社の定期健康診断で不眠を訴え、同年4月2日、A工場の診療所で産業医から不眠症と診断されて薬を処方された。また、Xは、同月30日、自宅近くの心療内科の医院（以下「本件医院」という。）でうつ的症状と診断され、抑うつ及び睡眠障害に適応のある薬を処方された。ただし、うつ病に罹患しているとの確定的な診断はなされなかった。なお、Xには精神疾患の既往歴はなかった。Xは、未婚で両親と同居しており、私生活上のトラブルはなかった。

　平成26年4月1日、本件プロジェクトの要員削減が行われ、同年5月9日、Xは、これまでの業務に加え、別の製品の開発業務も担当するよう上司Bから打診された。これに対して、Xは、体調不良を理由に難色を示したが、上司Bに受け入れられず、結局、その業務についても担当となった。一方、その頃、Xは、担当業務に遅延が生じていることにつき、上司Bから、本件配属部の会議で度々厳しい叱責を受けた。

　Xは、平成26年5月中旬から、頭痛のために眠ることができず、頭痛薬を連日服用するようになった。Xは、その頃、同僚の技術担当者から、元気がなく席に座って放心したような状態であるなど、普段とは違う様子であると認識され、「大丈夫か。」と声を掛けられたことがあった。Xは、同年6月下旬、体調不良のため、上司Bに対し、別の製品の開発業務の担当から外してもらうよう求めたが、了解を得ることができなかった。Xは、その頃、本件医院の主治医から、しばらく休んで療養するようにと助言されたのを受けて、同年7月3日、約1か月間の休養を要する旨の本件医院の診断書を提出し、同月31日まで欠勤した。

　その後、Xは、平成26年8月1日から1週間にわたり出勤したが、頭痛が生じたため再び療養することとし、同月以降、同年11月までの毎月初旬に、抑うつ状態で約1か月間の休養を要する旨の本件医院の診断書を提出して、欠勤を続けた。

　上司Bは、Xの欠勤中、度々、Xに対し、職場復帰するか、又は休職申請するかを問い合わせていたが、Xは、現状では勤務を再開する状況にない旨の本件医院の診断書を提出したのみで職場復帰する意思を示さず、休職の申請も行わなかった。

　なお、Y社の就業規則（抜粋）は、後記のとおりである。

1．Y 社は、平成 26 年 11 月 10 日、X に対し、同年 12 月 15 日をもって解雇する旨を通知した上、同日、就業規則第 27 条第 4 号の規定に基づき、X を解雇した。

　　X は、この解雇が無効であるとして、Y 社に対して労働契約上の地位の確認を請求して訴えを提起した。検討すべき法律上の論点を挙げて、X の請求の当否を論じなさい。

2．設問 1 とは異なり、Y 社は、平成 26 年 11 月 10 日、X を解雇せずに、就業規則第 24 条第 1 項の規定に基づき、X に対して傷病休職を発令した。X は、定期的な上司 B との面談等を続けたが、Y 社は、平成 27 年 10 月 6 日、X に対し、同年 11 月 11 日をもって休職期間の満了により退職扱いとする旨を通知した。

　　一方、X は、平成 27 年 10 月 9 日、本件医院の主治医が作成した同月 7 日付けの診断書（以下「本件診断書」という。）を Y 社に提出して、休職前に従事した職場以外の部署への配置換えを申請した。本件診断書には、「気分、意欲とも改善して、通常の勤務は可能である。ただし、当初は時間外労働は避ける必要がある。」との所見が記載されていた。

　　Y 社は、平成 27 年 10 月 20 日、X に対し、休職前の職場以外の部署への配置換えを拒否する旨を口頭で伝えた。そして、Y 社は、同年 11 月 11 日、X に対し、同日をもって退職になった旨を記載した書面を交付した。

　　X は、退職扱いは不当であって、雇用関係は終了していないとして、Y 社に対して労働契約上の地位の確認を請求して訴えを提起した。検討すべき法律上の論点を挙げて、X の請求の当否を論じなさい。

【就業規則（抜粋）】

第 24 条　傷病休職
　1．傷病により勤務に堪え得ない場合には、休職を命ずることができる。
　2．休職期間は 1 年を超えることはできない。
　3．第 1 項の規定により休職を命ぜられた者は、その休職期間が満了した時点をもって退職とする。

第 25 条　復職
　1．前条第 1 項の規定により休職を命ぜられた者につき、休職期間中において休職事由が消滅し就業が可能であると認められたときは、復職を命ずる。
　2．（略）

第 27 条　解雇
　　　以下の事由に該当する場合は、解雇することができる。
　　　一～三　　（略）
　　　四　　傷病等により勤務に堪え得ず、復職の見込みがない場合
　　　五～八　　（略）

II　論点

［基本的論点］

＜設問 1 ＞
　解雇による労働契約終了の肯否

＜設問 2 ＞
　休職期間満了による労働契約終了の肯否

[具体的論点、及び、配点案]（配点 50）

＜設問1＞（小計 22）

　期間の定めのない労働契約における解雇（普通解雇）の効力

第1　解雇の効力の判断枠組み〈3〉

第2　労基法 19 条違反の有無〈9〉

第3　就業規則所定の解雇事由該当事実の有無等〈10〉

＜設問2＞（小計 28）

　就業規則所定の退職事由に該当することを理由とする労働契約終了の肯否

第1　契約終了の肯否の判断枠組み〈8〉

第2　労基法 19 条違反の有無〈4〉

第3　就業規則所定の事由に該当する事実の有無等〈16〉

Ⅲ　事案の概要

設問1と設問2　共通		
H20. 4	X	Y 社に入社(期間の定めのない労働契約)。本社研究開発部門に配属。
H25. 4	X	A 工場に異動。液晶事業本部の技術部門担当課に配属。
11	X	プロジェクトリーダーに。
12	X	月平均 90 時間の法定時間外労働。頭痛・不眠の症状。
H26. 4		
4. 2	X	産業医が不眠症と診断。
4.30	X	心療内科医院でうつ的症状と診断。
5. 9	X	別製品の開発業務も担当に(←上司 B)。
5.中	X	頭痛薬の連続服用。同僚からも普段と違うと認識される。
6.下	X	上司に別製品開発業務担当を外して貰うよう求めたが了解得られず。
7. 3	X	診断書を提出し、欠勤。
7.31		
8	X	毎月、診断書を提出し、欠勤。
9		休職申請行わず。
10		
11		

設問1		設問2	
H26 11.10	Y 社 X に対し12 月 15 日付で解雇する旨を通知。	H26 11.10	Y 社 X に対し傷病休職発令。
		H27 10. 6	Y 社 X に対し 11 月 11 日付で休職期間満了による退職扱いとする旨を通知。
12.15	Y 社 X を解雇する。	10. 9	X が 原職場以外の職場への配置換えを申請、通常の勤務は可能な旨の診断書を提出。
		10.20	Y 社 X に対し休職前の職場以外の部署への配置換えを拒否する旨を通知。
		11.11	Y 社 X に対し同日付で退職になった旨を記載した書面を交付。

Ⅳ　解答例　(35字×23行×4頁＝35字×92行〈3220字〉)

＜設問1＞
第1　解雇の効力の判断枠組み[*1]
　本件解雇の効力については、X と Y 社の労働契約が期間の定めのない労働契約であり、Y 社は契約法の一般原則（及び民法 627 条 1 項）に基づき解雇権を有するので、解雇権の行使が適法か、具体的には、①労基法 19 条違反の有無、及び、②就業規則所定の解雇事由に該当する事実の有無、信義則（労契法 3 条 4 項）違反、解雇権濫用（労契法 16 条）が問題となる。なお、労基法 20 条の定める解雇予告は行われている。

第2　労基法 19 条違反の有無[*2]
　X の抑うつ状態が、労基法 19 条 1 項所定の「業務上の傷病」に該当すれば、Y 社は X が療養のために休業する期間及びその後 30 日間は解雇することができず（労基法 19 条 1 項本文）、本件解雇は労基法 19 条 1 項違反で無効となる。

　労基法 19 条 1 項所定の「業務上の傷病」は、労基法 75 条及び労災補償制度にいう「業務上[*3]の傷病」と同義で、業務との間に「相当因果関係」が存在し[*4]、具体的には、業務に内在する危険が現実化したと認められるものである[*5*6]。

　本件において、X は、平成 25 年 12 月から頭痛、めまい、不眠の症状が現れ、平成 26 年 4 月 30 日にうつ的症状と診断されたものであるところ、平成 25 年 11 月に初めてプロジェクトリーダーとなり、複雑な担当業務を多く抱えていたこと、同年 12 月から平成 26 年 4 月まで休日出勤を繰り返し、帰宅が午後 11 時をすぎることもあり、月平均 90 時間の法定時間外労働を行っていたこと、その

---

*1　期間の定めのない労働契約における解雇の効力→【川口『労働法・第 6 版』552-577・1002-1003 頁】。

*2　業務災害・産前産後の解雇制限(労基法 19 条)→【川口『労働法・第 6 版』553-554 頁】。

*3　労災補償制度における「業務上」の意義→【川口『労働法・第 6 版』403-410 頁】。

*4　判例は「相当因果関係」→「業務に内在する危険が現実化したもの」と二段階で判断するが、労災保険給付の肯否の判断基準である「業務上」と損害賠償責任の有無の判断基準である「相当因果関係」は異なるので、端的に「業務に内在する危険が現実化した」か否かで判断すべきであろう（→【川口『労働法・第 6 版』403-404 頁】)。

*5　東芝事件・東京地判平 20・4・22 労判 965 号 5 頁、同事件・東京高判平 23・2・23 労判 1022 号 5 頁/判時 2129 号 121 頁等、【川口『労働法・第 6 版』553 頁注8】。

*6　東芝事件・東京高判平 23・2・23 労判 1022 号 5 頁/判時 2129 号 121 頁は、具体的には、当該労働者と同種の職種において通常業務を支障なく遂行できることが許容できる程度の心身の健康状態を有する平均的労働者として通常想定される範囲内にある同種の労働者集団の中の最もぜい弱な者を基準として、労働時間、仕事の質及び責任の程度等が荷重であるために当該精神障害が発病させられ得る程度に強度の心理的負担となり、当該労働者の担当業務に関連して精神障害を発病させるに足りる十分な強度の精神的負担ないしストレスが存在すると客観的に認められることが必要とする。

後5月には別の製品の開発業務も担当させられ、担当業務の遅延につき上司Bから厳しい叱責を受けたことから、その担当業務に関連して精神障害を発病させるに足りる十分な強度の精神的負担ないしストレスが存在し継続したものと推認され、他方、Xに精神疾患の既往歴はなく私生活上のトラブルもなかったことから、そのうつ的症状は、当該業務に内在する危険が現実化したもので業務と相当因果関係にあり、「業務上」の疾病に該当するのではないかと思われる。

第3　就業規則所定の解雇事由該当事実の有無等

　仮に、Xのうつ的症状が業務上の疾病ではないとしても、A工場は就業規則作成義務のある事業場であると思われるから、本件解雇が有効であるためには、労基法所定の意見聴取と添付・届出・周知（90条・89条・106条1項）の手続を経て作成された就業規則所定の解雇事由該当事実の存在が必要である。

　本件解雇は、就業規則第27条第四号に基づき行われたものであり、該当事実の存否は、解雇の必要性・相当性と労働者に対する説明・協議と解雇理由の通知という観点から合理的限定的に判断されるべきところ、11月10日の段階で「勤務に堪え得ず」という状態であったとしても、休職することにより体調が回復し復職可能となる可能性もあり、Xは休職申請をしていないがY社は就業規則24条1項に基づき休職を命ずることも可能であるから、「復職の見込みがないとき」には該当せず、本件解雇は無効である。

　また、Y社は解雇回避義務（休職命令）を履行せず解雇の必要性・相当性が認められないから、本件解雇は信義則違反、解雇権濫用で無効でもある。

＜設問2＞

第1　契約終了の肯否の判断枠組み

　XとY社の労働契約終了の肯否[*7]については、第一に、就業規則24条3項は実質的には解雇事由を定めたもので、Y社の平成27年10月6日の「退職扱い通知」は解雇の意思表示と解すれば、当該解雇の効力が問題となる。先に述べたように、Y社は解雇権を有するので、解雇権の行使が適法か、具体的には、①労基法19条違反の有無、及び、②就業規則所定の解雇事由に該当する事実の有無、信義則（労契法3条4項）違反・解雇権濫用（同法16条）の有無が問題となる。なお、労基法20条の定める解雇予告は行われていることになる。

　第二に、就業規則24条3項は労働契約の終了事由を定めたもので同事由に該当する事実が存在すれば当然に契約が終了する（したがって、Y社の平成

---

*7　就業規則の「休職期間満了」等に該当することを理由とする解雇又は「退職扱い」により労働契約が終了するかどうかについては【川口『労働法・第6版』566-568頁】。

27 年 10 月 6 日の「退職扱い通知」及び 11 月 11 日の書面交付は単なる契約終了の通知である）としても、①労基法 19 条、及び、②信義則（労契法 3 条 4 項）に違反する部分は労働契約の内容とはならず（労契法 13 条参照）、当該終了事由及び該当事実の有無は、信義則に則して合理的限定的に解釈・判断される。

第 2　労基法 19 条違反の有無

　X の抑うつ状態が業務上の疾病であり、かつ、平成 27 年 11 月 11 日時点で療養と休業の必要性消滅後 30 日間経過していなければ、① Y 社の「退職扱い通知」が解雇の意思表示であれば当該解雇は労基法 19 条違反で無効であり、②単なる契約終了の通知でも、労基法 19 条に反する終了事由は労働契約の内容とならず終了事由に該当する事実は存在しないから、労働契約は終了しない。

　これに対して、X の抑うつ状態が業務上の疾病ではない場合、又は、業務上の疾病であるが、平成 27 年 11 月 11 日時点で療養と休業の必要性消滅後 30 日経過している場合は、労基法 19 条違反の問題は生じないので、就業規則所定の事由（解雇事由又は契約終了事由）該当事実の有無が問題となる（→第 3）。

第 3　就業規則所定の事由に該当する事実の有無

　就業規則 24 条 3 項は、①同条 1 項の規定により休職を命じられた者は、②その休職期間が満了した時点をもって退職とすると定めているので、当該条項が解雇事由であれ契約終了事由であれ、①と②の双方の充足が必要である。

　①については、平成 26 年 11 月 10 日の Y 社の休職命令が有効であることが必要である[8]。就業規則 24 条 1 項が、労契法 7 条（X と Y 社の労働契約締結時点で存在する場合）又は労契法 10 条（労働契約締結後に創設された場合）所定の要件、及び、労基法所定の意見聴取と添付・届出・周知（90 条・89 条・106 条 1 項）の履践を充足し、X の労働契約の内容となっている場合は、Y 社は休職命令権を有するところ、休職命令時点で X の勤務が可能でなければ、就業規則 24 条 1 項所定の「傷病により勤務に堪え得ない場合」に該当し、信義則（労契法 3 条 4 項）違反、権利濫用（労契法 3 条 5 項）に該当せず、休業命令は有効であろう。

　しかし、②については、「休職期間が満了した」とは、就業規則 25 条 1 項との整合性も考慮すれば、「休職期間中において休職事由が消滅し就業が可能であると認められることなく休職期間が満了した」と合理的限定的に解釈されるべきところ、X は職種を限定せずに採用されたもので、平成 27 年 10 月 7 日付の診断書で法定時間外労働を必要としない勤務場所であれば勤務は可能と診断され、かつ、法定時間外労働を必要としない勤務場所は存在するはずであるから、

---

[8]　休職命令の効力→【川口『労働法・第 6 版』508-511・1010-1011 頁】。

「就業が可能であると認められることなく休職期間が満了した」に該当しない[*9]。

　したがって、就業規則 24 条 3 項所定の事由に該当する事実は存在しないから、当該「退職扱い通知」が解雇の意思表示であれば、解雇事由に該当する事実が存在せず無効であり、また、信義則違反（Y 社は、就業規則 25 条 1 項に基づき復職を命じ従来とは別の勤務場所に配置する義務を負っているにもかかわらず休職前の職場以外の部署への配置換えを拒否し退職扱いしたものであり、解雇回避義務に違反する）、解雇権濫用（労契法 16 条）で無効でもある。

　また、当該「退職扱い通知」が労働契約終了の通知であったとしても、契約終了事由に該当する事実が存在しないから、X と Y 社の労働契約は終了しない。

第 22 回　不当労働行為（団交拒否・支配介入）／スト不参加者の賃金・休業手当請求権

（2016〈平成 28〉年第 2 問）

I　設問

　次の設問について、現時点での法令、判例、学説等に基づき解答して下さい。

（35 字× 23 行× 4 頁＝ 3220 字くらいまで）

［2016 年司法試験労働法第 2 問（配点：50）］
　次の事例を読んで、後記の設問に答えなさい。
【事　例】
　Y 社は、バス車両 100 台により、路線バス事業を営む株式会社である。
Y 社の従業員は、300 名であり、うち 200 名の従業員により組織される X 労働組合（以下「X 組合」という。）があり、近年においても、毎年、Y 社に新規採用される従業員は、採用後 1 年以内にその 3 分の 2 程度の者が X 組合に加入していた。
　Y 社の従業員の賃金は、基本給と諸手当で構成されている。Y 社では、新規採用者の基本給の額は、バス車両の運転をする「運転職」、バス車両の点検・整備をする「整備職」、

---

*9　JR 東海事件・大阪地判平 11・10・4 労判 771 号 25 頁等、【川口『労働法・第 6 版』566-568 頁】。なお、片山組事件・最一小判平 10・4・9 集民 188 号 1 頁/労判 736 号 15 頁は、労働者が職種や業務内容を特定せずに労働契約を締結した場合は、現に就業を命じられた特定の業務につき労務の提供が十全にはできなくても、その能力、経験、地位、当該企業の規模、業種、当該企業での労働者の配置・異動の実情及び難易等に照らして当該労働者を配置する現実的可能性がある他の業務について労務の提供ができ、かつ、その労務提供を申し出ていれば、債務の本旨に従った履行の提供があるとする（【川口『労働法・第 6 版』512 頁】）。

本社における管理業務、営業所の窓口業務、営業活動等を担当する「事務職」という各職種別に定められていた。そして、従業員の新規採用年度後の基本給は、新規採用時の基本給の額を基に、毎年度の定期昇給分とベースアップ分を加算して決定されていた。

　X組合は、上記のとおりY社の新規採用者の3分の2程度の者が採用後間もなくX組合に加入して組合員となっており、また、従業員の基本給は、新規採用時の基本給の額を基に決定されていることから、毎年度の春闘における団体交渉の際、Y社に対し、当年度の新規採用者の基本給の額は前年度の新規採用者の基本給に当年度のベースアップ分を上乗せした金額とするよう求め、これまで、Y社は、これに応じてきた。

　Y社は、近年、自動車の普及、営業区域における住民の高齢化・減少等に伴い、旅客数が減少して旅客運賃収入が落ち込み、厳しい経営状態となってきていることから、運賃の値上げ、各種経費の削減等の経営合理化を進めてきたが、その一環として、今般、人件費を削減することとした。ただ、Y社としては、現在の従業員の賃金を減額することは困難であると思われたので、新規採用者の基本給の額を引き下げることによって対応しようと考えた。

　そこで、Y社は、平成28年2月1日、X組合に対し、平成28年度の新規採用者の基本給について、平成27年度の新規採用者の基本給の額に比して各職種一律にその10パーセントを減額した額とすること（以下「本件基本給引下げ」という。）を通知した。X組合は、本件基本給引下げの実施後に採用された従業員がX組合に加入した場合、それより前に採用された組合員との間で賃金格差が生じ、同一職種内で異なる賃金水準の集団が併存することになる上、本件基本給引下げより前に採用された組合員が退職するに従って組合員全体の賃金水準が低下していくことになるなどとして、本件基本給引下げに反対することを決定し、同月10日、Y社に対し、本件基本給引下げについて団体交渉を開催するよう要求した。

　Y社は、平成28年2月15日、X組合に対し、新規採用者の基本給の額の決定は、使用者であるY社の裁量に委ねられている上、本件基本給引下げはX組合の組合員を含む在職者の賃金に影響を与えるものではなく、これから採用する者については、いまだX組合の組合員ともなっていないのであるから、本件基本給引下げは団体交渉の対象事項とはならない旨回答して、団体交渉を拒否した。その後も、X組合は、Y社に対し、繰り返し、本件基本給引下げについて団体交渉を開催するよう要求したが、Y社は、一貫して、同様の回答をして団体交渉を拒否した。

　そこで、X組合は、本件基本給引下げの撤回とこれについての団体交渉を求めて平成28年3月8日の終日、更には、Y社の回答がX組合の要求を全く受け入れないものであるときは同月15日の終日、ストライキを予定することとし、同月2日、Y社に対し、その旨を通知した。ストライキは、「運転職」の組合員についてのみ行うものであった。

　これに対し、Y社は、引き続き、本件基本給引下げについての団体交渉を拒否するとともに、平成28年3月7日、社長名で、「我が社が厳しい経営状態にある中、X組合の皆さんになるべく迷惑を掛けないよう、組合員の皆さんの基本給は引き下げずに、新規採用者の基本給を引き下げるという決断をしたものです。これ以外にY社の存続はあり得ないと考えています。ところが、X組合の幹部の皆さんは、会社の誠意をどう評価されたのか分かりませんが、これを団体交渉の対象としなければならない事柄であると強弁し、会社が団体交渉を拒否したとして、ストライキに入ると宣言しました。これは、ストのためのストであって、甚だ遺憾なことであり、会社としては、重大な決意をせざるを得ません。」と記載した声明文を、Y社の全事業所に一斉に掲示した。

　X組合の組合員の間では、上記声明文に対して、先行きに不安を感ずるという意見を述べる者はいたが、X組合の執行部を批判したり、ストライキの実施に反対したりする

者はいなかった。そして、X組合は、平成28年3月8日の終日、予定どおり、ストライキを行った。このストライキ後も、Y社は、本件基本給引下げについての団体交渉を拒否したことから、X組合は、同月15日にも、終日ストライキを行った。Y社は、同月8日のストライキの際、バス車両の3分の1について、「運転職」の非組合員により運行したが、その余のバス車両の運行はできず、運行できなかったバス車両の所属する営業所においてはバス車両の点検・整備をする必要がなくなるという状態となった。そのため、Y社は、同月15日のストライキに際し、同月14日、X組合の組合員であるZらを含む、これらの営業所に所属する「整備職」の従業員に対し、同月15日の終日ストライキの間、休業することを命じた。これに対して、Zらは、Y社に抗議をしたが、Y社は、同日終日、就業を認めず、Zらに対し、同日分の賃金を支払わなかった。

〔設　問〕

1. X組合は、Y社の団体交渉拒否や社長名の声明文の掲示がいずれも不当であると考えている。X組合として救済を求めるには、どのような機関にどのような救済を求めることが考えられるか。検討すべき法律上の論点を挙げて論じなさい。なお、X組合が労働組合法上の労働組合に該当することを前提に論じてよい。
2. 休業することを命じられたZらは、平成28年3月15日分の賃金が支払われなかったのは不当であると考え、Y社に対し、賃金及び休業手当を請求する訴えを提起した。検討すべき法律上の論点を挙げて、Zらの請求の当否を論じなさい。

II　事案の概要

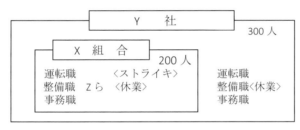

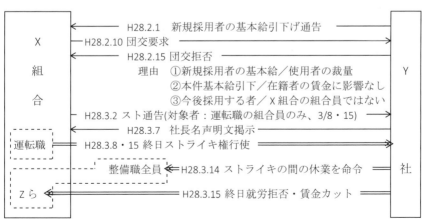

Ⅲ　論点

［基本的論点］

<設問1>

　団体交渉拒否と社長名の声明文の掲示について求めうる法的救済

<設問2>

　部分スト不参加者の賃金・休業手当請求権の有無

［具体的論点、及び、配点案］（配点 50）

<設問1>（小計 28）

　団体交渉拒否と社長名の声明文の掲示について求めうる法的救済

第1　求めうる法的救済<8>

　　1　労働委員会

　　2　裁判所

第2　論点

　　1　Y社の団交拒否の不当労働行為・不法行為該当性と地位確認の可否<10>

　　　(1)　判断枠組み

　　　(2)　本件事案の検討

　　2　Y社の社長名の声明文の掲示の不当労働行為・不法行為該当性<10>

　　　(1)　判断枠組み

　　　(2)　本件事案の検討

<設問2>（小計 22）

　Zらの Y社に対する賃金・休業手当請求権の有無

第1　部分スト不参加労働者(スト実施組合の組合員)の賃金請求権<12>

　　1　判断枠組み

　　2　本件事案の検討

第2　部分スト不参加労働者(スト実施組合の組合員)の休業手当請求権<10>

　　1　判断枠組み

　　2　本件事案の検討

Ⅳ　解答例　　(35字×23行×4頁＝35字×92行〈3220字〉)

<設問1>

第1　求めうる法的救済[*1]

　　X組合は、第一に、労働委員会による資格審査で、労組法2条のみならず5条

---

*1　不当労働行為の法的救済→【川口『労働法・第6版』980-1000頁】。

2 項も充足する法適合組合であることの決定を受けることを前提として*2、労働委員会において、Y 社を被申立人として、① Y 社の団体交渉拒否が団体交渉拒否（労組法 7 条 2 号）の不当労働行為に該当するとして、基本給の引き下げ撤回を団体交渉事項とする団体交渉応諾命令、ポスト・ノーティス等を求め、② Y 社の社長名の声明文の掲示が支配介入（同条 3 号）の不当労働行為に該当するとして、声明文の掲示の撤去、今後このような声明文の掲示はしてはならない旨の不作為命令、ポスト・ノーティス等を求める。第二に、裁判所において*3、Y 社を被告として、① Y 社の団交拒否及び社長名の声明文の掲示が団結権侵害等の不法行為（民法 709 条）に該当するとして損害賠償を請求し、② Y 社に対し基本給の引き下げ撤回を交渉事項として団体交渉を求めうる地位にあることの確認を求める。

第2　論点

1　Y 社の団体交渉拒否の不当労働行為・不法行為該当性と地位確認の可否

Y 社は、X 組合（労働者の代表者）の組合員の現在の労働契約上の使用者*4として、当該組合員に関し、労働関係法規上の義務を負い、労働関係上の権利義務関係を有し、その雇用・労働条件の維持改善等を現実かつ具体的に支配又は決定しうる地位にあり、当該事項については、X 組合に対し正当な理由のない団体交渉拒否を禁止される労組法 7 条 2 号の使用者*5であるので、「本件基本給引き下げ」が Y 社の義務的団交事項か否かが論点となる。

義務的団交事項*6は、「団体交渉を申し入れた団結体の構成員である労働者の雇用・労働条件その他の待遇、又は、当該団結体と使用者との間の集団的労使関係に関する事項であって、かつ、当該使用者が決定又は対応しうる（すべき）もの」であり*7、団体交渉を申し入れた労働組合の組合員でない労働者の労働条件に関する問題も、それが将来にわたり当該労働組合員の労働条件、権利等に影響を及ぼす可能性が大きく、組合員の労働条件との関わりが強い事項

---

*2　不当労働行為の救済につき、労働委員会への申立人となるための要件である（労組法 5 条 1 項参照）（【川口『労働法・第 6 版』980-981 頁】）。申立人資格を有する「法適合認証組合」については、【川口『労働法・第 6 版』720-723 頁】。

*3　裁判所における原告は社団性を有する団結体であればよい（【川口『労働法・第 6 版』998 頁】）。

*4　現在の労働契約上の使用者の「労組法 7 条 2 号の使用者」該当性→【川口『労働法・第 6 版』930 頁】。

*5　「労組法 7 条 2 号の使用者」→【川口『労働法・第 6 版』924-943 頁】。

*6　義務的団交事項→【川口『労働法・第 6 版』781-785 頁】。

*7　中労委（INAX メンテナンス）事件・最三小判平 23・4・12 集民 236 号 327 頁/労判 1026 号 27 頁等、【川口『労働法・第 6 版』782 頁】。

は義務的団交事項にあたるところ[*8]、未だ X 組合員でない新規採用従業員の基本給の引き下げは、当該従業員が X 組合に加入した場合それ以前に採用された組合員との間で賃金格差が生じ、同一職種内で異なる賃金水準の集団が併存することとなる上、本件基本給引き下げより前に採用された組合員が退職するに従って組合員全体の賃金水準が低下するから、X 組合員の労働条件との関わりが強い事項であり、「本件基本給引き下げ」は Y 社の義務的団交事項である。

したがって、Y 社の団体交渉拒否は、これを拒否する正当な理由も見当たらないから、労組法 7 条 2 号に該当する不当労働行為である。また、X 組合の団結権・団体交渉権を侵害する不法行為でもあり、X 組合は Y 社に対し本件基本給引き下げを交渉事項として団体交渉を求めうる地位にある。

2　Y 社の社長名の声明文の掲示の不当労働行為・不法行為該当性

Y 社は X 組合の組合員に対し労組法 7 条 3 号の支配介入を禁止されている使用者でもあり[*9]、社長名の声明文は同号の使用者の行為[*10]に該当するところ、使用者にも言論の自由はあるが労働者及び労働組合の団結権の侵害は許されないので、使用者の言論[*11]が、その具体的な内容、方法、時期等に照らし、①労働組合の結成・加入・脱退や組織運営、役員選挙等の、労働者又は労働組合が自主的に決定すべき事項についての意見表明である場合は、団結活動・争議行為等に対して影響を与える可能性があるので、②威嚇、不利益取扱い等の示唆、利益誘導の有無、③団結活動等への具体的影響の有無、④使用者の主観的認識ないし目的に関わらず、支配介入に該当するところ[*12]、本件社長名の声明文は、①につきストライキの実施を批判する内容であり、さらに、②につき「会社としては重大な決意をせざるを得ない」との内容はストが実施された場合の不利益を示唆するものであるから、③につき組合員の中に執行部批判をしたりスト実施に反対する者はいなかったとしても、また、④につき、その主観的認識ないし目的にかかわらず、支配介入（労組法 7 条 3 号）に該当すると解される。

---

*8　中労委（根岸病院）事件・東京高判平 19・7・31 労判 946 号 58 頁（【川口『労働法・第 6 版』783 頁注 52】）。

*9　「労組法 7 条 3 号の支配介入を禁止されている使用者」→【川口『労働法・第 6 版』945-946 頁】。

*10　「使用者の行為」→【川口『労働法・第 6 版』946-947 頁】。

*11　使用者の言論の支配介入該当性→【川口『労働法・第 6 版』964-966 頁】。

*12　中労委（朝日火災海上保険）事件・東京高判平 15・9・30 労判 862 号 41 頁参照。滋賀労委（山岡内燃機）事件・最二小判昭 29・5・28 民集 8 巻 5 号 990 頁/判時 29 号 21 頁（【川口『労働法・第 6 版』965 頁注 166】）は、当該事案では①～③があるので④はなくても支配介入が成立すると判示し、結論は支持しうるが、②と③がなくても支配介入は成立すると解すべきであろう。

<設問2>
第1 部分スト不参加労働者（スト実施組合の組合員）の賃金請求権*13

　ＺらはＹ社の休業命令（労務受領拒否）によりその労務が履行不能となったので、当該休業命令が「Ｙ社（債権者）の責めに帰すべき事由」（民法536条2項前段）に該当するときはＺらの賃金請求権は同項に基づき肯定されるところ、ストライキは労働者の争議権の行使で使用者が制御できず、また、どの程度譲歩するかは使用者の自由で団体交渉の決裂の結果ストライキが行われても使用者に帰責されるべきものではないから、①企業ないし事業場の労働者の一部のストが原因で、スト不参加労働者の労働が「社会観念上不能又は無価値」となったときは、②使用者が不当労働行為の意思その他不当な目的をもってことさらストライキを行わしめたなどの「特別の事情がある場合」を除き、使用者の責めに帰すべき履行不能に該当せず、スト不参加労働者は、スト実施組合の組合員か否かを問わず、賃金請求権を有しないと解すべきである*14。

　本件では、Ｘ組合が「運転職」の組合員にのみ平成28年3月8日*15及び同15日に終日ストライキを行わせたことに対し、Ｙ社が、8日のストライキの際に非組合員により運行できなかったバス車両の所属する営業所の「整備職」の従業員Ｚらに対し15日の終日ストライキの間休業を命じたものであるところ、①について、Ｚらは通常の整備職の業務に従事できなくなったものであるから、別の業務に従事させることができない場合は、Ｚらの労働は「社会観念上不能又は無価値」となったと言えよう。しかし、15日のストは、8日のスト後もＹ社が「本件基本給引き下げ」を交渉事項とする団体交渉を拒否したために行われたものであるところ、当該Ｙ社の団体交渉拒否は不当労働行為（労組法7条2号）に該当し（→設問1の第2の1）、Ｙ社の不当労働行為がなければ当該ストは行われなかったのであるから、②について、「特別の事情がある場合」に該当し、Ｚらは賃金請求権を有すると解すべきではなかろうか。

第2 部分スト不参加労働者（スト実施組合の組合員）の休業手当請求権*16

　仮に、Ｚらの労働が「社会観念上不能又は無価値」となり、「特別の事情がある場合」にも該当せず、Ｚらが賃金請求権を有しない場合は、Ｙ社の命じた

---

*13　争議行為不参加労働者の賃金請求権→【川口『労働法・第6版』851-853頁】。
*14　ノースウエスト航空(労働者上告)事件・最二小判昭62・7・17民集41巻5号1350頁/労判499号6頁②事件（【川口『労働法・第6版』852頁注189・190】）。
*15　本設問では触れる必要はないが、3月8日のストライキは労働委員会及び厚生労働大臣又は都道府県知事への10日前の予告（労調法37条1項）（【川口『労働法・第6版』796頁】参照）がなく、その正当性も論点となる（【川口『労働法・第6版』809頁】）。
*16　争議行為不参加労働者の休業手当請求権→【川口『労働法・第6版』853頁】。

休業が「Y 社（使用者）の責に帰すべき事由」による休業（労基法 26 条）であり Z らが労基法 26 条に基づき休業手当請求権を有するかどうかが問題となるところ、「使用者の責に帰すべき事由」（労基法 26 条）は、労働者の生活保障のために使用者に平均賃金の 6 割の負担を要求するのが社会的に正当かという観点から、民法 536 条 2 項の「債権者の責めに帰すべき事由」よりも広く使用者側に起因する経営・管理上の障害[*17]を含むと解されるが、スト不参加労働者がスト実施組合の組合員である場合、当該労働者の所属する労働組合が自らの主体的な判断と責任に基づいて行ったストは、当該労働者から見て会社側に起因する事象ではなく、スト不参加労働者は休業手当請求権を有しない[*18]。

　本件では、Z らはスト実施組合の組合員であるので、休業手当請求権を有しないことになろう。

第 23 回　会社分割と労働契約承継／
　　　　就業規則による不利益変更への同意

（2017〈平成 29〉年第 1 問）

Ⅰ　設問

　次の設問について、現時点での法令、判例、学説等に基づき解答して下さい。

（35 字× 23 行× 4 頁＝ 3220 字くらいまで）

［2017 年司法試験労働法第 1 問（配点：50）］
次の事例を読んで、後記の設問に答えなさい。
【事　例】
　Y 社は、A 県において、乗合バス（路線バス、高速バス等）事業及び貸切バス事業を営む株式会社であるが、地域住民の路線バスの利用者数が漸減し、路線バス事業の営業収支が悪化の一途をたどっていた。そこで、Y 社は、隣県の B 県で同じく路線バス事業を営む株式会社である Z 社と経営統合の可能性について協議を重ね、Z 社が Y 社の路線バス事業部門を引き継ぐことで合意に至ったので、Y 社の路線バス事業を吸収分割により Z 社に承継させること（以下「本件分割」という。）とした。Y 社には従業員 200 名のうち 150 名の従業員で組織される C 労働組合（以下「C 組合」という。）が存在しているが、Z 社（従業員 120 名）には、労働組合は存在しない。また、Y 社と Z 社では定年年齢 60 歳の

[*17]　この中に前記第 1 で記述した Y 社の団体交渉拒否を含めることもできよう。

[*18]　ノースウエスト航空（会社上告）事件・最二小判昭 62・7・17 民集 41 巻 5 号 1283 頁/労判 499 号 6 頁①事件（【川口『労働法・第 6 版』853 頁注 193・194・195】）。

定年制が採用されている。分割対象である路線バス事業に従事していたバス運転手は、X1
～X30の30名（以下「X1ら」という。）であり、X1ら全員が承継対象とされた。

　Y社は、本件分割に際して、商法等改正法附則第5条（注）に定める手続として、X1ら
全員を対象とした説明会を実施し、Z社の概要、X1らが承継対象であること、承継後も
現在と同様の路線バスの運転業務に従事してもらうが、A県だけでなくB県の路線バス
を担当してもらうこともあり得ること、給与、勤務時間などの労働条件は、当面、現在
と同様で、変更はないことなどを説明した。この説明会では、X1らから、Z社の今後の
経営見通しに不安はないのか、B県の路線バスを担当することになると、従業員によっ
ては通勤時間等の面で不利益な面が出てくるのではないか、転居が必要になる場合には、
どのように対処するのかなどの質問が出されたが、Y社は、他社であるZ社の経営状況
は説明すべきことではない、個々の従業員について具体的に問題が生じるのであれば、
個別事情に応じて各個人に説明し、理解、協力を得ることにしたいなどと答えた。

　なお、C組合から、本件説明会の前に、本件分割の背景や理由などの関連事情につい
て説明を行い、協議する機会を設けるよう申入れがあったが、Y社は承継対象であるX1ら
に対して説明会を開催する予定であると回答して、この協議申入れに応じなかった。

　以上の経緯で、本件分割が実行され、X1らの労働契約はZ社に承継された。しかし、
本件分割による労働契約承継後のX1らの労働条件とZ社の従業員の労働条件には相違
があった。具体的には、両社とも職能資格制度に基づく給与制度を採用しており、諸手
当の支給対象、手当額にはさほどの違いはなかったが、職能資格に対応する給与（基本
給）の額が異なっていた。両社で同一の勤続年数を有する従業員を比較すれば、Y社の
基本給はZ社のそれの1割程度低く、Z社の水準が近隣県の同業他社の平均的な水準で
あった。他方、退職金については、両社とも、「在職月数×一定の係数×退職時の基本
給」により算定されていたが、Y社の計算係数はZ社のそれより高く、在職20年以上の
場合にはY社の退職金額はZ社のそれを大きく上回るものであった。

　本件分割から半年後、Z社は、社内体制整備の一環として、X1らの賃金、退職金をZ社
の水準に合わせ、諸手当については、より簡明なY社の制度に合わせるため、給与規程、
退職金規程の改訂を行うこととした。そこで、Z社は、全従業員を対象に、給与規程、
退職金規程の改訂について、説明会を2回開催することにした。第1回目の説明会にお
いて、Z社は、従前からのZ社従業員とX1らとの労働条件が異なるのは賃金管理上支障
があるので、給与、諸手当、退職金に係る賃金制度を改訂して統一を図る必要があるこ
と、改訂の内容は、従前からのZ社従業員については、諸手当の制度を簡明にするだけ
なので大きな変更はないが、X1らについては、基本給を引上げ、退職金の計算係数を引
き下げることになること、X1らについては、改訂後5年程度で基本給の増加分が退職金
の減少分に見合う見通しであることなどを説明した。これに対して、X1らからは、Y社
における給与水準は維持されるはずではなかったのか、定年ないし退職の時期によって
は退職金の減少分が基本給の増加分で補えないのではないかとの疑問が出されたが、Z社
は、希望があれば各人の今後の給与額の見込みと定年時の退職金額の見込みを個別に示
すことにするので、まずは、この改訂を了解していただきたいと訴えた。Z社は、この
説明会終了時に、給与規程、退職金規程の改訂に納得してもらえる人は、次回の説明会
でこの改訂に同意する旨のZ社が用意する書面（以下「本件同意書」という。）に署名、
押印し、提出してもらいたいと伝えた。

　そして、1週間後の第2回目の説明会において、140名の従業員が本件同意書に署名、
押印し、Z社に提出したが、X1らのうち、勤続が20年を超えていた12名中10名は、
退職金が大幅に減額になる退職金規程の改訂には同意できないとして、本件同意書を提
出しなかった。Z社は、この2回の説明会終了後、労働基準法の定めに従い、従業員の

過半数代表者を選出して、給与規程と退職金規程の改訂について意見聴取を行い、この改訂に賛成する旨の意見書を添付して、所轄労働基準監督署に就業規則の変更を届け出た。併せて、改訂就業規則を各課室に備え置いた。

〔設　問〕

1．X1 は、本件分割についての Y 社の説明会での対応に納得できず、不満があったので、Y 社から Z 社への労働契約承継の効力を争いたいと考えている。検討すべき法律上の論点を挙げて、あなたの意見を述べなさい。ただし、会社分割に係る会社法上の論点には触れなくてよい。

2．X2 は、本件同意書を提出した後、要介護状態にある母親の容態が悪化して退職することにしたが、支給される退職金額は Y 社に在籍していれば支給されたはずの退職金額を大きく下回るので、支給金額との差額を請求したいと考えている。検討すべき法律上の論点を挙げて、あなたの意見を述べなさい。

（注）商法等の一部を改正する法律（平成 12 年法律第 90 号）（抄）

　　　　附則

（労働契約の取扱いに関する措置）

第 5 条　会社法（平成 17 年法律第 86 号）の規程に基づく会社分割に伴う労働契約の承継等に関しては、会社分割をする会社は、会社分割に伴う労働契約の承継等に関する法律（平成 12 年法律第 103 号）第 2 条第 1 項の規定による通知をすべき日までに、労働者と協議をするものとする。

　　2　（略）

Ⅱ　事案の概要

【吸収分割前】

(1) C 組合から Y 社に説明・協議申入　　Y 社拒否

(2) Y 社が X1 ～ X30 に本件分割に関する説明会（商法等改正法附則 5 条所定の手続）

　　　　Y 社の説明　／労働条件は、当面、現在と同様で変更はない

　　　　X1 らの質問／

　　　　　　　　①Z 社の経営見通し

　　　　　　　　②通勤時間の不利益性、転居を要する場合の対応

　　　　Y 社の回答　／

　　　　　　　　①回答すべきでない　　②個別に説明・協議

【吸収分割の実行】　　路線バス事業・X1 らとの労働契約　Y 社→Z 社

【吸収分割後に判明した労働条件の相違点】

　　　諸手当の支給対象・手当額　　　　　さほど相違なし

　　　職能資格に対応する給与(基本給)　Y 社：Z 社＝ 9：10

　　　退職金係数　　　　　　　　　　　Y 社＞Z 社

【半年後にZ社が全従業員を対象に開催した給与規程・退職金規程改訂の説明会】
　(1) 第1回でのY社の説明
　　　　従前からのZ社従業員／諸手当の簡明化　大きな変更なし
　　　　X1ら／基本給引上げ　退職金係数引下げ
　　　　　　　　（改訂後5年程度で　基本給増加分≒退職金減少分）
　(2) 第2回(1週間後)
　　　　X2を含む140名　同意書に署名・押印してZ社に提出
　　　　X1らのうち10名は、同意書を提出せず
【説明会後】
　　　　労基法所定の手続に従い、給与規程と退職金規程を改訂

Ⅲ　論点

［基本的論点］

＜設問1＞
　会社分割における労働契約承継の効力

＜設問2＞
　就業規則による不利益変更への同意の効力

［具体的論点、及び、配点案］（配点50）

＜設問1＞（小計20）
　Y社からZ社へのX1の労働契約承継の効力

　（X1がY社に対し労働契約上の権利を有する地位にあることの肯否）

第1　検討すべき法律上の論点〈5〉

第2　5条協議・7条措置の意義と本件事案の評価

　1　5条協議の意義〈6〉

　2　7条措置の意義〈5〉

　3　本件事案の評価〈4〉

＜設問2＞（小計30）
　X2の退職金の差額請求権の有無

第1　検討すべき法律上の論点〈5〉

第2　「合意」による労働契約内容変更の効力

　1　判断枠組み〈4〉

　2　就業規則の「変更」の肯否〈5〉

　3　「合意」の効力〈10〉

第3　就業規則による労働契約内容変更の効力〈6〉

Ⅳ　解答例　(35字×23行×4頁＝35字×92行〈3220字〉)

＜設問1＞
第1　検討すべき法律上の論点

　X1 は Z 社に承継される路線バス事業に主として従事する労働者（会社分割に伴う労働契約の承継等に関する法律＜以下「承継法」という。＞2 条 1 項 1 号・承継則 2 条）であるので、Y 社と Z 社の吸収分割契約で分割対象として記載された場合[*1]は、その労働契約は Z 社に承継され（承継法 3 条）[*2]、異議申立権はない。しかし、会社分割に際し分割会社が履践すべき手続として、①承継事業に従事している労働者との協議（商法等の一部を改正する法律附則 5 条 1 項、以下、「5 条協議」という。）、②過半数代表との協議（承継法 7 条、以下「7 条措置」という。）があり、同手続と労働契約承継の効力が論点となる[*3]。

第2　5条協議・7条措置の意義と本件事案の評価
1　5条協議の意義

　5 条協議として、分割会社は、承継法 2 条 1・3 項所定の日[*4]までに、承継事業に従事している労働者に対し、当該労働者が勤務する会社の概要、「承継事業に主として従事する労働者」か否か等を十分に説明し、本人の希望を聴取した上で、承継会社等への労働契約の承継の有無、承継する場合又はしない場合に当該労働者が従事する予定の業務、就業場所等につき協議しなければならない（商法等の一部を改正する法律附則 5 条 1 項、承継法 2 条 1 項、承継指針第 2 の 4 の(1)）。分割会社に承継事業に従事する労働者の希望等も踏まえつつ承継の判断をさせることにより労働者を保護するもので、承継法 3 条所定の場合は労働者は異議を申し出ることができないが、承継法 3 条は適正な 5 条協議がなされることを当然の前提としている。したがって、5 条協議が全く行われなかったとき、又は分割会社の説明や協議内容が著しく不十分であるときは、当該労働者は承継法条所定の労働契約承継の効力を争うことができる[*5]。

---

*1　問題文で「X1 ら全員が承継対象とされた」と記載されているのでそうであろう。
*2　会社分割と分割会社の労働者の労働契約承継→【川口『労働法・第 6 版』633-635 頁】。
*3　この他、承継法 3 条による労働契約承継の効果が生じていなくても、会社分割後いずれかの段階で X1 は Z 社への労働契約承継に同意しており、Z 社との労働契約が成立しているのではないかとの論点もあるが、本設問はそこまで問う趣旨ではないと思われるので、同論点は割愛する。
*4　分割を承認する株主総会の 2 週間前の日の前日、又は株主総会決議の承認を要しないとき若しくは合同会社が会社分割をする場合は分割契約書等が締結又は作成された日から起算して 2 週間経過する日である。
*5　日本 IBM 事件・最二小判平 22・7・12 民集 64 巻 5 号 1333 頁/労判 1010 号 5 頁、【川口『労働法・第 6 版』637-638 頁】。

2 7条措置の意義

7条措置として、分割会社は、全ての事業場で過半数代表との協議等により、会社分割の背景・理由、分割会社・承継会社の債務の履行、承継事業に主として従事する労働者の判断基準、労働協約の承継、問題解決手続等につき、労働者の理解と協力を得るよう努めなければならない（承継7条、承継則4条、承継指針第2の4の(2)）。これは努力義務で労働契約承継の効力を左右しないが、7条措置で十分な情報提供等がなく5条協議が実質を欠くことになった等特段の事情がある場合は、5条協議義務違反の判断の一事情としてその内容が問題となる[*6]。

3 本件事案の評価

C組合が各事業場の過半数組合であれば[*7]、7条措置は全くなされていない。また、承継事業に従事している労働者に対する説明会は開催されているが、Y社は、Z社の今後の経営見通し、通勤時間、転居の際の対処等、7条措置又は5条協議で説明すべき事項について回答せず、説明・協議の内容が著しく不十分であるから、X1の労働契約承継の効力は否定されると解すべきであろう。

＜設問2＞

第1 検討すべき法律上の論点

会社分割では権利義務関係は部分的に包括承継されるので、承継されたX2の労働契約の内容は分割そのものによる変更はなく、分割前後で同一である[*8]。

しかし、X2はZ社の退職金・給与規程（就業規則）の改訂につき「本件同意書」を提出し、その後改訂されているので、①X2とZ社の合意、又は、②当該就業規則改訂による、労働契約内容（退職金額）変更の肯否が論点となる。

第2 「合意」による労働契約内容変更の効力[*9]

1 判断枠組み

X2が、労働契約の内容を改訂後の就業規則の定めと同じ内容に変更することにZ社と合意しその効力が肯定されれば、合意により、当該労働契約の内容が変更される（労契法8条）[*10]（→後記3）。

---

*6 日本IBM事件・最二小判平22・7・12民集64巻5号1333頁/労判1010号5頁、【川口『労働法・第6版』638頁】）。

*7 問題文では「Y社の従業員200名のうち150名の従業員で組織されるC労働組合」とあり、各事業場の過半数組合かどうかは明らかではない。

*8 承継法指針第2の2(4)参照（【川口『労働法・第6版』634頁】）。なお、問題文では明記されていないが、Z社はX1らがY社在籍時に適用されていたY社の就業規則もそのまま引き継いだという前提であると思われる。

*9 改訂後の就業規則の定めと同じ内容に変更することについての労働者と使用者の「合意」による、労働契約内容変更の効力→【川口『労働法・第6版』465-468頁】。

*10 【川口『労働法・第6版』466頁】。

187

ただし、合意による変更の前提として、労働条件の不利益変更の場合、就業規則の変更自体が有効に行われその定める最低基準が変更されていなければならない。元の就業規則が残っていればその最低基準効が働くので、より不利な労働条件に関する合意は無効となるからである（労契法 12 条）[*11][*12]（→後記 2）。

2　就業規則の「変更」の肯否

　就業規則の変更の要件は、1）労働者に有利な変更の場合は、実質的周知又は行政官庁への届出で足りるが、2）労働者に不利益をもたらしうる変更の場合は、①労基法 90 条・89 条・106 条 1 項所定の手続の履践、及び、②労契法 10 条所定の判断要素を参考にして判断される一定の合理性（合意がない場合の不利益変更効の要件としての合理性よりは緩やかに解する）が必要である。けだし、就業規則の定める最低基準が下がるので、合意により労働条件を不利益に変更することが可能となり、それだけで労働者にとって不利益となるからである[*13]。

　本件の場合、X2 に不利益をもたらしうる変更であるところ、①労基法所定の手続は履践されており、②同じ路線バス事業に従事する労働者の賃金制度を統一する必要性、改訂後 5 年経過すれば退職金減額分が補填されること、説明会の開催等に照らせば、一定の合理性は肯定されるように思われる。

3　「合意」の効力

　使用者が提示した賃金や退職金に関する変更については、当該変更を受け入れる旨の労働者の行為があっても、労働者が使用者の指揮命令に服すべき立場にあり意思決定の基礎となる情報収集能力に限界があることに照らせば、①当該変更が労働者にもたらす不利益の内容及び程度、②労働者が当該行為をなした経緯及びその態様、③当該行為に先立つ労働者への情報提供又は説明の内容等に照らし、当該行為が労働者の自由な意思に基づいてされたと認めるに足りる合理的な理由が客観的に存在する場合に、合意の効力を肯定すべきである[*14]。

[*11]　【川口『労働法・第 6 版』469 頁】。

[*12]　山梨県民信用組合事件・最二小判平 28・2・19 民集 70 巻 2 号 123 頁/労判 1136 号 6 頁も、「労働契約の内容である労働条件は、労働者と使用者の個別の合意によって変更することができるものであり、このことは、就業規則に定められている労働条件を労働者の不利益に変更する場合であっても、その合意に際して就業規則の変更が必要とされることを除き、異なるものではない（労働契約法 8 条、9 条本文参照）。」と述べて、「合意」による労働契約内容変更の効力を肯定し（【川口『労働法・第 6 版』465 頁注 13】）、また、「合意に際して就業規則の変更が必要とされる」と判示し、前提として就業規則の変更の必要性を確認している（【川口『労働法・第 6 版』468 頁注 19】）。

[*13]　【川口『労働法・第 6 版』468・1012 頁】。

[*14]　山梨県民信用組合事件・最二小判平 28・2・19 民集 70 巻 2 号 123 頁/労判 1136 号 6 頁、【川口『労働法・第 6 版』465-468 頁】。

本件では、X2 は本件同意書に署名・押印して Z 社に提出しており、退職金及び基本給変更の承諾の意思表示が成立していると言えようが、①定年又は退職が改訂後 5 年経過前であれば退職金減額分が補填されないこと、②賃金制度を統一したいとの理由で Z 社が申し出た変更であり、第 1 回説明会から 1 週間後の第 2 回説明会で従来からの Z 社の従業員と共に署名・押印し提出したこと、③個別具体的な給与額、定年ないし退職時の退職金額の見込みは示されなかったことに照らすと、将来生じうる具体的不利益について具体的かつ十分に情報提供・説明を受けたとは言えず、X2 の意思表示の効力は否定されよう。

第3　就業規則による労働契約内容変更の効力[*15]

本件就業規則の変更は、定年又は退職の時期によっては退職金の減額分が補填されず、X2 の同意がない場合は不利益な変更であるから、1) 労契法 10 条所定の要件と、2) 労基法所定の手続要件を充足しなければ、労働契約内容変更の効力は生じない。2) は充足しているが、1) は特に 10 条所定の判断要素に照らした変更の合理性が問題となるところ、従来から Z 社の従業員であった者との賃金制度統一の必要性は肯定されようが、定年又は退職が改訂後 5 年経過前であれば退職金減額分が補填されないという不利益があり、不利益を生じうる X2 らに個別具体的な給与額・定年ないし退職時の退職金額の見込みが示されず十分な説明協議手続がなされたとは言えないから、変更の合理性は否定されよう。

第 24 回　ユニオン・ショップ協定に基づく解雇／不当労働行為（団交拒否）

（2017〈平成 29〉年第 2 問）

I　設問

次の設問について、現時点での法令、判例、学説等に基づき解答して下さい。

（35 字× 23 行× 4 頁＝ 3220 字くらいまで）

[2017 年司法試験労働法第 2 問（配点：50）]
次の事例を読んで、後記の設問に答えなさい。

---

*15　就業規則の不利益変更効→【川口『労働法・第 6 版』110-115・469-472・1012-1013 頁】。

【事　例】

1．Y 社は約 200 名の従業員を擁する会社であり、その従業員によって構成される A 労働組合（以下「A 組合」という。）との間で締結した労働協約（以下「本件協約」という。）において、従業員は A 組合の組合員でなければならないこと、A 組合に加入しない者、A 組合から脱退した者又は除名された者は解雇すること、A 組合を唯一の交渉団体とすること等の定めを置いており、実際にも組合員となる資格を有する Y 社の従業員全員が A 組合に所属していた。

　　Y 社の従業員である X1 は、Y 社に対して協調的姿勢に終始し、労働条件の改善に向けた積極的姿勢が見えない A 組合の執行部にかねてより強い不満を抱いており、平成 28 年の冬季賞与の支給額について A 組合が前年度より低い水準で Y 社と合意したことをきっかけとして、同じような不満を抱いていた同僚約 20 名を誘い A 組合を脱退することを決意し、同年 12 月 15 日に A 組合に脱退届を提出した。X1 は、同日の脱退届提出後、同年中には新組合を結成することを予定していた。しかし、「A 組合を脱退した場合には解雇が避けられない」などと警告する A 組合の委員長名の文書が社内の A 組合の掲示板に掲示されたことにより、脱退を予定していた同僚の間で動揺が広がった。その結果、最終的に A 組合に脱退届を提出したのは X1 のほかには X2 〜 X15 の 14 名にとどまり、14 名が脱退届を提出した時期も平成 29 年 1 月 15 日にずれ込んだ。同月 30 日には新組合である B 労働組合（以下「B 組合」という。）の結成総会が開催されて、X1 が委員長に選任されたが、A 組合に脱退届を提出した計 15 名のうち、B 組合に参加したのは X1 のほか X2 〜 X10 の 9 名であり、X11 〜 X15 の 5 名は B 組合に参加しなかった。

　　この間、A 組合は、Y 社に対して、脱退届が提出される都度、脱退者名を通知した上、本件協約に基づき解雇するよう求めた。これを受け、Y 社は、X1 に対しては、平成 29 年 1 月 5 日に解雇の通知を行い、同年 1 月 15 日に脱退届を提出した者のうち、早くから新組合への参加を表明していた X2、X11 に対しても、A 組合からの集団脱退を扇動した立場にあるとして同年 2 月 5 日に解雇の通知を行ったが、それ以外の者は解雇しなかった。

2．B 組合は、結成総会の開催後直ちに、Y 社に対して、組合脱退を理由とする解雇は許されないとして X1 の解雇の撤回を要求し、2 月 5 日に解雇通知を受けた X2 についても、同様に解雇の撤回を要求し、これらにつき団体交渉を求めた。また、B 組合は、Y 社施設内において、A 組合と同様の組合事務所及び掲示板のためのスペースの供与、具体的には、机や椅子等の備品を収納するために使用していた部屋を組合事務所として、従業員食堂出入り口に設置してある会社広報掲示板の一部を B 組合の掲示板として、それぞれ利用することについても団体交渉を要求した。

　　これに対して Y 社は、B 組合に対し、(1)本件協約において A 組合を唯一の交渉団体とする旨の条項を置いているので、B 組合との団体交渉には応じられない、(2)X1、X2 の解雇は本件協約に基づくもので適法であり、その効力を争うのであれば、団体交渉ではなく、訴訟によるべきである、(3)そもそも現状では、B 組合に対する事務所、掲示板スペースを確保することは困難であるので団体交渉を行っても意味はない旨、文書で回答した。

〔設　問〕

1．X1、X2、X11 が、Y 社に対し、解雇の無効を主張して労働契約上の地位の確認を求める場合に、検討すべき法律上の論点を挙げて、あなたの意見を述べなさい。

2．B 組合の Y 社に対する要求とこれに対する Y 社の対応について、検討すべき法律上の論点を挙げて、あなたの意見を述べなさい。

Ⅱ 事案の概要

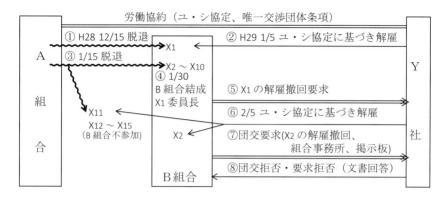

労働協約（ユ・シ協定、唯一交渉団体条項）

A 組合

① H28 12/15 脱退
③ 1/15 脱退

X1

X2 〜 X10
④ 1/30
B組合結成
X1委員長

X11
X12 〜 X15
（B組合不参加）

X2

B組合

② H29 1/5 ユ・シ協定に基づき解雇
⑤ X1の解雇撤回要求
⑥ 2/5 ユ・シ協定に基づき解雇
⑦団交要求(X2の解雇撤回、組合事務所、掲示板)
⑧団交拒否・要求拒否（文書回答）

Y 社

Ⅲ 論点

［基本的論点］

<設問1>

　ユニオン・ショップ協定に基づく解雇の効力

<設問2>

　団交拒否の不当労働行為・不法行為該当性、地位確認の可否

［具体的論点、及び、配点案］（配点 50）

<設問1>（小計 26）

　X1、X2、X11 に対する解雇の効力

第1　検討すべき法律上の論点〈6〉

第2　ユニオン・ショップ協定を締結しうる労働組合〈2〉

第3　ユニオン・ショップ協定の効力〈6〉

第4　ユニオン・ショップ協定に基づく解雇の効力

　1　X11 に対する解雇の効力〈4〉

　2　X2 に対する解雇の効力〈2〉

　3　X1 に対する解雇の効力〈6〉

<設問2>（小計 24）

　Y社の B 組合に対する団体交渉拒否の不当労働行為該当性等

第1　検討すべき法律上の論点〈4〉

第2　労組法 7 条 2 号の使用者〈4〉

第3　文書回答と団体交渉の拒否〈4〉

第4　義務的団交事項と団体交渉拒否の正当な理由の有無

Ⅳ　解答例　(35字×23行×4頁＝35字×92行〈3220字〉)

＜設問1＞

第1　検討すべき法律上の論点

　X1、X2、X11 は、Y 社と A 組合のユニオン・ショップ協定[*1]（以下「ユ・シ協定」という。）に基づき解雇されているので、ユ・シ協定に基づくそれぞれの解雇の効力が論点となるが（→第4）、その前提として、ユ・シ協定を締結しうる労働組合（→第2）、ユ・シ協定の効力（→第3）が論点となる。

第2　ユ・シ協定を締結しうる労働組合[*2]

　ユ・シ協定を適法に締結しうる労働組合は、「特定の工場事業場に雇用される労働者の過半数を代表している労働組合」であるところ（労組法7条1号但書参照）、問題文では、A 組合の「組合員資格を有する従業員全員が組合員」との記載で、本件協約締結時及び X1、X2、X11 解雇時にこれを充足するかは不明であるが、以下これを充足することを前提として解答する。

第3　ユニオン・ショップ協定の効力[*3]

　労働者は自らの団結権行使のため労働組合を選択する自由を有し、また、ユ・シ協定締結組合の団結権と同様、他の労働組合の団結権も尊重されるべきであるから、ユ・シ協定により、労働者に対し、解雇の威嚇の下に特定の労働組合への加入を強制することは、それが労働者の組合選択の自由及び他の労働組合の団結権を侵害する場合には許されない。したがって、ユ・シ協定のうち、ユ・シ協定締結組合以外の労働組合に加入している者及び締結組合から脱退し又は除名されたが別組合に加入し又は新たな労働組合を結成した者について使用者の解雇義務を定める部分は、憲法28条、民法90条により、無効である[*4]。

第4　ユニオン・ショップ協定に基づく解雇の効力[*5]

1　X11 に対する解雇の効力

[*1]　ユニオン・ショップ協定をめぐる論点→【川口『労働法・第6版』738-746頁】。

[*2]　ユニオン・ショップ協定を締結しうる労働組合→【川口『労働法・第6版』739頁】。

[*3]　ユニオン・ショップ協定の効力→【川口『労働法・第6版』739-742頁】。

[*4]　三井倉庫港運事件・最一小判平元・12・14民集43巻12号2051頁/労判552号6頁、日本鋼管鶴見製作所事件・最一小判平元・12・21集民158号659頁/労判553号6頁。

[*5]　ユニオン・ショップ協定に基づく解雇の効力→【川口『労働法・第6版』742-743頁】。

X11 は、A 組合脱退後どの労働組合にも加入していないところ、ユ・シ協定の中の未組織労働者を解雇対象者とする部分は有効であるから、Y 社にはユ・シ協定に基づく X11 の解雇義務が発生している。

　しかし、他の未組織労働者 X12 ～ X15 は解雇されなかったのに、X11 は A 組合からの脱退を扇動した立場にあるとして解雇されているから、当該解雇は労組法 7 条 1 号の不利益取扱い（労働組合を結成しようとしたことを理由とする不利益取扱い）に該当すると解され、強行法規である同条違反で無効である[*6]。

2　X2 に対する解雇の効力

　X2 は、A 組合を脱退し B 組合に加入した後に解雇されたが、ユ・シ協定の中の別組合員を解雇対象者とする部分は無効であるので、ユ・シ協定に基づく解雇義務は発生していない。したがって、少なくとも、期間の定めのない労働契約であれば信義則（労契法 3 条 4 項）違反、解雇権濫用であり（同法 16 条）、期間の定めのある労働契約であれば「やむを得ない事由」（同法 17 条 1 項）がなく信義則違反、解雇権濫用であり、当該解雇は無効である。

　また、X11 と同様、A 組合からの脱退を扇動した立場にあるとして解雇されているから、当該解雇は労組法 7 条 1 号違反で無効である。

3　X1 に対する解雇の効力

　X1 は A 組合を脱退し B 組合を結成・加入するまで（約 1 か月半）の間に解雇されているところ、ユ・シ協定に基づく解雇義務はユ・シ協定締結組合から脱退又は除名された者が社会通念上相当な期間内に別組合を結成・加入しないことを停止条件として発生すると解され[*7]、A 組合委員長の文書掲示等の事情に鑑みれば当該 1 か月半は社会通念上相当な範囲内であるから、X1 を解雇する義務は発生していない。したがって、他に解雇の客観的に合理的な理由と社会通念上の相当性がない限り、少なくとも、期間の定めのない労働契約であれば信義則（労契法 3 条 4 項）違反、解雇権濫用（同法 16 条）、期間の定めのある労働契約であれば「やむを得ない事由」（同法 17 条 1 項)がなく信義則違反、解雇権濫用であり、当該解雇は無効である。

---

*6　解雇が有効となる要件→【川口『労働法・第 6 版』552-577・577-583・1002-1003 頁】。①就業規則作成義務のある事業場においては、ユ・シ協定締結組合の組合員でなく、かつ、別組合員でもないことが解雇事由として記載され、当該就業規則につき労基法所定の意見聴取・届出・周知を履践していること、②信義則上の義務の履行（当該労働者に解雇の理由を十分に説明・協議し、別組合への加入等に必要な期間を猶予したこと等）、③解雇権濫用でないこと（労契法 16 条）、④その他強行法規違反でないことである（【川口『労働法・第 6 版』743 頁】。

*7　【川口『労働法・第 6 版』743 頁】参照。

＜設問２＞
第１　検討すべき法律上の論点

　Y 社が B 組合による「X1・X2 の解雇撤回と組合事務所・掲示板貸与を交渉事項とする団体交渉」の要求に対し、事例の２の(1)〜(3)記載の理由により応じず文書で回答したことが、団体交渉拒否の不当労働行為（労組法 7 条 2 号）[*8]に該当するかどうかが論点となる。不当労働行為に該当すれば、労働委員会で救済を求めることができ、また、当該行為は不法行為（民法 709 条）にも該当し、B 組合は要求した交渉事項につき団体交渉を求めうる地位にあるから、裁判所で損害賠償と地位確認を請求することができる[*9]。

第２　労組法 7 条 2 号の使用者[*10]

　Y 社は、B 組合（労働者の代表者）の組合員の現在の労働契約上の使用者であり、当該組合員に関し、労働関係法規上の義務を負い、労働関係上の権利義務関係を有し、その雇用・労働条件の維持改善等を支配・決定しうる地位にあるから、当該決定又は対応しうる（すべき）事項については、B 組合に対し正当な理由のない団体交渉拒否を禁止される、労組法 7 条 2 号の使用者である。

第３　文書回答と団体交渉の拒否

　労組法 7 条 2 号所定の「団体交渉」は、団体交渉の制度趣旨に照らし、特段の事情がない限り労使が直接話し合うことをその内容とする[*11]から、文書による回答は団体交渉ではなく、Y 社は団体交渉を拒否したと評価される。

第４　義務的団交事項と団体交渉拒否の正当な理由の有無

1　A 組合との唯一交渉団体条項の存在

　企業内に団体交渉の当事者となりうる労働組合が複数存在する場合、それぞれの労働組合が平等に団体交渉権を有し、使用者はそれぞれの労働組合と団体交渉する義務を負う。したがって、唯一交渉団体条項は他の労働組合の団体交渉権を侵害するもので公序（民法 90 条）違反で無効であり、A 組合との唯一交渉団体条項の存在は、B 組合との団体交渉拒否の正当な理由とはならない[*12]。

2　解雇の撤回と義務的団交事項

　労組法 7 条 2 号の使用者の義務的団交事項[*13]は、「団体交渉を申し入れた団

[*8]　団体交渉拒否（労組法 7 条 2 号）の成立要件→【川口『労働法・第 6 版』960-962 頁】。
[*9]　団体交渉拒否（労組法 7 条 2 号）と法的救済→【川口『労働法・第 6 版』791-793 頁】。
[*10]　労組法 7 条 2 号の使用者→【川口『労働法・第 6 版』924-943 頁】。
[*11]　中労委（浦和電器産業）事件・東京地判平 2・4・11 労判 562 号 83 頁/判時 1352 号 151 頁（【川口『労働法・第 6 版』787 注 71】）。
[*12]　【川口『労働法・第 6 版』775 頁】。
[*13]　義務的団交事項→【川口『労働法・第 6 版』781-785 頁】。

結体の構成員である労働者の雇用・労働条件その他の待遇、又は、当該団結体と使用者との間の集団的労使関係の運営に関する事項で、かつ、当該使用者が決定又は対応しうるもの」であり、団体交渉が、①労働者の雇用・労働条件の維持向上のみならず、②労働関係法規と労働者の権利の実効性確保という意義も有し、利益紛争のみならず、権利紛争を迅速かつ労働者が特別な費用を負担することなく解決することもその目的とすることに鑑みれば、訴訟によっても解決しうる権利紛争も義務的団交事項に含まれるから[*14]、X1・X2 の解雇撤回はY 社の義務的団交事項に該当し、Y 社は団体交渉を拒否することはできない。

3 組合事務所・掲示板貸与と義務的団交事項

前記２で述べた義務的団交事項に該当する事項については、仮に実現が難しいと使用者が判断する要求であったとしても、団体交渉に応じてその理由等を誠実に説明する義務を負うところ[*15]、B 組合の要求する組合事務所・掲示板貸与は Y 社の義務的団交事項に該当するから、Y 社はその要求を拒否することはできるが当該事項について団体交渉を拒否することはできない。

第 25 回 労働時間概念と賃金請求権／懲戒処分

（2018〈平成 30〉年第 1 問）

I 設問

次の設問について、現時点での法令、判例、学説等に基づき解答して下さい。

（35 字× 23 行× 4 頁＝ 3220 字くらいまで）

［2018 年司法試験労働法第 1 問（配点：50）］
次の事例を読んで、後記の設問に答えなさい。
【事 例】
　Y 社は、建物の管理及び警備の請負等を目的とする株式会社であり、A 病院から保安及び管理業務を請け負っている。X は、Y 社の従業員であり、平成 27 年 4 月以降、A 病院に警備員として配置され、病棟等の複数の医療関連施設内外のモニター監視、病院施設全体の巡回監視並びに病院施設の空調設備及び医療関連設備の点検及び管理のほか、

---

*14 　【川口『労働法・第 6 版』783 頁】。
*15 　【川口『労働法・第 6 版』786-787 頁】。山形県労委(山形大学)事件・最二小判令 4・3・18 労判 1264 号 20 頁も使用者は必要に応じてその主張の論拠を説明しその裏付けとなる資料を提示するだとして誠実に団体交渉に応ずべき義務を負うと述べる。

災害や事故等の突発的事態への緊急対応業務に従事している。

　Y 社の就業規則が定める変形労働時間制による勤務シフトにより、X は、二人一組の体制で、午前 9 時から翌朝の午前 9 時までの 24 時間勤務に就いていた（以下このような勤務体制を「二人勤務体制」という。）。二人勤務体制については、24 時間勤務に対して、1 時間の休憩時間のほかに 7 時間の仮眠時間が与えられるところ、二人が交代で仮眠時間を取ることとし、一人が仮眠時間を取っているときは、原則として、もう一人が守衛室でモニター監視を行うとともに、適宜病院施設の巡回及び点検を行うこととするが、緊急対応の必要がある突発的事態が生じた場合には、仮眠時間中の者も随時その対応に当たることとされていた。守衛室には、監視用モニター機器、病院施設内の設備管理関係機器のほか、給湯設備があり、守衛室に隣接した小部屋に仮眠用ベッド等が備えられ、この小部屋が休憩・仮眠室とされており、守衛室と休憩・仮眠室のいずれも、飲酒及び喫煙は禁止されていた。警備員は、24 時間勤務に従事している間は、病院施設からの外出は禁止されており、休憩又は仮眠時間中は、通常、守衛室か休憩・仮眠室で過ごし、食事も休憩又は仮眠時間中に守衛室か休憩・仮眠室で取っていた。なお、Y 社は、仮眠時間を就業規則所定の労働時間に算入していなかったが、これに対応するものとして、「泊まり勤務手当」（1 勤務につき 3000 円）を支給していた。ただし、仮眠時間中に突発的業務に対応した場合は、従業員が申告をすれば、その実作業時間に対して時間外勤務手当を支給する取扱いにしていた。

　平成 29 年 5 月 10 日午前 2 時頃、X の仮眠時間中に、突然、病院の全施設が停電となった。X の相方勤務者である B は、直ちに非常用電源への切替え、停止した監視用モニター機器の復旧、病院内各室の電気系統機器の作動確認等の種々の緊急措置を講じるとともに、仮眠中の X を起こし、守衛室で待機して関係部署との連絡調整に当たることを指示した上、守衛室から出て、病院内にいる看護師及び技師と協力しながら複数の病棟内の入院患者の安全確認や各施設設備の点検作業を行った。そして、ほぼ平常の状態に復した約 30 分後、B が守衛室に戻ったところ、X は待機しておらず、休憩・仮眠室の仮眠用ベッドで眠っていた。B は、緊急事態は解消されたので、X に声を掛けることなく、再び通常の監視業務に就いた。しかし、夜が明けてから、A 病院に、複数の入院患者らから、未明の停電中、守衛室に問い合わせをしても誰も応対してくれなかった、守衛室には缶ビールの空き缶があった等の苦情が寄せられた。そこで、A 病院は、Y 社にこの苦情を伝え、厳正な対処を求めた。

　ところで、Y 社では、同年 4 月末に、C 労働基準監督署（以下「C 労基署」という。）から警備員の仮眠時間の取扱いについて同年 5 月中旬に調査に入る旨の連絡を受け、人事課長 D がその対応に当たっていたが、D 課長は、この対応の準備の過程で、X が匿名の電子メールで Y 社の警備員の仮眠時間の取扱いには問題があるのではないかと C 労基署に相談していたことを把握していた。そこで、D 課長は、X 及び B の両人と個別に面談をして、A 病院における同月 10 日の停電対応について事情を聴取した。この事情聴取において、X は、これまで仮眠時間中に緊急事態が発生して仮眠を中断したことはほとんどなかったので油断して缶ビールを飲んで寝入ってしまい、停電時に守衛室で待機していなかった旨述べた上で、反省の態度を示した。しかし、X の普段の勤務状況を聞かれた B の応答から、X が過去にも複数回にわたり休憩・仮眠室で缶ビールを飲んでいたことが明らかとなった。

　この事情聴取の後、D 課長は、今回の A 病院の停電時における X の行動は重大な失態であり、C 労基署への匿名相談を含めて X の勤務態度には問題があるので懲戒処分が必要である旨、人事部長 E に報告した。これを受けて、Y 社は、同年 7 月 1 日付けで、Y 社の就業規則第 60 条第 3 号及び第 65 条第 5 号に基づき、X を 14 日間の出勤停止処分に付した。

【Y社就業規則（抜粋）】

第60条　懲戒は、次の5種類とする。

    1　けん責　　始末書を取り、将来を戒める。

    2　減給　　　始末書を取り、1回につき平均給与1日分の2分の1以内を減額する。ただし、処分が2回以上にわたる場合においても、減額の総額が1給与支払期における給与総額の10分の1以内とする。

    3　出勤停止　始末書を取り、14日以内を限度として出勤を停止し、その期間の給与を支払わない。

    4　諭旨退職　退職届を提出するよう勧告する。退職届を提出しない場合は、次号の懲戒解雇とする。

    5　懲戒解雇　所轄労働基準監督署長の認定を受け、予告期間を設けないで即時解雇し、原則として退職金は支給しない。

第65条　社員が次の各号のいずれかに該当するときは、減給又は出勤停止に処する。ただし、情状によりけん責にとどめることがある。

    1〜4　（略）

    5　自己の職責を怠り、誠実に勤務しない等の不適切な行為があったとき。

    6〜8　（略）

〔設　問〕

1.　Xは、仮眠時間は労働時間に当たるので、突発的業務の有無にかかわらず賃金を請求できると考えている。このXの見解の当否について、検討すべき法律上の論点を挙げて、あなたの意見を述べなさい。

2.　Xは、出勤停止処分は不当であり、無効であるとして提訴した。この出勤停止処分の有効性について、検討すべき法律上の論点を挙げて、あなたの意見を述べなさい。ただし、公益通報者保護法について触れる必要はない。

II　事案の概要

時期不詳	Xが匿名の電子メールでC労基署に仮眠時間の取扱いにつき相談。
	C労基署がY社に調査に入る旨の連絡。
4月末	→ Y社D課長　XのC労基署への相談を把握。
5月10日	Xの仮眠時間中　A病院の全施設が停電。
	相方勤務者BはXを起こし、守衛室待機・連絡調整を指示
	Xは、緊急事態が解消されるまでの30分、守衛室で待機せず、休憩・仮眠室の仮眠用ベッドで寝ていた。
	複数の入院患者から停電中の守衛室不在に関する苦情。
	A病院からY社に厳正な処分の求め。
時期不詳	Y社D課長個別面談
	X供述：停電当日缶ビールを飲み寝入った（反省の態度）。
	B供述：Xは過去複数回休憩・仮眠室で缶ビールを飲んでい
7月1日	Y社、Xを14日間の出勤停止処分。

III　論点

IV　解答例　　(35字×23行×4頁＝35字×92行〈3220字〉)

＜設問 1 ＞
第 1　法律上の論点

　法律上の論点は、①Xの仮眠時間の中で具体的な業務を行わなかった時間（以下、「不活動仮眠時間」という。）の「労基法上の労働時間」（労基法 32 条）[1]該当性、②当該時間についての賃金請求権の有無である。

---

[1]　「労基法上の労働時間」（労基法 32 条）→【川口『労働法・第 6 版』287-292 頁】。

第2 「不活動仮眠時間」の「労基法上の労働時間」*2（労基法 32 条）該当性

1 判断基準

不活動仮眠時間であっても、当該時間に労働契約上の役務の提供が義務付けられている場合は、労働からの解放が保障されているとは言えないので、実質的に労務の提供が義務付けられていないと認めることができる特段の事情がある場合を除き、当該時間は労基法上の労働時間（労基法 32 条）である*3。

2 本件事案の判断

本件 X の不活動仮眠時間については、緊急対応の必要がある突発的事態が生じた場合は随時対応に当たることとされ、病院施設からの外出は禁じられ、休憩・仮眠室は飲酒及び喫煙が禁止されていたことから、労務の提供が義務付けられている時間と評価することができ、停電等はしばしば起こりうるもので特段の事情は認められないので、労基法上の労働時間である。

第3 賃金請求権*4の有無

1 判断基準

X の不活動仮眠時間が労基法上の労働時間であるとしても、当然に賃金請求権が発生するものではなく、賃金請求権の有無は労働契約により定まる。ただし、労基法上の労働時間は、特約がある場合を除き、賃金請求権があると解することが労働契約の合理的解釈である場合が多いであろう*5。

また、労基法上の労働時間については、①最賃法が適用されるので、労働時間 1 時間当たりの賃金が最賃法所定の最低賃金*6を下回ることはできず（最賃法 4 条）、②法定時間外労働、法定休日労働、深夜労働には所定の割増賃金の支払が必要である（労基法 37 条）。

2 本件事案の判断

本件では、不活動仮眠時間については泊まり勤務手当（1 勤務につき 3000 円）のみの支給であるが、前記第 2 で検討したように、X の不活動仮眠時間は労基法上の労働時間であるから、①不活動仮眠時間を含めた労働時間 1 時間当たりの賃金が最賃法所定の最低賃金を下回ることはできず（最賃法 4 条）、また、②法定時間外労働、法定休日労働、深夜労働に該当する時間は所定の割増賃金

---

*2 「不活動仮眠時間」の「労基法上の労働時間」（労基法 32 条）該当性→【川口『労働法・第 6 版』291-292 頁】。

*3 大星ビル管理事件・最一小判平 14・2・28 民集 56 巻 2 号 361 頁/労判 822 号 5 頁。

*4 「労基法上の労働時間」の賃金請求権の有無→【川口『労働法・第 6 版』294 頁】。

*5 大星ビル管理事件・最一小判平 14・2・28 民集 56 巻 2 号 361 頁/労判 822 号 5 頁。

*6 最低賃金法と最低賃金→【川口『労働法・第 6 版』252-254 頁】

の支払が必要である（労基法 37 条）。したがって、X は、①と②により支払われるべき賃金と実際に支払われた賃金との差額の賃金請求権を有する。

<設問2>

第1　法律上の論点

　法律上の論点は、Y 社の X に対する、①懲戒権の法的根拠、②懲戒権の行使（出勤停止処分）の適法性である[*7]。なお、X の所属する事業場は就業規則作成義務があり（労基法 89 条）、本件就業規則の定めは X と Y 社の労働契約締結時から存在することを前提として解答する。

第2　懲戒権の法的根拠

1　判断基準

　懲戒権については、「労働契約の性質・内容上、使用者は企業秩序定立・維持権を有し労働者は企業秩序遵守義務を負い、使用者は企業秩序違反の労働者に懲戒処分をなしうるが、懲戒処分は特別の制裁罰なので、懲戒権は、就業規則に懲戒事由と懲戒処分の種類・程度を明定し少なくとも実質的に周知してこれを労働契約の内容とすることにより具体的に行使しうる」との見解[*8]もある。

　しかし、懲戒権の法的根拠を定める憲法・法令上の規定はないこと、労働者の企業秩序遵守義務からその違反に対する制裁権（懲戒権）が当然に生じるわけではないこと、使用者と労働者の法的関係は労働契約締結により成立し使用者の権限は労働契約上の根拠を要することから、懲戒権は労働契約上の法的根拠（労働者と使用者の合意、労働契約の内容となる就業規則の定め、又は、労働契約を規律する労働協約の定め）により発生すると端的に解すべきである[*9]。

2　本件事案の判断

　本件では、懲戒権に関する合意や労働協約の定めは特にないようであるが、Y 社の就業規則には懲戒事由と懲戒処分の種類・程度の定めがあり（65 条・60 条）、その内容も強行法規に反せず（労基法 92 条 1 項）、合理性（労契法 7 条）があるので、労契法所定の周知（7 条）と、労基法所定の就業規則作成手続（90 条・89 条、106 条 1 項）がなされていれば、Y 社と X の労働契約の内容となり、Y 社は X に対し就業規則所定の範囲内で懲戒権を有する[*10]。

[*7]　懲戒権の法的根拠と行使の適法性→【川口『労働法・第 6 版』523-548・1014 頁】。
[*8]　判例を整理した見解である（【川口『労働法・第 6 版』524 頁】）。判例法理を基礎とした懲戒処分が有効となる要件→【川口『労働法・第 6 版』525-528 頁】
[*9]　【川口『労働法・第 6 版』524-525 頁】。
[*10]　懲戒権の法的根拠として前記 1 の後半の見解（契約説）を採った場合の判断（あてはめ）である（【川口『労働法・第 6 版』528 頁】参照）。

第3　懲戒権の行使の適法性

1　適法性要件

Y 社の X に対する懲戒権の行使（懲戒処分）が適法であるためには、①就業規則の懲戒事由と懲戒処分の種類・程度の定め、その内容の適法性・合理性（労基法 89 条 9 号、労契法 92 条 1 項、同法 3 条 4 項）、労基法所定の手続（90 条、89 条、106 条 1 項）の履践、②懲戒事由に該当する事実の存在、③労働協約・就業規則・労働契約の定めの充足、④信義則上の義務の履行（労契法 3 条 4 項）、⑤権利濫用（労契法 15 条）でないこと、⑥強行法規違反でないことが必要である[*11]。

2　本件事案の判断

前記 1 で述べた要件に照らして検討すると、⑥については、Y 社は、X の、(ア)A 病院の停電時における行動、及び、(イ)C 労基署への匿名相談を理由として本件出勤停止処分（懲戒処分）を行っていると思われるところ、(イ)は労働者の申告権の行使（労基法 104 条 1 項）なので、(イ)がなければ処分はなされなかったと評価されれば、本件処分は労働者の申告を理由とする不利益な取扱い（懲戒処分を含む）を禁止する労基法 104 条 2 項に違反し無効である[*12]。

これに対し、(イ)がなくても本件処分が行われたと評価される場合は、労基法104 条 2 項違反ではないが、さらに①〜⑤が問題となるところ、①は、前記第 2 で検討した要件に照らし Y 社が X に対し就業規則に基づき懲戒権を有する場合は充足することになる。②は、前記(ア)は就業規則第 65 条第 5 号所定の懲戒事由に形式的に該当するのみならず、現実の支障の発生（入院患者からの問い合わせに対応せず苦情が出たこと）にも鑑みると実質的にも該当し、充足している。また、当該 14 日間の出勤停止処分は、就業規則第 60 条 3 号の定める範囲内であるから、③は充足しているが（労働協約や労働契約の定めはないと思われる）、④と⑤については、特に相当性と適正手続の履践が問題となるところ、相当性については、今回の X の行動（仮眠時間時に飲酒し停電時に守衛室で待機せず寝ていて入院患者からの問い合わせに対応しなかったこと）に加えて、休憩・仮眠室での飲酒が過去にも複数回あったこと、しかし、対応しなかった時間は 30 分であり、不活動仮眠時間につき賃金不払があったこと（前記設問 1 参照）等を考慮して判断され、手続については X と B への事情聴取が回数・時間・内容等十分であったかどうかを考慮して判断されることになろう。

[*11]　懲戒権の法的根拠として前記第 2 の 1 の後半の見解（契約説）を採った場合の判断基準である（【川口『労働法・第 6 版』528-530 頁】参照）。

[*12]　労基法 104 条 1 項の定める労働者の申告権と同条 2 項の定める不利益取扱いの禁止→【川口『労働法・第 6 版』153-154 頁】。

第 26 回　不当労働行為／統制処分／労働協約による労働契約内容の変更

（2018〈平成 30〉年第 2 問）

I　設問

　次の設問について、現時点での法令、判例、学説等に基づき解答して下さい。

（35 字× 23 行× 4 頁＝ 3220 字くらいまで）

［2018 年司法試験労働法第 2 問（配点：50）］
　次の事例を読んで、後記の設問に答えなさい。

【事　例】

　医療機器の製造及び販売等を行う Y 社には、従業員で組織する Z 労働組合（以下「Z 組合」という。）が存在し、かつては管理職を除く全従業員が加入していたが、近年は加入率が低下して 60 パーセント前後となっている。Y 社と Z 組合との間には、労使関係に関する基本協定が期間の定めのない形で締結され、同協定において、組合事務所及び掲示板の貸与並びに組合費のチェックオフ等が定められている。また、Y 社と Z 組合は、毎年 1 月から 3 月にかけて、賃金及び一時金等に関する団体交渉を行っており、例年、遅くとも 3 月中旬までに交渉が妥結して労働協約が締結され、Y 社は同月内に、その内容を反映した就業規則の改訂を行ってきた。

　Y 社の業績は、ここ数年、辛うじて赤字は免れているものの、低迷が続いており、平成 29 年秋、投資ファンドを運営する P 社が Y 社の株式の過半数を取得すると、経営陣を大幅に入れ替え、他の業界からスカウトしてきた A を社長に就任させた。A は、着任時の従業員へのメッセージの中で、① Y 社の近年の業績不振の原因は、厳しさを増す経営環境に対して労使とも危機意識を持たないまま、ぬるま湯的な経営を行ってきたことにある、②これを抜本的に改めるため、来年度から 2 年間、全従業員の基本給を 10 パーセント削減する、③ただし、経営改革による生産性向上によって業績が好転した場合には、2 年目以降、個々の労働者の成果に応じる形で夏季・年末一時金の中に反映させていく、という方針を打ち出した。

　これを受けて、平成 30 年 1 月に始まった第 1 回目の団体交渉の冒頭、人事部長 B を従えて自ら出席した A は、Z 組合が提出した 3 パーセントの賃上げ要求は認識が甘すぎると批判し、同年 4 月から 2 年間、基本給を 10 パーセント引き下げる旨の労働協約案を提示して、直ちに受諾するよう求めた。Z 組合側は反発し、副委員長 C が、これまで賃金引下げは行われたことはなく、今それが必要であることの説明も全く不十分だと指摘し、強い言葉で協約案の撤回を求めたが、A は、経営再建のために不可欠な措置であると反論し、そのまま物別れに終わった。次の第 2 回目の団体交渉でも同様のやり取りが行われ、苛立った C が、Y 社や A を激しく非難する発言をすると、A は、「Z 組合がそのような態度を取り続けるならば、基本協定の解消を含む労使関係そのもののリセットを考えざるを得ない。」と述べた。

　その後、Z 組合は執行委員会を開催し、今後の団体交渉の進め方について協議した。

Ｃは、争議行為も辞さない覚悟で強く闘うべきだと主張したが、委員長Ｄが、「組合員の多くもＹ社の方針はやむを得ないと考えているようであり、このまま強硬な態度を取れば脱退者が続出しかねない。今は我慢の時ではないか。」と述べて、２年間に限定した基本給の10パーセント削減に応じる態度を示した。Ｃは驚き反対したが、他の出席者からは、Ｄの考えを支持する発言が相次ぎ、今後、見返りとして他の条件の改善を求めることが可能かどうか、交渉の中で探っていくこととなった。

　しかし、Ｃはこれに納得できず、親しい友人であるＺ組合の組合員Ｅ及びＦと共に、Ｙ社を批判するビラを作成した。Ｃ、Ｅ及びＦの３名（以下「Ｃら」という。）は、翌朝、勤務時間の開始前に、オフィス街にあるＹ社の本社社屋の前で、Ｚ組合の組合旗とのぼりを立て、拡声器を使って演説を行いながら、１時間にわたり、このビラを通行人に配布した。ビラには、「Ｙ社の驚くべき賃下げ提案を糾弾する！」というタイトルの下に、「Ａ社長の独断専行」、「経営の責任を転嫁」、「あれが誠実団交か？」、「企業再生の美名と内実」などの見出しが並び、Ｙ社とＡのほか、Ｐ社及びその代表を務めるＱに対する批判も書かれており、末尾に「Ｚ組合有志」と記載されていた。また、Ｃ個人の管理するウェブサイトに、ビラの全文や抗議活動の写真を、誰でも見ることができる形で掲載した。

　Ｙ社は、Ｚ組合に対し、Ａ名義の文書で、①Ｃらの行動は就業規則の懲戒事由（会社の名誉・信用を失墜させる行為）に該当するので、戒告の懲戒処分に付する予定であるが、Ｙ社とＺ組合の信頼関係も大きく損なわれてしまった、②この信頼関係を回復させるためには、Ｃらについて、Ｚ組合自身が一定の処分を行うなど、毅然とした対応を示すことが必要である、と通告した。

　これを受けたＤは、現在の状況を考えると、Ｃらに対し、Ｚ組合としても何らかの処分を行う必要があると考えている。また、Ｃを団体交渉の担当から外すとともに、これ以上交渉が長引くと更に組合内部で分断が拡大しかねないので、平成30年３月中旬に予定されている次回の団体交渉の席で、Ｙ社の提示した労働協約案を受け入れて調印することを決意した。

　なお、Ｚ組合の組合規約には、次のような規定がある。
第３条　委員長は組合を代表してその業務を統括する。
第10条　組合員が次の各号のいずれかに該当したときは統制処分の対象とする。
　　　　１　組合規約又は機関の決定に違反したとき。
　　　　２　組合の統制秩序を乱したとき。
　　　　３　組合の運営、事業の発展を阻害する行為のあったとき。
第11条　統制処分は戒告、権利の一時停止、解任、除名の４種とする。
第12条　統制処分は組合大会の決議により行う。ただし、事態急迫の場合には執行委員会の決議により行うこともできる。この場合には、次の組合大会で報告して承認を得るものとする。

〔設　問〕
1.　Ｃらは、Ｙ社が自分たちに懲戒処分を行うことは不当労働行為に当たると主張している。これに関して検討すべき法律上の論点を挙げて、あなたの意見を述べなさい。
2.　Ｄは、Ｙ社との関係を修復するために、Ｃらに権利の一時停止の統制処分を行おうと考えている。その場合に検討すべき法律上の論点を挙げて、あなたの意見を述べなさい。
3.　Ｄが次回の交渉の席でＹ社の労働協約案に調印した場合、Ｚ組合の組合員に対していかなる効力が生じるかについて、検討すべき法律上の論点を挙げて、あなたの意見を述べなさい。なお、調印後に予想されるＹ社の就業規則の変更について論じる必要はない。

II　事案の概要

(1) Y 社と Z 組合の団体交渉
　　第 1 回目　Y 社、基本給を 2 年間 10%削減する労働協約案提示。物別れ。
　　第 2 回目　第 1 回目と同様のやりとり。副委員長 C が Y 社らを激しく非難。Y 社代表 A
　　　　　　　が基本協定解消を含む労使関係リセットを示唆。
(2) Z 組合執行委員会
　　Y 社の労働協約案に応じる方向。見返りを模索する方向。
(3) C らの情宣活動
　　勤務時間前に Y 社の本社社屋前で演説・ビラ配布。
　　C 個人のウェブサイトにビラ全文と抗議活動の写真を掲載。
(4) Y 社が、A 名義で、Z 組合に対し、通告
　　C らに対する懲戒処分(戒告)予定の告知、Z 組合による C への対応を要求。
(5) Z 組合委員長 D
　　C らの統制処分を検討。次回団体交渉で労働協約案の受諾と調印を決意。

III　論点

［基本的論点］
＜設問 1 ＞
　　懲戒処分の不当労働行為該当性
＜設問 2 ＞
　　統制処分の効力と適法性
＜設問 3 ＞
　　労働協約の成立と組合員の労働契約に対する法的効力
［具体的論点、及び、配点案］（配点 50）
＜設問 1 ＞（小計 16）
　　Y 社の C らに対する懲戒処分の不当労働行為該当性
第 1　法律上の論点（小計 6）
第 2　C らの活動の団結活動としての正当性（小計 9）
　　1　判断基準〈3〉
　　2　本件事案の判断〈6〉
第 3　労働組合の一部のグループに属していることが理由か（小計 1）
＜設問 2 ＞（小計 16）
第 1　法律上の論点（小計 4）
第 2　統制権の法的根拠（小計 4）
第 3　統制権の行使の適法性（小計 8）
　　1　適法性要件〈4〉

Ⅳ　解答例　（35字×23行×4頁＝35字×92行〈3220字〉）

＜設問1＞
第1　法律上の論点
　Y社はCらの行動が懲戒事由に該当するとして戒告の懲戒処分を検討しているが、①Cらの行動が正当な団結活動であれば、「労働組合の正当な行為」を理由とする不利益取扱いとして、②Cらが「Z組合有志」であることを理由とするものであれば、「労働組合の組合員であること」を理由とする不利益取扱いとして、労組法7条1号の不当労働行為に該当し[*1]、さらに同条3号の支配介入の不当労働行為にも該当する[*2]ので、以下、①又は②に該当するかを検討する。

第2　Cらの活動の団結活動としての正当性
　団結活動の正当性[*3]は、①主体（未組織労働者又は憲法28条を享受する団結体）、②目的（雇用・労働条件の維持改善その他経済的地位の向上）、③手段・態様等から判断されるところ、Cらの活動は、②目的は基本給の削減反対であるから正当であり、③手段・態様は、就業時間外かつ事業場外の情宣活動[*4]なので、(ア)要求し働きかけをなしうる相手方、(イ)場所、(ウ)表現・内容、(エ)方法等が問題となるところ、(ア)は労働契約上の使用者であるY社とその社長A及びY社の株式の過半数を所有する親会社P社とその代表者Qであるから相当であり、(イ)も本社社屋前及びC個人のウェブサイトでの掲載で問題はなく、(ウ)も

---

*1　労組法7条1号の「不利益取扱い」の成立要件→【川口『労働法・第6版』948-958頁】。
*2　【川口『労働法・第6版』972頁】。
*3　団結活動の正当性→【川口『労働法・第6版』824-838・1016-1017頁】。
*4　情宣活動の正当性→【川口『労働法・第6版』834-838頁】。

タイトルがやや過激だが虚偽の事実で正当性を欠くとは言えず、(エ)は組合旗とのぼりを立て拡声器を使っての 1 時間の演説とビラ配布、及び、ビラ全文と抗議活動の写真の掲載で社会通念上相当な範囲内といえる。しかし、①主体について、Z 組合員の一部の自発的行為で、かつ、執行委員会の方針と異なる対外的活動なので[*5]、まだ組合全体の方針が正式に決定されていなくても、Z 組合の行為とは言えず正当ではないので、正当な団結活動ではないのではなかろうか。

第3　労働組合の一部のグループに属していることを理由とする懲戒処分か

当該懲戒処分の理由が C らが一部のグループ（Z 組合有志）に属していること（そうでなければ懲戒処分は行われなかった）と判断されれば、労組法 7 条 1 号所定の「労働組合の組合員であること」には「労働組合の一部のグループに属していること」も含まれる[*6]から、労組法 7 条 1 号に該当し 3 号にも該当する不当労働行為である。

＜設問 2 ＞

第1　法律上の論点

C らに対する権利の一時停止の統制処分[*7]については、その効力・適法性が問題となり、具体的には、統制権の法的根拠と行使の適法性が論点となる。

第2　統制権の法的根拠[*8]

統制権の法的根拠を労働組合と組合員の合意に求める見解もあるが、労働組合の団結活動・争議行為と統制処分は不可分であり、憲法 28 条の団結権は統制権も保障していると解すべきである。したがって、憲法 28 条を享受する労働組合は、憲法 28 条の団結権に基づき、労働者の雇用・労働条件の維持改善その他経済的地位の向上という労働組合の目的達成の為に必要かつ合理的な範囲内において組合員に対する統制権を有し、その内容の一つとして統制違反者に対する制裁（統制処分）をなしうる[*9]。したがって、Z 組合が少なくとも労組法 2 条本文を充足する憲法上の労働組合[*10]であれば、統制権を有する。

---

*5　組合全体の方針が正式に決定される前の対内的な言論活動であれば、労働組合の民主的運営の保障という観点から、当該労働組合の行為と解しても良いであろう。

*6　東京労委（北辰電機製作所）事件・東京地判昭 56・10・22 労民 32 巻 5 号 312 頁/労判 374 号 55 頁、【川口『労働法・第 6 版』949 頁】。

*7　統制処分の定義と法的論点→【川口『労働法・第 6 版』751-757・1017 頁】。

*8　統制権の法的根拠→【川口『労働法・第 6 版』751-752・1017 頁】。

*9　三井美唄労組事件・最大判昭 43・12・4 刑集 22 巻 13 号 1425 号/労判 74 号 8 頁。

*10　憲法上の労働組合→【川口『労働法・第 6 版』713 頁】。憲法上の労働組合は、労組法上の労働組合（労組法 2 条）（【川口『労働法・第 6 版』714-719 頁】）と憲法組合（自主性不備組合）（【川口『労働法・第 6 版』714 頁】）に分類される。

第3 統制権の行使の適法性*11

統制権の行使（統制処分）が適法であるためには、①予め組合規約*12に統制事由と統制処分の内容を定めて組合員に周知すること、②労働組合の目的に照らしての統制事由の必要性と合理性、③統制事由に該当する事実の存在、④統制処分の組合規約適合性と相当性、⑤適正手続の履践が必要であり、これらを充足しない場合は、信義則（民法 1 条 2 項）違反、権利濫用（民法 1 条 3 項）で無効であり、不法行為ともなりうる。

本件では、組合規約に統制事由と統制処分の内容が定められているから、事前に組合員に周知されていれば①は充足し、組合規約 10 条の定める統制事由の必要性と合理性は肯定されるから②は充足し、C らの行動は執行委員会の方針に反して対外的な活動を行うものであり組合規約 10 条 1 ～ 3 号のいずれにも形式的・実質的に該当する。④については、権利の一時停止は組合規約 11 条の定める統制処分内の一つではあるが相当かどうか検討される必要があろう。また、⑤につき組合規約 12 条所定の手続が必要であるが、これに加えて信義則上の義務として C らに対する意見聴取・弁明の機会付与等が要求されよう。

＜設問3＞

第1 法律上の論点

D による労働協約案受諾と調印の Z 組合員に対する法的効力については、①Z 組合と Y 社との労働協約としての成立の肯否、②労働協約として成立した場合の Z 組合員の労働契約に対する法的効力が主な論点となる。

第2 労働協約としての成立の肯否

労働協約としての成立要件*13は、①当事者（労働組合と使用者又はその団体）、②内容（労働条件その他）、③要式（書面作成と署名又は記名押印）であり（労組法 14 条参照）、①当事者については、協約締結権限*14を有する者による締結が必要である。

本件事案については、②については基本給の減額であり、労働条件の不利益変更も協約自治の範囲内であるからこれを充足し、③については労組法 14 条所定の要式を充足すればよい。しかし、①につき、Z 組合が労組法上の労働組合（2 条）であることに加え、組合委員長 D が組合規約又は総会の決議に基づき協約締結権限を付与されていることを要するところ、従来賃金の引き下げは

---

*11　統制権の行使の適法性→【川口『労働法・第 6 版』752-757・1017 頁】。
*12　組合規約→【川口『労働法・第 6 版』120-122 頁】。
*13　労働協約の成立要件→【川口『労働法・第 6 版』861-872 頁】。
*14　労働協約の締結権限→【川口『労働法・第 6 版』863-864 頁】。

行われたことがないことにも照らせば、組合規約 3 条所定の「業務」に賃金の引き下げを含む労働協約締結権限が含まれるとは直ちに解することができず、従来の慣行や組合規約の他の条文等に照らし協約締結権限がない場合は、Z 組合と Y 社との労働協約としては成立しない[*15]。

第3　労働協約の協約締結組合員の労働契約に対する法的効力[*16]

　仮に、D の調印により Z 組合と Y 社の間で労働協約が成立したと判断される場合、当該労働協約の定める労働条件（基本給の 10 ％削減）は規範的部分[*17]で規範的効力[*18]（労組法 16 条）を協約適用対象たる Z 組合員に対し[*19]有するところ、当該定めは労働者にとって有利な労働契約も許容しない統一的基準であると解されるので、その規範的効力は両面的規範的効力であり、当該労働協約が、①協約締結に至る経緯、②使用者の経営状態、③協約に定められた基準の全体としての合理性に照らし、特定の又は一部の組合員を殊更不利益に取り扱うことを目的として締結されたなど労働組合の目的を逸脱して締結されたものである場合を除き、Z 組合員の労働契約の内容を不利益に変更する[*20]。

　本件労働協約の定めは、①につき、団体交渉の経緯や Y 社の説明、執行委員会での議論状況、②につき、Y 社の業績の低迷と経営陣の交替、③につき、2 年間の基本給 10 ％引き下げに鑑みると、組合内部全体での十分な民主的議論、賃金引き下げの必要性・合理性につき疑問もあるが、2 年目以降業績が好転すれば夏期・年末一時金に反映されるとの方針や全ての組合員が同じ不利益を被ることにも鑑みれば、労働組合の目的を逸脱して締結されたとまでは言えず、労働契約内容の変更を肯定できるように思われる。

[*15]　山梨県民信用組合事件・最二小判平 28・2・19 民集 70 巻 2 号 123 頁/労判 1136 号
　　 6 頁は、組合規約で組合の機関として大会及び執行委員会、役員として執行委員長等
　　 が置かれ、執行委員長は当該組合を代表しその業務を統括するものとして定められ、
　　 執行委員長が労働協約を締結した事案で、当該組合規約が執行委員長に当該労働協約
　　 締結権限を付与するものと解することはできず、大会又は執行委員会による当該権限
　　 の付与が必要と判断した（【川口『労働法・第 6 版』863 頁注 17】）。
[*16]　労働協約の協約締結組合員の労働契約に対する法的効力（労組法 16 条）→【川口『労
　　 働法・第 6 版』908-911・1015 頁】。工場事業場単位の拡張適用（労組法 17 条）による労
　　 働契約内容の変更→【川口『労働法・第 6 版』912-914・1015 頁】、地域的拡張適用（労
　　 組法 18 条）による労働契約内容の変更→【川口『労働法・第 6 版』914-915 頁】。
[*17]　労働協約の規範的部分→【川口『労働法・第 6 版』873-874 頁】。
[*18]　規範的効力の内容→【川口『労働法・第 6 版』875-880 頁】。
[*19]　規範的効力の及ぶ労働契約の範囲→【川口『労働法・第 6 版』881-883 頁】。
[*20]　朝日火災海上保険(石堂)事件・最一小判平 9・3・27 集民 182 号 673 頁/労判 713 号 27 頁。

第 27 回　普通解雇／懲戒解雇／経歴詐称

（2019〈令和元〉年第 1 問）

I　設問

次の設問について、現時点での法令、判例、学説等に基づき解答して下さい。

（35 字×23 行×4 頁＝ 3220 字くらいまで）

[2019 年司法試験労働法第 1 問（配点：50）]
次の事例を読んで、後記の設問に答えなさい。

【事　例】

　X は、数軒の飲食店と娯楽施設を経営する Y 社に中途採用で雇用され、飲食店の 1 つで接客係として勤務していた。当初は 6 か月の期間を定めた契約社員であったが、契約を更新し、採用から 1 年が過ぎたところで期間の定めのない常勤スタッフとなり、頑張れば将来は店長や本部のマネージャーに昇進することも可能と言われていた。ところが、その 1 年後、新たな店長として P が着任すると、なぜか折り合いが悪く、ささいなミスや客からのクレームを理由に、しばしば叱責を受けるようになった。半期ごとの成績評価でも、それまでの「標準、やや良」（B+）から「要改善」（C）へと低下したため、P との面談の際に納得できない旨を伝えたが、「その自覚のなさは絶望的だな。次回、不良（D）がつくと居場所はなくなるぞ。」と言われるだけであった。X としては、他の同僚と同等以上の仕事をしているのに P に狙い撃ちにされているように思われ、ストレスが高まった。

　そのような中で、ある日の始業時のスタッフ・ミーティングの際、全員が集まったところで、P が X を前に呼び出し、前日に生じた客との小さなトラブルを非難して「勤務改善の誓い」と題された 1 枚の文書にサインするよう求めたため、X は「いい加減にしてください。」と大声で叫び、同文書を破り捨てた。すると、P は、そのまま自分の勤務に就こうとした X にオフィスで待機するよう命じ、直ちに本社に連絡をして親戚に当たる社長 Q の了解を得た上で、X に即日解雇を言い渡した。X が、どのような解雇理由なのかと尋ねると、P は、「勤務成績不良と上司への反抗。本来なら懲戒解雇にしてもよいところであるが、温情措置として普通解雇の扱いとしてもらった。後で人事部から連絡があるはずだ。」と言い、ロッカーの私物をまとめてすぐに帰宅するよう命じた。その日の午後、Y 社の人事部から X の携帯電話にメールで、①本日付けで Y 社は X を解雇する、②解雇理由は就業規則第 32 条第 2 号、第 4 号及び第 7 号である、③就業規則第 33 条ただし書に該当するので、同条本文の予告及び予告手当の支払は行わない、④退職手当は後日 X の銀行口座に振り込む、という 4 点が記された文書（解雇通知書）が送られてきた。

　X は翌日、Y 社の人事部に電話をし、一晩考えてみたがやはりひどすぎると解雇の撤回を求めたが、担当者からは、解雇通知書に記した理由による正当な解雇である、それ以上に説明することはない、との回答しか得られなかった。また、X は勤務していた店舗に出向いて P に面談を求めたが、P は不在とのことであった。X はやむなく立ち去ったが、帰り際、副店長の R に「こんな解雇は承服できない。知り合いの弁護士に頼んで裁判を起こしてやる。」と言った。R は後刻、これを P に報告した。

【Y社就業規則（抜粋）】

第20条（退職手当）
　　従業員が死亡又は退職したときには、別に定める規程（略）に従い、退職手当を支払う。

第32条（解雇）
　　従業員が、次の事由の一つに該当するときには、解雇する。
　　　1　（略）
　　　2　能力不足又は勤務成績が不良で改善の見込みがないとき。
　　　3　（略）
　　　4　協調性又は責任感を欠き、従業員として不適格と認められるとき。
　　　5・6　（略）
　　　7　その他前各号に準ずるやむを得ない事由があるとき。

第33条（解雇の予告）
　　前条の解雇に当たっては、少なくとも30日前に予告をするか、予告に代えて平均賃金の30日分以上の解雇予告手当を支払う。但し、本人の責めに帰すべき事由による解雇については、この限りではない。

第40条（懲戒解雇）
　　従業員が、次の事由の一つに該当するときには、懲戒解雇を行う。この場合、第20条に定める退職手当は支給しない。
　　　1　重要な経歴を詐称して、又は不正な方法により、採用されたとき。
　　　2・3　（略）
　　　4　業務命令に従わず、会社の規律又は正常な業務を妨害したとき。
　　　5〜7　（略）

〔設　問〕
1．Xから解雇を争いたいという相談を受けた弁護士は、本件解雇の適法性や効力について、どのように考えるべきか。請求や主張の仕方にも触れながら、あなたの意見を述べなさい。
2．Xが訴訟を起こすかもしれないというPからの連絡に基づき、Y社の人事部が、保存してあったXの採用時の応募書類をチェックしてみると、ホテル専門学校を卒業したとして添付されていた証明書のコピーに不審な点が見つかった。そこで調査を行ったところ、このコピーは偽造であり、Xは当該専門学校に入学したものの、中途で退学していたことが判明した。Xが本件解雇の無効を主張してY社を相手に訴訟を提起した場合、Y社は、この応募書類の問題について、どのような対応を採ることが考えられるか。検討すべき法律上の論点を挙げて、あなたの意見を述べなさい。

Ⅲ　論点

［基本的論点］

＜設問1＞
　　解雇につき求めうる法的救済と解雇の適法性・効力

＜設問2＞
　　地位確認請求訴訟における解雇後に判明した経歴詐称事実の意義

［具体的論点、及び、配点案］（配点50）

＜設問1＞（小計37）

Ⅱ　事案の概要

時期不詳	Xが Y（飲食店と娯楽施設）と契約期間6か月の有期労働契約締結、飲食店の1つで接客係として勤務、契約1回更新。
1年後	X、期間の定めのない労働契約を締結。
2年後	PがXの労働する飲食店の店長になり、Xをしばしば叱責、半期毎の成績評価もB＋からCに低下。 Xがスタッフ・ミーティングでPが求めた「勤務改善の誓い」へのサインを拒否、破り捨てる。 Pが社長のQの了解を得てXを即時解雇。 Yは解雇通知書で解雇理由（就業規則32条2・4・7号）と即時解雇事由（就業規則33条但書）に該当することを通知。

Ⅳ　解答例 （35字×23行×4頁＝35字×92行〈3220字〉）

　Xの勤務する飲食店ないしその所属する事業場は、就業規則作成義務のある事業場であることを前提として解答する*1。

＜設問1＞

第1　求めうる法的救済

　本件解雇について、Xが求めうる法的救済としては、①解雇が無効であることを前提とする、Yに対し労働契約上の権利を有する地位にあることの確認請求と解雇期間中の賃金（及び遅延損害金）支払請求（民法536条2項前段）、②解雇が信義則違反又は不法行為であることを理由とする、Yに対する損害賠償請求、及び、解雇予告手当支払請求であるので、以下、法律上の論点を検討する*2。

第2　Xに対する解雇の効力

1　解雇権の法的根拠*3

　XとYの労働契約は期間の定めのない労働契約で、民法上の雇用契約であるから、Yは契約法の一般原則及び民法627条1項に基づき解雇権を有する。

2　解雇権の行使の適法性*4

（1）適法性要件

　Yの解雇権の行使が適法であるためには、①労基法所定の手続（90条・89条・106条1項）を履践した就業規則に合理的な内容の解雇事由の定めがあり、②解雇事由該当事実が存在し、③労働協約、就業規則、労働契約に解雇に関する定めがあればその充足、④信義則上の義務の履行（労契法3条4項）、⑤解雇権濫用でないこと（労契法16条）、⑥強行法規違反でないことが必要である。

（2）本件事案の判断

　第一に、前記(1)の⑥については、本件解雇は労基法20条所定の解雇予告又は予告手当の支払がなされていないので、労基法20条違反の有無*5が問題となるところ、Xの行為に労基法20条による保護を要しないほどの帰責事由

---

*1　問題文からは明らかではないので、初めにこのように断っておく。
*2　解雇された場合の法的救済→【川口『労働法・第6版』610-617頁】。設問1では、「解雇を争いたい」という相談を受けた弁護士は、本件解雇の「適法性」や「効力」についてどのように考えるべきかと問うているので、本文①で述べた地位確認（解雇の「効力」が問題となる）と、②で述べた損害賠償（解雇の「適法性」が問題となる）の双方の可否についての検討が必要であろう。
*3　期間の定めのない労働契約の解雇権の法的根拠→【川口『労働法・第6版』553頁】。
*4　期間の定めのない労働契約の解雇権の行使の適法性→【川口『労働法・第6版』552-575頁】。
*5　例外的に解雇予告又は解雇予告手当の支払を要しない「即時解雇」の要件→【川口『労働法・第6版』555頁】。

はなく、同条1項但書所定の「労働者の責に帰すべき事由」は存在しないから、本件解雇は労基法 20 条違反であり、X が契約終了を争わない場合を除き無効であろう*6。ただし、労基法 20 条違反の解雇は、他の要件を充足している場合は、使用者が即時解雇に固執しない限り解雇通知後 30 日経過後又は予告手当の支払後解雇の効力が発生すると解すれば*7、他の要件の有無が問題となる。

　第二に、問題文からは不明だが前記(1)の①の充足を前提とすると、前記(1)の②について*8、Y 社就業規則 32 条 2 号、4 号、7 号に該当する事実の存否が問題となるところ、当該解雇事由を解雇回避義務(注意、指導や懲戒処分等他のより不利益の少ない手段による対応)を履行してもなお解雇の必要性が存することと合理的限定的に解するならば、(ⅰ)X が受けた P からの叱責、半年毎の成績評価、面談での指摘や、(ⅱ)X が「いい加減にしてください」と大声で叫び、「勤務改善の誓い」にサインせず破り捨てた事実のみでは該当しない。

　第三に、前記(1)の③について*9、Y 社就業規則 33 条違反の有無と違反の効果も問題となるところ、前記第一で述べた労基法 20 条 1 項違反の有無と違反の効果と同じように解することも可能であろう。

　第四に、前記(1)の④と⑤について*10、本件解雇は X の人的な理由による解雇(普通解雇)*11であるから、1.解雇の客観的に合理的な理由が存在し、解雇回避義務を尽くしたこと(解雇の必要性・相当性)、2.十分な説明・協議と解雇理由の通知(適正手続)が必要と解されるところ、前記 X の行為(ⅰ)(ⅱ)につき解雇の必要性・相当性は肯定されず、適正手続も全くなされていないから、本件解雇は、信義則違反、解雇権濫用でもある。

　以上検討したように、本件解雇は労基法 20 条に違反し、就業規則所定の解雇事由に該当する事実が存在せず、信義則違反、解雇権濫用で無効と解される。

第3　損害賠償請求と解雇予告手当支払請求の可否

　X に対する解雇は、前記第2で述べたように信義則に反し債務不履行(民法 415 条)であり、労務を供給し賃金を受ける権利・利益を侵害する不法行為(民

---

　*6　解雇予告又は解雇予告手当の支払を欠く解雇の効力→【川口『労働法・第 6 版』556-557 頁】。ここでは、労働者選択説に基づき記載している。
　*7　判例の相対的無効説である。詳細は、【川口『労働法・第 6 版』556-557 頁】。
　*8　就業規則所定の解雇事由の意義と解雇事由該当事実の存否の判断→【川口『労働法・第 6 版』560-561 頁】。
　*9　解雇権の行使に関する就業規則の定めの充足→【川口『労働法・第 6 版』561 頁】。
　*10　信義則違反と解雇権濫用→【川口『労働法・第 6 版』558-560 頁】。
　*11　普通解雇についての、就業規則所定の解雇事由該当事実の存在、信義則上の義務の履行、解雇権濫用でないことの具体的判断基準→【川口『労働法・第 6 版』565-568 頁】。

法 709 条)にも該当し、生じた損害につき賠償請求しうると解される[*12]。

　ただし、X が労働契約上の権利を有する地位確認と解雇期間中の賃金支払を請求し認容されたときは、賃金支払により財産的損害は発生しない。

　これに対して、X が労働契約の終了を争わず（地位確認と賃金支払は請求せず）、解雇等がなければ得られたであろう一定期間の賃金相当額を財産的損害として賠償請求しうるかが問題となるところ[*13]、X の就労意思の喪失と労働契約の終了と賃金請求権の喪失は、使用者の解雇等と相当因果関係を有し、一定額は肯定されよう。また、労基法 20 条違反の解雇については、労基法 114 条に基づき解雇予告手当（及び付加金）を請求できると解すべきである[*14]。

　そして、賃金支払又は財産的損害賠償では慰謝されない精神的損害があればその賠償請求も可能である[*15]。

＜設問２＞

第１　法律上の論点

　法律上の論点としては、X の経歴詐称につき、①本件解雇を懲戒解雇であるとして、就業規則所定の懲戒解雇事由該当事実として主張することの可否、②本件解雇につき、就業規則所定の解雇事由該当事実として追加することの可否、③新たに懲戒解雇又は普通解雇の意思表示をなし、懲戒解雇事由又は解雇事由該当事実として主張することの可否がある。

第２　懲戒解雇事由該当事実として主張することの可否

　解雇理由の通知は、解雇が有効となる要件（信義則上の義務の履行、解雇権濫用でないこと）の一つと解される[*16]ところ、Y が X に通知した解雇理由は普通解雇で懲戒解雇ではないので、本件解雇を懲戒解雇と主張することはできない（主張しても当該解雇は有効ではない）と解すべきである。

　また、本件解雇を行った時に Y が認識していなかった X の経歴詐称は当該解雇の理由ではないから、就業規則 40 条 1 号の懲戒解雇事由に該当する事実に含まれず、解雇の効力判断の対象となる事実とならないと解される[*17]。

---

*12　解雇の信義則違反・不法行為該当性→【川口『労働法・第 6 版』614-616 頁】。

*13　労働者が労働契約の終了を争わない場合の財産的損害賠償請求の可否→【川口『労働法・第 6 版』615-616 頁】。

*14　解雇予告手当の支払請求→【川口『労働法・第 6 版』617 頁】。

*15　解雇が信義則違反・不法行為に該当する場合の精神的損害賠償請求→【川口『労働法・第 6 版』614-615 頁】。

*16　【川口『労働法・第 6 版』558-560 頁】。

*17　処分時に認識していなかった非違行為→【川口『労働法・第 6 版』545 頁】。参考判例として、山口観光事件・最一小判平 8・9・26 集民 180 号 473 頁/労判 708 号 31 頁。

第3 就業規則所定の解雇事由に該当する事実として追加することの可否

　本件では解雇理由は通知されているので、通知されている解雇理由（例えば7号）に該当する事実の追加は可能との見解もありうるが、第2で述べたように、本件解雇を行った時にY社が認識していなかったXの経歴詐称は当該解雇の理由とされたものではないから、就業規則所定の解雇事由該当事実に含まれず、解雇の効力判断において対象となる事実とはならないと解すべきである。

第4 新たに懲戒解雇又は普通解雇の意思表示をなし、懲戒解雇事由又は解雇事由該当事実として主張することの可否

　Xの経歴詐称を理由に、新たに(a)懲戒解雇[*18]又は(b)普通解雇の意思表示をなし、労働契約の終了を主張することは可能であるが、少なくとも就業規則所定の懲戒解雇事由（40条1号）又は解雇事由（32条7号）に該当する事実が存在し、信義則違反、懲戒権又は解雇権の濫用に該当しないことを要するところ、飲食店の接客係で既に2年以上Yで勤務しているXについて、ホテル専門学校卒業との経歴詐称は、当該解雇時点で懲戒解雇又は解雇を行う必要性と相当性を肯定しうる事実に該当せず、懲戒解雇に伴う退職金不支給を肯定しうる著しい背信的事由にも該当せず、懲戒解雇及び普通解雇のいずれも無効である。

第28回　不当労働行為（支配介入）／労働協約

（2019〈令和元〉年第 2 問）

I　設問

　次の設問について、現時点での法令、判例、学説等に基づき解答して下さい。

（35 字 × 23 行 × 4 頁＝ 3220 字くらいまで）

[2019 年司法試験労働法第 2 問（配点：50）]
　次の事例を読んで、後記の設問に答えなさい。
【事　例】
　加工食品の製造販売を行う Y 社には、正社員で組織する X 労働組合（以下「X 組合」という。）が存在し、組合員資格のない管理職等を除けば、正社員のほぼ全員がこれに加入していた。
　Y 社と X 組合は毎年、春闘の団体交渉により、賃金改定や夏冬の賞与などの労働条件

---

*18　期間の定めのない労働契約の懲戒解雇が有効となる要件→【川口『労働法・第6版』575-577頁】。

を合意し、4月1日付けで期間1年の労働協約を締結してきた。また、上記労働協約とは別に、組合費のチェックオフ、掲示板の貸与及び苦情処理委員会等、労使間のルールに関する期間の定めのない労働協約（以下「本件労働協約」という。）があった。本件労働協約には、第27条から第29条までに掲示板の貸与についての規定が置かれていたほか、労使各3名の委員で構成される苦情処理委員会に関する規定が置かれており、人事評価、昇給・降給、賞与査定等について、同委員会で組合員からの苦情を受け付けて、労使の委員で協議するものとされていた。また、第51条に苦情処理委員会の運営に関する定めがあった。

　ところで、Y社の賞与には、固定部分と変動部分があり、固定部分について労使交渉で基準支給率を定めた上で、変動部分については、固定部分の額の20％を上限として、上司による賞与査定に応じて加算される仕組みとなっていた。

　X組合の組合員である女性社員Aは、平成30年冬期賞与支給に際して、変動部分における加算をゼロとされたため、以前に上司からの飲食の誘いを何度か断ったことが原因ではないかとして、X組合に相談の上、平成31年2月、苦情処理委員会に申立をした。

　苦情処理委員会で、会社側委員は、上司からの事前のヒアリングを基に、Aの賞与査定が低い理由は、Aが電車が遅れたと言っては度々5分ないし10分の遅刻をしたこと、業務上のミスが多かったことであると説明した。これに対し、X組合側委員は、遅刻やミスの事実はあるがいずれも加算ゼロとするほどの問題ではない、Aが上司の誘いを断ったことが真の原因ではないか、そうだとすると低査定は対価型セクシュアルハラスメントに該当すると主張し、事実無根である、二人きりの飲食に誘った事実はないと聞いているとする会社側委員と議論になり、長時間を費やしたが、協議は平行線のままで終了した。

　そこで、X組合は、Aの賞与査定の問題に関して改めて団体交渉を要求したが、Y社は、そもそも個人の査定等の問題は集団的労使交渉にはなじまないから、労使合意により苦情処理委員会を設置したのであり、また、苦情処理委員会で労使の委員が長時間にわたって議論した結果、物別れに終わっており、これ以上説明することはないとして団体交渉に応じなかった。

　Y社の態度に反発したX組合は、掲示板を利用して組合員に状況を報告することとし、苦情処理委員会におけるY社側の主張を紹介した上で、不当な賞与査定である、上司によるセクハラ行為である、Y社の対応はセクハラを隠蔽しようとするものでコンプライアンス上重大な問題がある、Y社は正当な理由なく団体交渉を拒否していると非難するビラを作成し、掲示板に掲示した。

　Y社は、X組合に対し、当該ビラ掲示は、本件労働協約に違反するものであるから直ちに掲示を中止するよう通告したが、X組合が対応しなかったため、翌日、本件労働協約第29条に基づき当該ビラを撤去した。

　X組合がこれに猛然と反発したため、春闘の団体交渉は難航し、合意に至らなかったところ、Y社は、労使間の信頼関係は既に破壊されているとして、本件労働協約について、書面により90日前の解約予告をした。また、Y社は、本件労働協約が失効すれば、使用者が組合費について賃金控除を行う法的根拠が失われると主張して、X組合に対して、本件労働協約の失効後は組合費のチェックオフを中止する旨を通告した。

【本件労働協約（抜粋）】

第27条　会社は、X組合に対し、X組合が組合活動に必要な宣伝、報道、告知を行うための掲示板を貸与する。

第28条　掲示物は、会社の信用を傷つけ、政治活動を目的とし、個人をひぼうし、事実に反し、又は職場規律を乱すものであってはならない。

第29条 会社は、X組合が前条の規定に違反した場合は、掲示物を撤去し、掲示板の貸与を取り消すことができる。

第51条 苦情処理委員会は非公開とし、委員会の委員及び関係者（苦情を申し立てた者、委員会によるヒアリングの対象となった者を含む。）は、苦情処理に関して知り得た秘密を漏らしてはならない。

〔設問〕

1. X組合が、Y社の本件労働協約第29条に基づくビラの撤去について争う場合、どのような機関にどのような救済を求めることができるか。検討すべき法律上の論点を挙げて論じなさい。

2. Y社が、解約予告から3か月後の給与支給日以降、実際にチェックオフを中止した場合、X組合は、どのような機関にどのような救済を求めることができるか。検討すべき法律上の論点を挙げて論じなさい。

II 事案の概要

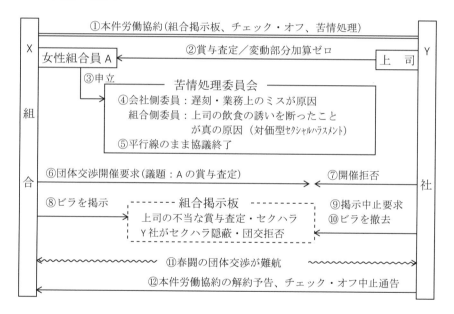

II 論点

［基本的論点］

＜設問1＞

　ビラ撤去に関し求めうる法的救済と法律上の論点

＜設問2＞

　チェック・オフ中止に関し求めうる法的救済と法律上の論点

217

Ⅳ　解答例　<small>（35字×23行×4頁＝35字×92行〈3220字〉）</small>

＜設問 1 ＞

第 1　求めうる法的救済と法律上の論点

　X 組合が労組法 2 条と 5 条 2 項を充足しその旨労働委員会で決定を受けたことを前提とすると[*1]、本件ビラ撤去につき X 組合が求めうる法的救済は、①労働委員会において、掲示板への当該ビラの再掲示、ポスト・ノーティス又は文書交付等の救済命令を求め[*2]、②裁判所において、債務の履行（掲示版への本件ビラの掲示）と損害賠償を請求することであり[*3]、法律上の論点は、①については、本件ビラ撤去の支配介入（労組法 7 条 3 号）該当性、②については、本

---

*1　労働委員会において不当労働行為の救済を求める申立人となりうるのは、①労組法上の労働者（労組法 3 条）（ただし、労組法 7 条 2 号違反を除く）、及び、②労働委員会の資格審査により法適合組合である旨の決定を受けた法適合認証組合（労組法 5 条 1 項）である→【川口『労働法・第 6 版』980-981 頁】。

*2　労働委員会に求めうる救済命令の内容→【川口『労働法・第 6 版』992 頁】。

*3　不当労働行為に該当する行為につき裁判所に求めうる法的救済→【川口『労働法・第 6 版』998-999 頁】。

件ビラ撤去の、債務不履行(掲示板を X 組合に利用させる労働協約上の Y の義務の不履行)該当性、及び、団結権侵害の不法行為(民法 709 条)該当性である。

第2 ビラ撤去の支配介入該当性*4

1 判断基準

労働協約に基づき労働組合が掲示した掲示物の使用者による撤去は、労働協約の撤去要件に該当しない場合は、特段の事情がある場合を除き、労働協約上保障された団結権行使を侵害する行為であり、支配介入(労組法 7 条 3 号)であるが、撤去要件に該当する場合は、撤去の必要性や撤去方法の相当性が肯定されれば、支配介入に当たらない。

そして、撤去要件の趣旨が正当な団結活動でないものの撤去にある場合は、形式的に撤去要件に該当する場合でも、当該掲示物の掲示が正当な団結活動であれば、掲示物を撤去する行為は支配介入に該当する。

2 ビラの撤去要件該当性

本件労働協約では 28 条が掲示物の撤去要件を定めるところ、その趣旨は正当な団結活動でないものの撤去にあると解されるので、本件ビラ掲示の団結活動としての正当性を検討する。

(1) 情宣活動の団結活動としての正当性

団結活動の正当性*5は、①主体、②目的、③手段・態様等の点から判断され、ビラ掲示等の情宣活動*6については、③につきその内容等が問題となるところ、内容については、虚偽の事実や誤解を与えかねない事実を記載して、使用者の利益を不当に侵害したり、名誉、信用を毀損、失墜させたり、あるいは企業の円滑な運営に支障を来したりするような場合は団結活動としての正当性の範囲を逸脱するものの、内容の正当性は全体として判断され、全体として真実であるか、真実でなくてもそのように理解し表現することに無理からぬ事情があれば正当と判断すべきであろう*7。

(2) 本件ビラ掲示の団結活動としての正当性

本件ビラ掲示につき、X 組合が少なくとも労組法 2 条本文を充足すれば、憲法 28 条所定の団結権等を享受し前記(1)の①の主体の点で問題がなく、②の

---

*4 ビラ等掲示物の撤去の支配介入該当性→【川口『労働法・第 6 版』969 頁】。静岡労委(JR 東海〈組合掲示物撤去〉)事件・東京高判平 29・3・9 労判 1173 号 71 頁等参照。
*5 団結活動の正当性の判断基準→【川口『労働法・第 6 版』824-838 頁】。
*6 情宣活動の正当性の判断基準→【川口『労働法・第 6 版』834-838 頁】。
*7 情宣活動の内容についての正当性→【川口『労働法・第 6 版』836-838 頁】。中国電力事件・広島高判平元・10・23 労判 583 号 49 頁等参照。

目的は、X組合員であるAの雇用・労働条件の維持改善であるから正当である。

　③の内容につき、本件ビラの記載は、（ⅰ）苦情処理委員会におけるY社側の主張の紹介、（ⅱ）不当な賞与査定である、（ⅲ）上司によるセクハラ行為である、（ⅳ）Y社の対応はセクハラを隠蔽しようとするものでコンプライアンス上重大な問題がある、（ⅴ）Y社は正当な理由なく団体交渉を拒否している、であるところ、（ⅰ）は本件労働協約51条に違反するものではあるが、苦情処理委員会でのY社側委員の説明の不十分さやその後Y社から何の説明もないことに鑑みれば、（ⅱ）～（ⅳ）の表現は仮に真実ではないとしても無理からぬものであり、Aの査定の問題もX組合員の雇用・労働条件に関わる義務的団交事項であり、Y社の団交拒否に正当な理由はなく（ⅴ）は真実であるから、全体としては正当な団結活動で撤去要件に該当せず、本件ビラ撤去は支配介入と解すべきであろう。

第3　ビラ撤去の債務不履行該当性・不法行為該当性

　本件ビラ掲示は正当な団結活動で撤去要件（本件労働協約28条）に該当しないから、本件ビラ撤去は、Y社の労働協約上の掲示板をX組合に利用させる義務の不履行であるので、X組合は債務の履行（掲示板へのビラの再掲示）と損害賠償の請求が可能であり、また、労働協約上保障された団結権を侵害する不法行為にも該当するとして損害賠償を請求することも可能であろう。

＜設問2＞

第1　求めうる法的救済と法律上の論点

　本件労働協約の解約とチェック・オフ[*8]の中止につき、X組合が求めうる法的救済は、①労働委員会において、チェック・オフの再開、ポスト・ノーティス・文書交付等の救済命令を求め、②裁判所において、債務の履行（チェック・オフ）と損害賠償を請求することであり、法律上の論点は、①については、本件労働協約の解約とチェック・オフ中止の支配介入（労組法7条3号）該当性、②については、労働協約解約の効力とチェック・オフ中止の債務不履行（Y社の労働協約上のチェック・オフ義務の不履行）該当性、及び、労働協約解約とチェック・オフ中止の団結権侵害の不法行為（民法709条）該当性である。

第2　労働協約の解約とチェック・オフ中止の支配介入該当性[*9]

1　判断基準

　期間の定めのない労働協約については、使用者及び労働組合の双方に解約権

---

*8　チェック・オフの定義と論点→【川口『労働法・第6版』759-763頁】。
*9　チェック・オフ等、便宜供与の中止・廃止の支配介入（労組法7条3号）該当性→【川口『労働法・第6版』758・969-970頁】。中労委（大阪市〈チェック・オフ〉）事件・東京高判平30・8・30労判1187号5頁等参照。

があり、署名又は記名押印した文書による 90 日前の予告（労組法 15 条 3・4 項）により解約が可能である[*10]が、チェック・オフ等労働組合に対する便宜供与を定める労働協約の解約については、使用者は、その団結権等に配慮する信義則上の義務（民法 1 条 2 項）を負うと解されるから、①使用者に当該便宜供与を廃止する合理的な理由があり、②合理的理由を示して労働組合と交渉を行い労働組合の了解を得るよう努力し、③了解を得られない場合は労働組合側に不測の混乱を生じさせないよう準備のための適当な猶予期間を与えるなどの相当の配慮が必要であるところ、①～③に該当せず、信義則違反に該当するような特段の事情がある場合は、当該労働組合の団結権等を侵害する支配介入（労組法 7 条 3 号）に該当すると解すべきである。

2　本件事案の判断

　本件労働協約の解約とチェック・オフの中止について、前記 1 の①に関しては、労使間の信頼関係が破壊されているのか、また、そのような抽象的理由が労働協約解約の合理的な理由となるのか疑問であるが、少なくとも前記 1 の②③のような配慮は全くなされておらず、信義則違反に該当するような特段の事情があるから、X 組合の団結権を侵害する支配介入（労組法 7 条 3 号）である。

第3　本件労働協約解約の効力とチェック・オフ中止の債務不履行該当性

　前記第 2 で述べたように、本件労働協約の解約は、前記第 2 の 1 の①～③の配慮を欠くもので信義則に反し、労組法 7 条 3 号にも違反するので、無効と解される。それゆえ、Y 社は労働協約上 X 組合に対しチェック・オフをなす義務を負っているから、チェック・オフの中止は債務不履行であり、履行（チェック・オフ）と損害賠償の請求も可能であろう。

第4　本件労働協約解約とチェック・オフ中止の不法行為該当性[*11]

　前記第 2 で述べたように、本件労働協約の解約とチェック・オフ中止は、信義則に反し、支配介入であるとともに、X 組合の団結権を侵害する不法行為（民法 709 条）でもあるから、不法行為に基づく損害賠償請求も可能であろう。

[*10]　労働協約の終了→【川口『労働法・第 6 版』915-916 頁】。

[*11]　チェック・オフ等の便宜供与の中止・廃止の不法行為該当性→【川口『労働法・第 6 版』758・969-970 頁】。参考裁判例として、太陽自動車ほか事件・東京高判平 17・8・29 労判 902 号 52 頁等。

第 29 回　法定時間外労働と割増賃金

（2020〈令和 2〉年第 1 問）

I　設問

次の設問について、現時点での法令、判例、学説等に基づき解答して下さい。

（35 字× 23 行× 4 頁＝ 3220 字くらいまで）

［2020 年司法試験労働法第 1 問（配点：50）］
次の事例を読んで、後記の設問に答えなさい。
【事　例】
　情報技術を用いた情報処理を業とする Y 社は、平成 29 年 5 月 1 日、X との間で、基本給を月額 40 万円とし、雇用期間を同 30 年 10 月 31 日までとする期間の定めのある雇用契約（以下「本件雇用契約」という。）を締結した。Y 社の就業規則は、労働時間を 1 日 8 時間、1 週 40 時間と、休日を土曜日・日曜日・国民の祝日などとそれぞれ定め、賃金の計算期間を毎月 1 日から末日までとし、毎月 10 日に前月分の賃金を支払うことを定めていた。
　本件雇用契約には、基本給を前記のとおりとした上で、1 か月間の労働時間の合計（以下「月間総労働時間」という。）が 180 時間を超えた場合には、その超えた時間数に対して 1 時間当たりの一定額（2500 円）を乗じて得た額の賃金を、基本給に加えて支払うこととし、月間総労働時間が 140 時間に満たない場合には、その満たない時間数に対して一定額（2500 円）を乗じて得た額を、当該月の基本給額から控除して支給する旨の約定（以下「本件約定」という。）が付されていた。その趣旨は、本件約定が適用される者については、1 月から 12 月までの月ごとの休日を除く勤務すべき日数の多寡にかかわらず、標準の月間総労働時間を 160 時間とし、被用者の月間総労働時間がこれに満たない場合であっても、140 時間を下回らない限りは、基本給の額を支給することとする一方で、標準の月間総労働時間を超えて勤務をしても、180 時間を超えない限りは、基本給に時間外勤務手当が上乗せされないというものであった。
　X は、本件約定の存在を認識し、その内容を理解した上で、前記の内容が明記された本件雇用契約の契約書に、署名・押印をした。X が署名・押印をしたのは、前記の基本給は比較的高額であると評価できたこと、本件約定による労働時間制は変則的ではあるものの、160 時間を標準の月間総労働時間として念頭に置きつつ、自分の勤務時間を適宜調節する柔軟性があるように思われたことなどからであった。
　X は、平成 29 年 5 月 1 日から同 30 年 10 月 31 日までの間の各月において、いずれも 1 週間当たり 40 時間を超える労働又は 1 日当たり 8 時間を超える労働を行った。同期間の各月の月間総労働時間は、平成 29 年 6 月にあっては 180 時間を超えたが、それ以外の各月にあっては 180 時間以内であり、140 時間に満たない月はなかった。Y 社は、X に対し、平成 29 年 6 月分については本件約定に基づき月間総労働時間数のうち 180 時間を超える時間数に 2500 円を乗じた額の時間外勤務手当を基本給に加えて支給したが、それ以外の各月については基本給の額のみを支払った。X は、平成 30 年 10 月 31 日に Y 社を退職した。Y 社では、X の在職期間中、本件約定のほかに、変形労働時間制やフレッ

クスタイム制は採用していなかった。

　なお、Ⅹの在職期間中の各月について1日8時間の勤務をした場合のそれぞれの月間総労働時間は、当該各月において休日を除く勤務すべき日数が異なることに伴い変動するものの、おおむね140時間から180時間までの間であった。また、月間総労働時間が180時間を超えた場合において支払われた前記の一定額は、通常の賃金の時間単価額の125％増しの額に対して、月間総労働時間のうち180時間を超えた時間数を乗じた額を超える額であった。さらに、Ⅹの時間外労働時間（「時間外労働」とは、法定労働時間を超える時間の労働をいう。以下同じ。）の合計が60時間を超える月はなかった。

　Ⅹは、月間総労働時間が180時間を超えた月の労働時間のうち180時間を超えない部分における時間外労働及び月間総労働時間が180時間を超えなかった月の労働時間における時間外労働（以下「月間180時間以内の労働時間中の時間外労働」という。）に対する割増賃金が支払われていないとして、Ｙ社に対して、当該割増賃金の支払いを請求した。

［設　問］
1．Ⅹの主張に対して、Ｙ社は、月間180時間以内の労働時間中の時間外労働に対する割増賃金は、本件約定により、基本給に組み入れられており、未払いの割増賃金はないと反論した。このようなＹ社の反論を踏まえつつ、Ⅹの請求の当否について論じなさい。
2．さらに、Ｙ社は、仮に月間180時間以内の労働時間中の時間外労働に対する割増賃金の請求権がⅩに発生し得ると考えたとしても、Ⅹは、本件約定を含む本件雇用契約を締結したことにより、Ｙ社に対して当該割増賃金を請求する債権を放棄したと反論した。このようなＹ社の反論を踏まえ、Ⅹの請求の当否について論じなさい。
　なお、1、2を通して、割増賃金債権の消滅時効については論じなくてよい。

Ⅱ　事案の概要

＜Ｙ社の賃金制度＞
　月間所定労働時間の標準　＝　160時間
　月間実労働時間数（設問では「月間総労働時間」）と賃金の関係
　　①月間実労働時間数＜140時間
　　　基本給400,000円－2,500円×（140時間に不足する時間数）＝賃金
　　②140時間≦月間実労働時間数≦180時間
　　　基本給400,000円　＝　賃金
　　③180時間＜月間実労働時間数
　　　基本給400,000円+2,500円×（180時間を超過する時間数）＝賃金
＜Ⅹが請求する割増賃金＞
　上記②の場合　法定時間外労働に対する割増賃金
　上記③の場合　月間実労働時間が180時間を超えない部分における法定時間外労働に対する割増賃金

Ⅲ　論点

［基本的論点］

＜設問1＞
　法定時間外労働に対する割増賃金支払請求の当否

<設問2>
　割増賃金請求権の放棄の意思表示の成立と効力

[具体的論点、及び、配点案] (配点 50)

<設問1> (小計 19)
第1　法定時間外労働に対する割増賃金支払義務の有無(小計 3)
第2　基本給による割増賃金支払の肯否 (小計 16)
　1　判断基準〈10〉
　2　本件事案の判断〈6〉

<設問2> (小計 31)
第1　賃金全額払の原則(労基法 24 条 1 項)と賃金請求権放棄の可否〈8〉
第2　労基法 37 条 1 項に基づく割増賃金請求権放棄の可否〈5〉
第3　意思表示の成否と効力
　1　判断基準〈10〉
　2　本件事案の判断〈8〉

IV　解答例　(35字×23行×4頁＝35字×92行〈3220字〉)

<設問1>
第1　法定時間外労働に対する割増賃金支払義務の有無
　Xが、労基法上の労働者(9条)であり、労働時間規制の適用除外(労基 41 条[*1]、41 条の 2[*2])に該当せず、裁量労働制[*3]も適用されていないことを前提とすると、Y社は、変形労働時間制やフレックスタイム制[*4]を採用していないから、Xが 1 日 8 時間又は 1 週 40 時間を超えて行った労働については、法定時間外労働として、労基法 37 条 1 項の定める割増賃金支払義務を負う。
第2　基本給による割増賃金支払の肯否
1　判断基準[*5]
　労基法 37 条は、使用者に同条等所定の計算方法により算定された金額を下回らない額の割増賃金の支払を義務付けるに止まるので、基本給に予め法定時

---

　*1　労基法 41 条による労働時間、休憩、休日規制の適用除外→【川口『労働法・第 6 版』325-327 頁】。
　*2　労基法 41 条による労働時間、休憩、休日、深夜の割増賃金規制の適用除外→【川口『労働法・第 6 版』327-329 頁】。
　*3　裁量労働制→【川口『労働法・第 6 版』322-325 頁】。
　*4　変形労働時間制・フレックスタイム制→【川口『労働法・第 6 版』313-320 頁】。
　*5　労基法 37 条所定の割増賃金支払の肯否の判断基準→【川口『労働法・第 6 版』309-312 頁】。

間外労働に対する割増賃金を含めて支払うという方法自体が直ちに同条に違反するわけではない。しかし、同条所定の割増賃金額以上の支払が肯定されるためには、1)法定時間外労働に対する割増賃金部分が、通常の労働時間に対する賃金とは明確に区別され、①労働契約上区別して定められ、「通常の労働時間の賃金」が事前に確定されているとともに、②現実に明確に区別して支払われていること（明確性の要件）、2)当該賃金が法定時間外労働に対する賃金であることにつき労働契約上の根拠があること（契約上の根拠の要件）、3)労基法 37 条所定の計算方法により算定された金額以上の額が支払われたこと（支払金額の要件）が必要である。

2 本件事案の判断

本件事案では、1 か月の労働時間が 140 時間以上 180 時間以下である場合の基本給は 40 万円とされているところ、月間 180 時間以内の労働時間中に法定時間外労働がなされても基本給自体の金額が増額されない。また、基本給の一部が他の部分と区別されて法定時間外労働に対する割増賃金とされていたわけではなく、法定時間外労働の時間数は月により労働日数が異なること等により相当大きく変動しうることに鑑みると、基本給において、通常の労働時間に対する賃金と法定時間外労働に対する割増賃金が明確に区別されていない[*6]。

したがって、前記 1)の明確性の要件を充足していないから、X は、基本給の支払により月間 180 時間以内の労働時間中の法定時間外労働に対する支払を一切受けておらず、基本給とは別に、当該法定時間外労働に対し労基法 37 条 1 項所定の割増賃金支払請求権を有する。

＜設問 2＞

第 1 賃金全額払の原則（労基法 24 条 1 項）と賃金請求権放棄の可否

X が割増賃金請求権を放棄したとの主張については、第一に、労基法 24 条 1 項の定める賃金全額払の原則[*7]が、労働者による賃金債権の放棄[*8]を禁止するものかどうかが問題となるところ、判例[*9]は、①賃金全額払の原則の趣旨は、使用者が一方的に賃金を控除することを禁止し、もって労働者に賃金の全額を確実に受領させ、労働者の経済生活を脅かすことのないようにしてその保護を図るものであるから、労働者の自由意思に基づく賃金債権の放棄は労基法 24 条

---

*6 本設問が参考にしていると思われるテックジャパン事件・最一小判平 24・3・8 集民 240 号 121 頁/労判 1060 号 5 頁は、当該事案でこのように述べている。
*7 賃金全額払の原則→【川口『労働法・第 6 版』273-276 頁】。
*8 賃金債権の放棄と賃金全額払の原則→【川口『労働法・第 6 版』275-276 頁】。
*9 シンガー・ソーイング・メシーン事件・最二小判昭 48・1・19 民集 27 巻 1 号 27 頁。

1 項の禁止対象に含まれないとし、ただし、②労働者の意思表示の効力は「労働者の自由な意思に基づいてされたものであると認めるに足りる合理的な理由が客観的に存在するとき」に限り肯定する。

　②は支持しうるが、労働者の意思表示の効力を慎重かつ厳格に判断するだけでは労働者の保護は十分ではないから、賃金債権の放棄も労基法 24 条 1 項により禁止され、労基法 24 条 1 項但書所定の労使協定[*10]がなければ行うことはできないと解すべきであろう[*11]。

　したがって、本件事案でも、X の所属する事業場で労基法 24 条 1 項但書所定の労使協定がなければ、X は、賃金債権である割増賃金請求権を放棄することはできないと解すべきである。

第 2 　労基法 37 条に基づく割増賃金請求権放棄の可否

　仮に、X の所属する事業場に労基法 24 条 1 項但書所定の労使協定があり、あるいは、自由意思に基づく賃金債権の放棄は労基法 24 条 1 項により禁止されていないと解するとしても、強行法規に基づく賃金請求権は放棄することはできず（放棄できるとすると、強行法規による最低基準の保障と公正競争の確保が事実上無意味となる）、具体的には、最低賃金法[*12]に基づく最低賃金請求権と労基法 37 条に基づく割増賃金請求権は放棄できないと解すべきである[*13]。

　したがって、X は、法定時間外労働に対する割増賃金請求権は放棄できないと解すべきである。

第 3 　意思表示の成否と効力

　仮に、X の所属する事業場に労基法 24 条 1 項但書所定の労使協定があり、あるいは、自由意思に基づく賃金債権の放棄は労基法 24 条 1 項により禁止されていないと解すれば、また、法定時間外労働に対する割増賃金請求権も放棄できると解すれば、X の割増賃金請求権放棄の意思表示の成否と効力に関するその余の論点が問題となる。

1 　判断基準

　賃金債権放棄のように、労働者に不利益をもたらしうる労働者の意思表示[*14]については、第一に、その成立は慎重に判断すべきであり、意思表示の存在に

---

*10　労使協定→【川口『労働法・第 6 版』133-137 頁】。
*11　【川口『労働法・第 6 版』276 頁】。
*12　最低賃金法→【川口『労働法・第 6 版』252-254 頁】。
*13　強行法規に基づく賃金債権の放棄→【川口『労働法・第 6 版』276 頁】。
*14　労働者に不利益をもたらしうる労働者の意思表示の成立・効力・撤回→【川口『労働法・第 6 版』91-96・276 頁】。

ついては、少なくとも労働者の署名又は押印のある書面による明示的表示行為がなければ、効果意思を推認しうる表示行為の存在は認定し難いであろう。

第二に、その効力は、「意思の自由」という効力発生要件を充足する場合に肯定されるべきであり、「意思の自由」は、労働者の意思表示が「自由な意思に基づくものと認めるに足りる合理的な理由の客観的な存在」を根拠付ける事実を使用者が主張立証した場合に肯定されると解すべきである[15]。

2　本件事案の判断

本件においては、X は本件約定の存在を認識しその内容を理解した上で、本件約定が明記された雇用契約の契約書に署名・押印をしているが、それ以外に法定時間外労働に対する割増賃金請求権を放棄する旨の意思表示をしたことを示す事情は存在しない。また、当該雇用契約書には、1 か月の労働時間が 180 時間を超えない月の労働時間中の法定時間外労働に対する割増賃金請求権を放棄するとは明記されていないので、当該雇用契約書への署名・押印をもって、割増賃金請求権放棄の効果意思を推認しうる表示行為とは言えない。したがって、割増賃金請求権放棄の意思表示自体が存在しない。

また、仮に、当該雇用契約書への署名・押印により意思表示が存在し成立したとしても、X が署名・押印したのは、基本給が比較的高額であることの他、160 時間を標準月間総労働時間として念頭に置きつつ、自分の勤務時間を適宜調節する柔軟性があると思ったからであるところ、実際は、全ての月で法定時間外労働が行われた。したがって、適切な情報提供と説明を受けたという事実が存在しなかったのであれば、当該意思表示が「自由な意思に基づくものと認めるに足りる合理的な理由の客観的な存在」を根拠付ける事実は存在せず、当該意思表示の効力は否定されるべきであろう。

---

[15]　労働者の再抗弁における「意思の不自由」（動機の錯誤、詐欺、強迫）の主張立証は、事実上使用者の「意思の自由」の主張立証に吸収され、労働者の再抗弁としては、「意思の不存在」（表示の錯誤、心裡留保）や「強行法規違反」が残る（【川口『労働法・第 6 版』95 頁注 29】）。

第 30 回　不当労働行為（団交拒否・支配介入）

（2020〈令和 2〉年第 2 問）

I　設問

　次の設問について、現時点での法令、判例、学説等に基づき解答して下さい。

（35 字× 23 行× 4 頁＝ 3220 字くらいまで）

［2020 年司法試験労働法第 2 問（配点：50）］
　次の事例を読んで、後記の設問に答えなさい。

【事　例】

　家庭用電化製品の製造・販売等を業とする A 社においては、その総従業員数の 85 ％
に当たる従業員が組合員として加入する B 労働組合（以下「B 組合」という。）が組織さ
れており、A 社と B 組合の間には、ユニオン・ショップ協定及びチェック・オフ協定を
含む労働協約が締結されていた。

　C は、大学卒業後、A 社に入社し、22 年の勤務を経て営業第二課長となった。その後、C
が、その部下である D を、営業成績が一向に上がらないことについて強い口調で叱責し、
これを気に病んだ D が A 社を辞職するという事態に至った。この事態を問題視した A 社
は、B 組合との労働協約に基づいて設置され、A 社の管理職員と B 組合の執行役員によ
って構成される懲戒委員会に、この件を付議した。懲戒委員会は、この件について事実
調査を行い、C の D に対する叱責等の行為は減給処分に相当するとの決定をした。この
決定を受け、A 社は、同社の就業規則の規定に基づき、C を減給処分とした。

　この処分に不満を持った C は、入社以来加入している B 組合に相談をしたが、B 組合
の執行部から「この処分は、当組合の執行役員も参加した懲戒委員会の調査と決定に基
づくものであり、既に解決済みである。」と返答され、全く取り合ってもらえなかった。
このような B 組合の対応に対しても不満を持った C は、B 組合を脱退せず、同組合の組
合員としての地位を維持したまま、いわゆる地域合同労組である E 労働組合（以下「E 組
合」という。）に加入した。この際、C と同様に A 社の従業員であり、かつ、B 組合の組
合員であって、この件についての A 社と B 組合の対応に不満を持った F 及び G の 2 名も、
C に共感し、C と共に E 組合に加入した。

　前記の減給処分について C から相談を受けた E 組合は、A 社に対し、「当組合員 C の
減給処分に関する件」を交渉事項とする団体交渉申入書を送付した。この申入書には、E 組
合の名称、所在地及び執行役員名と共に、「貴社が雇用する組合員」として、「貴社営業
第二課長 C のほか貴社従業員数名」との記載があった。また、同申入書には、E 組合の
組合規約も添付されていた。

　これに対し、A 社は、「弊社に労働組合として団体交渉を求めるのであれば、貴組合の
組合員名簿をご提出ください。少なくとも、貴組合の組合員のうち弊社の従業員である
者の全ての氏名を明らかにしていただかなければ、弊社としては、貴組合と責任を持っ
て団体交渉を行うことができません。また、C は、弊社内の労働組合である B 組合にも
加入しており、二重交渉となる可能性がある以上、C に関する貴組合からの団体交渉の

申入れには応じることができません。さらに、C は、弊社の管理職員（営業第二課長）であるため、貴組合は、適法な労働組合とは認められないものと思料します。」との書面を E 組合に送付した。

　これを受けて、E 組合は、A 社に対し、「本団体交渉を行うに当たり、組合員名簿の提出は必要ありません。確かに C は B 組合にも加入していますが、B 組合は本件について『既に解決済み』との対応を採っています。C が貴社の営業第二課長であることも、本団体交渉を拒否する理由にはなりません。」との書面を送付した。しかし、A 社は、その後も E 組合からの団体交渉の申入れに応じていない。

　なお、A 社における C の営業第二課長としての勤務内容及び処遇は、①営業第二課の課員の人事考課を行い、人事考課表を同社の人事課に提出する、②営業第二課の課員それぞれから、人事異動についての希望を聴取し、聴取した事項を取りまとめて同社の人事課に提出する、③営業第二課の営業方針と計画についての原案を作成し、営業統括部長に提出する、④A 社の経営方針の決定機関である経営会議と取締役会には、営業第二課に関わる案件がある場合にのみ出席し、必要な説明を行うが、議事に参加する権限や議決権はない、⑤月額 12 万円の役職（課長）手当が支給される一方、時間外・休日労働に対する割増賃金は支給されない、⑥課員と同様に出社時及び退社時にタイムカードの打刻をするが、出勤・退勤時間について拘束はなく、遅刻・早退に対する賃金カットはないというものであった。

［設　問］
1．E 組合は、A 社を相手方として、どのような機関に、どのような法的根拠で、どのような内容の救済を求めることが考えられるか。救済の内容について検討すべき法律上の論点を挙げつつ、論じなさい。
2．1 で述べた救済は、認められるか。検討すべき法律上の論点を挙げて論じなさい。

II　事案の概要

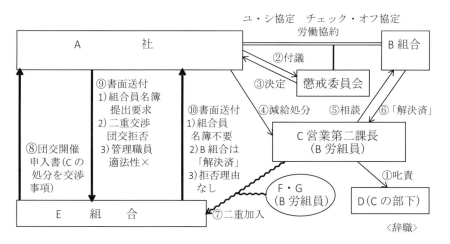

III 論点

[基本的論点]

<設問1・2>

　団体交渉拒否・支配介入に関して労働組合が労働委員会及び裁判所に求めうる法的救済と法律上の論点

[具体的論点、及び、配点案]（配点 50）

<設問1>（小計 17）

第1　E組合がA社を相手方として救済を求めうる機関と根拠と内容
（小計 12）

第2　法律上の論点（小計 5）

<設問2>（小計 33）

第1　E組合の法適合組合該当性<8>

第2　ⅰ)(A社が団体交渉に応じないこと)の不当労働行為(団交拒否)該当性

　1　E組合は「労働者の代表者」か<6>

　2　A社は「Cの減給処分に関する事項」につき団体交渉義務を負う「使用者」か<3>

　3　A社が団体交渉を拒否する正当な理由の有無<7>

第3　ⅱ)(組合員氏名の明示要求)の不当労働行為(支配介入)該当性<3>

第4　E組合の原告適格<1>

第5　ⅰ)とⅱ)の不法行為該当性<1>

第6　団体交渉を求めうる地位確認の可否<4>

IV 解答例 　(35字×23行×4頁＝35字×92行<3220字>)

<設問1>

第1　E組合がA社を相手方として救済を求めうる機関と根拠と内容

　E組合は、第一に、労働委員会において[*1]、ⅰ)「A社がE組合からの団体交渉申し入れに応じないこと」が、労組法7条2号の団体交渉拒否の不当労働行為に該当するとして、Cの減給処分に関する事項についての団体交渉応諾、ポスト・ノーティス、文書交付等の救済命令を求め、ⅱ)「A社がE組合に組合員名簿を求め、少なくともA社従業員でE組合員である者全ての氏名を明らかにしなければ団体交渉に応じないとの書面を交付したこと」が、労組法7条3号の支配介入の不当労働行為に該当するとして、将来の不作為(同様の行為

---

*1　労働委員会の救済命令→【川口『労働法・第6版』990-998頁】。

をしないこと)、ポスト・ノーティス、文書交付等の救済命令を求める。

第二に、裁判所において、前記 i)と ii)が、E 組合の団体交渉権と団結権(憲法 28 条)を侵害する不法行為(民法 709 条)であるとして、損害賠償を請求し、また、E 組合が A 社に対し C の減給処分に関する事項について団体交渉を求めうる法的地位にあることの確認を請求する*2。

第 2　法律上の論点

法律上の主な論点は、①E 組合の不当労働行為救済申立ての可否(労組法 2 条と 5 条 2 項に適合する法適合組合として労働委員会の決定を受けうるか)*3、②前記 i)の不当労働行為(労組法 7 条 2 号)該当性、③前記 ii)の不当労働行為(労組法 7 条 3 号)該当性、④E 組合の原告適格、⑤前記 i)と ii)の不法行為該当性、⑥団体交渉を求めうる地位にあることの確認請求の可否である。

<設問 2 >

第 1　E 組合の法適合組合該当性

E 組合の法適合組合*4該当性については、まず、労組法 2 条の要件の、1)主体、2)目的、3)自主性、4)団体性の中で、特に、③に関し、C が「使用者の利益代表者」(同条但書 1 号)*5に該当し同要件を充足しないか否かが問題となる。

事例に記載の C の営業第二課長としての勤務内容及び処遇①〜④を検討すると、「役員」、「雇入解雇昇進又は異動に関して直接の権限を持つ監督的地位にある労働者」「使用者の労働関係について計画と方針に関する機密の事項に接する監督的地位にある労働者」に該当せず、⑤⑥は「使用者の利益を代表する者」該当性判断に関係のない事実であるから、C は労組法 2 条但書 1 号に該当せず、「使用者の利益代表者」に該当しない。

したがって、その余の労組法 2 条所定の要件と、同法 5 条 2 項の組合規約の要件(民主性の要件)を充足していれば、E 組合は法適合組合として労働委員会の資格決定を受けることが可能である。

第 2　i)(A 社が団体交渉に応じないこと)の不当労働行為(団交拒否)該当性

1　E 組合は「労働者の代表者」か

労組法 7 条 2 号は団体交渉権(憲法 28 条)の実効性を確保する規定で、憲法

---

*2　不当労働行為に該当する行為につき裁判所に求めうる法的救済→【川口『労働法・第 6 版』998-999 頁】。
*3　不当労働行為救済の申立てをすることができる団結体は、そのために法適合組合である旨の労働委員会の決定を受けた労働組合(法適合認証組合)である→【川口『労働法・第 6 版』722・724-725・980-981 頁】。
*4　「法適合組合」→【川口『労働法・第 6 版』719 頁】。
*5　労組法 2 条但書 1 号の「使用者の利益代表者」→【川口『労働法・第 6 版』715 頁】。

28 条と表裏一体の関係にあるから、団体交渉を求める側である労組法 7 条 2 号所定の「労働者の代表者」[*6]は、団体交渉権の享受主体であり、団体交渉の主体となりうる憲法上の労働組合（労組法上の労働組合・憲法組合）等である。

「憲法上の労働組合」[*7]は、①勤労者（労働者）が主体の、②自主的な組織で、③労働者の経済的地位の向上を主たる目的とする、④社団性を有する継続的な団結体であり、結果として労組法 2 条本文所定の要件を充足するものと解されるところ、E 組合がこれを充足する「憲法上の労働組合」であれば、労組法 7 条 2 号所定の労働者の「代表者」に該当する。

2　A 社は「C の減給処分に関する事項」につき E 組合に団体交渉義務を負う「使用者」か

「C の減給処分に関する事項」は労働者（C）の労働条件に関する事項であり、当該事項につき現実かつ具体的に支配又は決定することができる地位にある者が、「使用者」として当該労働者の代表者に対して団体交渉義務を負うところ、A 社は、C の現在の労働契約上の使用者であり当該事項につき現実かつ具体的に支配又は決定することができる地位にあるから、当該事項につき C の代表者である E 組合に対し団体交渉義務を負う「使用者」である[*8]。

3　A 社が団体交渉を拒否する正当な理由[*9]の有無

第一に、E 組合が組合員で A 社の従業員である者の氏名全てを明らかにしないことについて、団体交渉事項は「C の減給処分に関する事項」であるから、A 社が E 組合に対し団体交渉義務を負うか否かを判断するために、E 組合が明示すべき組合員の氏名は C のみで足り、他の A 社従業員である E 組合員の氏名は不要であるから、団体交渉拒否の正当な理由とはならない[*10]。

第二に、C が B 組合の組合員でもあり二重交渉となる可能性があるとの指摘について、C は減給処分について B 組合に相談をしたが B 組合は当該問題は既に解決済みとの対応であったことに鑑みれば、A 社が B 組合に当該事項に関する団体交渉申入れの意思を確認し B 組合がそれを肯定したのでなければ、団体交渉拒否の正当な理由とはならない。

第三に、C が営業第二課長のため E 組合は適法な労働組合ではないとの指摘

[*6]　労組法 7 条 2 号の「労働者の代表者」→【川口『労働法・第 6 版』960-961 頁】。
[*7]　「憲法上の労働組合」→【川口『労働法・第 6 版』713 頁】。
[*8]　労組法 7 条 2 号の「使用者」と判断基準→【川口『労働法・第 6 版』780-781・924-943・961-962 頁】。
[*9]　団体交渉拒否の正当な理由→【川口『労働法・第 6 版』962 頁】。
[*10]　団体交渉の手続→【川口『労働法・第 6 版』785-786 頁】。

について、前記第 1 で検討したように、C は労組法 2 条但書 1 号の「使用者の利益代表者」に該当しないから、団体交渉拒否の正当な理由とはならない。

したがって、前記 i）は労組法 7 条 2 号に該当する不当労働行為である。

第 3　ii）（組合員の氏名の明示要求）の不当労働行為（支配介入）該当性

労組法 7 条 3 号は憲法 28 条の実効性を確保する規定であるから、同号の「支配介入」[*11]は、端的に言えば、労働者及び労働組合の団結権・団体交渉権・団体行動権を侵害する行為であるところ、前記 ii）は、前記第 2 で述べたように団体交渉に応じる上で不要であり、合理的な理由を見出し難い上、A 社従業員の E 組合への加入を躊躇させ、あるいはその組合活動を萎縮させる危険性があるから、労組法 7 条 3 号に該当する不当労働行為と解すべきであろう。

第 4　E 組合の原告適格

E 組合は、社団性を有すれば、裁判所の原告適格を有する（民訴法 29 条）[*12]。

第 5　i）と ii）の不法行為該当性

E 組合が、憲法 28 条を享受する「憲法上の労働組合」であれば、前記 i）と ii）は、E 組合の団体交渉権及び団結権を侵害し公序に反するものであり、不法行為（民法 709 条）にも該当しうる[*13]。

第 6　団体交渉を求めうる地位確認の可否

①労組法 7 条は私法上の効力を有し、同条 2 号は労働組合が使用者（労組法 7 条 2 号）に対して団体交渉を求めうる法律上の地位を有し使用者はこれに応ずべき地位にあることを定めたものであり、②労働組合が使用者に対して一定の事項につき団体交渉を求めうる地位は、その内容が不明確、不特定ではなく、この点が判決で確定されればその限りで当事者間の紛争が解決され確認の利益が認められるから、E 組合は裁判所で「E 組合が C の減給処分について A 社に対して団体交渉を求めうる法的地位にあること」の確認請求をなしうる[*14]。

ただし、団体交渉義務の履行請求（団体交渉の給付請求）は、団体交渉で求められる誠実交渉義務の特定の困難さ等から、憲法 28 条と労組法 7 条 2 号が団体交渉義務の履行請求権を定めているとは解されず、できないであろう[*15]。

---

*11　「支配介入」の定義と具体的態様→【川口『労働法・第 6 版』962-973 頁】。
*12　【川口『労働法・第 6 版』998 頁】。
*13　不当労働行為に該当する行為の不法行為該当性→【川口『労働法・第 6 版』792・998-999 頁】。
*14　団体交渉を求めうる地位確認請求の可否→【川口『労働法・第 6 版』792-793 頁】。
*15　団体交渉義務の履行請求の可否→【川口『労働法・第 6 版』793 頁】。

第 31 回　懲戒処分／損害賠償請求／解雇

（2021〈令和 3〉年第 1 問）

I　設問

　次の設問について、現時点での法令、判例、学説等に基づき解答して下さい。

（35 字 × 23 行 × 4 頁＝ 3220 字くらいまで）

[2021 年司法試験労働法第 1 問（配点：50）]
　次の事例を読んで、後記の設問に答えなさい。

【事　例】

　有料職業紹介事業を営む Y 社は、本社と事業所が一体となった事業場 1 か所のみで、労働者 6 人を使用して事業を行っていた。

　Y 社と無期労働契約を締結して雇用されている X1 は、時間外・休日労働の時間数が 1 か月当たり 60 時間を超える状態が続く中で、Y 社社長の A から、午後 8 時以降は会社内で勤務しないようにとの通告を受けた。そこで X1 は、やむを得ず、求職者の個人情報等の機密情報が記録された記憶媒体（以下「媒体」という。）を、Y 社の許可を得ることなく自宅に持ち帰り、自宅で深夜まで残務処理を行うようになった。そのような状況が続いたある日、X1 は、会社から帰宅する電車の中でうたた寝をしてしまい、媒体の入った鞄を紛失した。X1 は、翌朝出勤してすぐに、A に媒体を紛失した経緯を説明した。A と X1 は、媒体に個人情報が記録されていた求職者 160 人と連絡を取り、媒体紛失の経緯を説明して謝罪した。Y 社は、これらの求職者 160 人に対し、お詫びの品として金券 3000 円相当をそれぞれ送付した。

　Y 社は、就業規則を作成していなかったが、各労働者との間で労働契約を締結する際に、後記の労働契約書を手交し、各労働者の署名・押印を得ていた。Y 社は、X1 の前記の媒体紛失行為が労働契約書第 18 条第 3 号、第 4 号及び第 10 号記載の懲戒事由に該当するとして、X1 に弁明の機会を与えることなく、同第 19 条に基づき、X1 を 7 日間の出勤停止処分とした。また、Y 社は、前記の媒体紛失行為による Y 社の損害額を 48 万円とし、X1 に対して 48 万円の損害を賠償するよう請求した。

　その後 Y 社は、他の大手企業に顧客の多くを奪われていく中で、売上げが 3 年連続で低下し、労働者 6 人を雇用し続けることが難しい状況となった。そこで A は、「会社の経営方針を正しく理解し、経営改革に柔軟に対応してくれる人材」の雇用を継続し、これに該当しない者 2 人を解雇するとの方針を立てて、Y 社の労働者全員が出席する朝礼の場で、この方針を説明した。この A からの説明に対し、労働者からは特段意見や質問は出なかった。そこで A は、この方針に基づいて被解雇者を決定することとし、全労働者 6 人の中から、これまでの勤務態度に照らし、会社への協調性や柔軟性に欠ける傾向にあると評価した X2 及び X3 の 2 人を選定した（会社の経営方針に協力的であると評価していた X1 は、被解雇者に選定しなかった）。A は、X2 及び X3 に対し、被解雇者に選定されたことを説明し、30 日の予告期間を置いて、両名を解雇した。なお、Y 社と各労働者との間で締結された労働契約書には、解雇に関する定めはない。

【労働契約書（抜粋）】

第18条　従業員が次の各号の一に該当する場合は、第19条の定めるところに従い、懲戒を行う。

1、2　（略）

3　会社の許可なく、会社の物品や機密情報を持ち出したとき。

4　不正な行為により、会社の名誉・信用を毀損し、又は、会社に損害を与えたとき。

5〜9　（略）

10　前各号に準ずる程度の不都合な行為をしたとき。

第19条　懲戒は、けん責、減給、出勤停止（14日間を限度とし、無給とする）、諭旨退職、懲戒解雇の5種類とし、会社は情状に応じて処分を決定する。

［設　問］

1．Y社がX1に対して行った出勤停止処分は有効か。検討すべき法律上の論点を挙げて、あなたの見解を述べなさい。

2．Y社からX1への損害賠償請求は認められるか。検討すべき法律上の論点を挙げて、あなたの見解を述べなさい。

3．Y社がX2及びX3に対して行った解雇は有効か。検討すべき法律上の論点を挙げて、あなたの見解を述べなさい。

Ⅱ　事案の概要

X1に対する懲戒処分

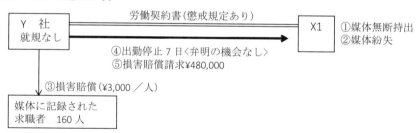

X2・X3に対する解雇（整理解雇）

①　就業規則なし、労働契約書に解雇に関する定めなし

②　人員削減の必要性／売上げが3年連続低下、6人の雇用継続が困難

③　人選基準の設定と適用／「会社の経営方針を正しく理解し、経営改革に柔軟に対応してくれる人材」に該当しないこと　→　X2・X3を選定

④　説明・協議／労働者全員に朝礼の場で説明、X2・X3に説明

⑤　解雇予告手続／30日間の予告期間

Ⅲ　論点

［基本的論点］

＜設問1＞

懲戒処分（出勤停止処分）の効力

<設問2>

　使用者から労働者への損害賠償請求の可否と額

<設問3>

　経営上の理由による解雇の効力

［具体的論点、及び、配点案］（配点50）

<設問1>（小計21）

第1　懲戒権の法的根拠(小計10)

　　1　判断基準<5>

　　2　本件事案の判断<5>

第2　懲戒権の行使の適法性(小計11)

　　1　判断基準<5>

　　2　本件事案の判断<6>

<設問2>（小計11）

第1　使用者の労働者に対する損害賠償請求の可否と額の判断基準（小計5）

第2　本件事案の判断（小計6）

<設問3>（小計18）

第1　解雇権の法的根拠と行使の適法性の判断基準（小計8）

第2　本件事案の判断(小計10)

Ⅳ　解答例　(35字×23行×4頁＝35字×92行<3220字>)

<設問1>

　X1に対する懲戒処分としてなされた出勤停止処分の効力については、Y社の、①懲戒権の法的根拠と、②行使の適法性が問題となる。

第1　懲戒権の法的根拠[*1]

1　判断基準

　懲戒権については、使用者は労働契約の当事者として当然に懲戒権を有するという見解[*2]もありうるが、使用者の懲戒権の法的根拠となる憲法・法律上の条文はなく、労働者が信義則上企業秩序遵守義務を負うとしてもその違反に対して使用者が当然に懲戒権を有しているとは言えず、また、使用者と労働者の権利義務関係の内容は対等な当事者である両者が締結した労働契約により決定される。したがって、懲戒権は労働契約上の法的根拠を必要とし、使用者が懲

---

*1　懲戒権の法的根拠→【川口『労働法・第6版』523-525頁】。

*2　判例法理を簡単にまとめるとこのようになろう→【川口『労働法・第6版』524頁】。

戒権を有することについて、①労働者と使用者の事前の合意、②労働契約の内容となっている就業規則の定め、③労働契約の内容を規律している労働協約の定めのいずれかが必要と解すべきである[*3]。

2 本件事案の判断

本件では、X1 と Y の労働契約書 18 条と 19 条に懲戒事由と懲戒処分の種類・程度の定めがあり、X1 の署名・押印があるので、Y が当該懲戒権を有することについての X1 と Y の合意の存在と成立は肯定されようが、X1 に不利益な契約内容であるから、当該署名・押印が自由な意思に基づくものと認めるに足りる合理的な理由の客観的存在を根拠付ける事実の存在が要求され、当該事実が存在する場合に限り、当該合意の効力を肯定すべきであろう[*4]。

第2 懲戒権の行使の適法性

1 判断基準

Y 社が X1 に対する懲戒権を有するとしても、懲戒権の行使の適法性[*5]が必要となるところ、本件事業場は労働者 6 人で就業規則作成義務はないが[*6]、①罪刑法定主義的な観点と懲戒権の目的(企業秩序維持)に照らし、事前に書面に懲戒事由と懲戒処分の種類・程度を定め、その内容を適法かつ合理的なものとしてこれを周知すること[*7]、②懲戒事由に該当する事実の存在、③労働契約の定めの充足、④信義則(労働法 3 条 4 項)違反、懲戒権濫用(労契法 15 条)でないこと[*8]、その他強行法規違反でないことが必要である。

2 本件事案の判断

本件では、①については、前記第 1 で述べたように、労働契約書に懲戒事由と懲戒処分の種類・程度の定めがあり、内容も適法・合理的で、X1 に手交されているので充足し、③についても、労働契約書 19 条所定の懲戒処分から選択されている。しかし、②については、X1 は、会社での午後 8 時以降の残業が禁止されたためやむを得ず Y 社の許可なく媒体を自宅に持ち帰り深夜まで残

---

*3 ここでは、判例の「固有権説」ではなく、「契約説」(【川口『労働法・第 6 版』524-525 頁】)を採用している。

*4 労働者に不利益をもたらしうる合意・意思表示の成立・効力→【川口『労働法・第 6 版』91-96 頁】。

*5 懲戒権行使の適法性→【川口『労働法・第 6 版』525-530 頁】。

*6 就業規則作成義務のある事業場では、事前に、就業規則に懲戒事由と懲戒処分の種類・程度を定め、その内容を適法かつ合理的なものとして、これを周知することが必要である→【川口『労働法・第 6 版』526・528-529 頁】。

*7 【川口『労働法・第 6 版』526・529 頁】。

*8 懲戒権の行使が信義則違反・懲戒権濫用でないことの判断基準→【川口『労働法・第 6 版』546-548 頁】。

務処理をしていたところ、帰宅途中の電車でうたた寝をして媒体の入った鞄を紛失したものであり、労働契約書 18 条 3 号に形式的に該当するとしても「特段の事情」があり実質的該当性は否定され、また、4 号所定の「不正な行為」にも該当せず、10 号所定の「前記各号に準ずる程度の不都合は行為」にも該当せず、充足しない。また、仮に②を肯定しうるとしても、④につき、上記の事情や X1 が翌朝すぐに A に経緯を説明し A と共に関係者に謝罪したことに照らし、7 日間の無給の出勤停止は相当性を欠き、また、弁明の機会を付与しなかった点で適正手続も欠いているので、信義則(労契法 3 条 4 項)に反し、客観的に合理的な理由と社会通念上の相当性がなく懲戒権濫用(労契法 15 条)でもあり、本件出勤停止処分は無効と解すべきであろう。

＜設問２＞

第1　使用者の労働者に対する損害賠償請求の可否と額の判断基準

　使用者が、その事業の執行につきなされた労働者の行為により損害を被った場合、使用者は事業により経済的利益を得ているので、事業に伴う危険(損害の発生)も負担すべきである。したがって、使用者は、諸般の事情に照らし、損害の公平な分担という見地から信義則上相当と認められる限度において、労働者に損害賠償請求できると解すべきである[*9]。

第2　本件事案の判断

　本件では、前記の通り、X1 は、会社での午後 8 時以降の残業が禁止されたためやむを得ず Y 社の許可なく媒体を自宅に持ち帰り深夜まで残務処理をしていたところ、帰宅途中の電車でうたた寝をして媒体の入った鞄を紛失したもので、通常の過失に止まること、翌朝すぐに A に紛失の経緯を説明したこと、媒体の持ち帰りは夜 8 時までの会社の勤務で終わらない業務量を負担させていた Y 社に原因があること、Y 社の損害は 48 万円(金券送付分)で小規模な事業としても多大な額ではないことに鑑みれば、当該損害は Y 社が負担すべきであり、Y 社の X1 に対する損害賠償請求は信義則上否定されるべきであろう。

＜設問３＞

　X2 と X3 に対してなされた解雇の効力については、Y 社の、X2 と X3 に対する、解雇権の法的根拠[*10]と行使の適法性[*11]が問題となる。

---

*9　茨石(茨木石炭商事)事件・最一小判昭 51・7・8 民集 30 巻 7 号 689 頁/判時 827 号 52 頁参照。労働者の損害賠償責任→【川口『労働法・第 6 版』234-236 頁】。

*10　期間の定めのない労働契約における解雇権→【川口『労働法・第 6 版』552 頁】、有期労働契約における解雇権→【川口『労働法・第 6 版』577-579 頁】。

*11　解雇権の行使の適法性→【川口『労働法・第 6 版』552-562・579 頁】。

第 1 解雇権の法的根拠と行使の適法性の判断基準

1 解雇権の法的根拠

X2 と X3 の労働契約が、1)期間の定めのない労働契約であれば、Y 社は、期間の定めのない契約の一般原則及び民法 627 条により解雇権を有する[*12]が、2)有期労働契約であれば、Y 社は、労契法 17 条 1 項所定の「やむを得ない事由」に該当する事実が存在する場合にのみ、解雇権を有する[*13]。

2 解雇権の行使の適法性

Y 社が解雇権を有する場合、本件事業場は就業規則作成義務のない事業場で、労働契約書に解雇についての定めもないので、解雇権の行使が適法であるためには、①信義則(労契法 3 条 4 項)違反でなく、解雇権濫用でないこと(労契法 16 条)、②その他強行法規違反でないことが必要である。

第 2 本件事案の判断

X2・X3 の労働契約が期間の定めのない場合、解雇権の行使の適法性が問題となるところ、本件では、労基法 20 条所定の解雇予告はなされているので、特に前記①が問題となるが、本件解雇は経営上の理由による解雇(整理解雇)であるので、具体的判断基準は、ⅰ人員削減の必要性、ⅱ解雇の必要性・相当性(解雇回避義務の履行)、ⅲ解雇対象者の選定基準と適用の合理性と客観性、ⅳ説明・協議と理由の告知と解される[*14]。それゆえ、仮にⅰを充足するとしても、ⅱにつき希望退職の募集等解雇以外の方法の可能性が検討されるべきであるし、ⅲにつき「会社の経営方針を正しく理解し、経営改革に柔軟に対応してくれる人材」か否かという基準は客観性を欠き、ⅳも単に被解雇者に選定されたことのみの説明であれば不十分で、解雇は無効と解されるのではなかろうか。

X2・X3 の労働契約が有期労働契約である場合、「やむを得ない事由」(労契法 17 条 1 項)が存在し Y 社が解雇権を有するかどうかの具体的判断基準は、当該解雇が信義則(労契法 3 条 4 項)違反でなく、解雇権濫用でないこと(労契法 16 条)と同じと解され、前記 1 記載の通りである[*15]。また、解雇権を有する場合、解雇権の行使の適法性も問題となるが、前記 1 記載の通りである。

[*12]　【川口『労働法・第 6 版』553 頁】。
[*13]　【川口『労働法・第 6 版』577-579 頁】。
[*14]　「整理解雇」につき、信義則上の義務の履行・解雇権濫用でないことの具体的判断基準→【川口『労働法・第 6 版』569-573 頁】。
[*15]　「整理解雇」についての「やむを得ない事由」(労契法 17 条 1 項)の存否の具体的判断基準→【川口『労働法・第 6 版』581-582・569-573 頁】。

第 32 回　懲戒解雇／争議行為・団結活動の正当性

（2021〈令和 3〉年第 2 問）

I　設問

　次の設問について、現時点での法令、判例、学説等に基づき解答して下さい。

（35 字× 23 行× 4 頁＝ 3220 字くらいまで）

［2021 年司法試験労働法第 2 問（配点：50）］

　次の事例を読んで、後記の設問に答えなさい。

【事　例】

1　合板等の製造等を業とする Y 社は、本社工場と 3 つの支工場を有し、その従業員の約 8 割が A 労働組合に加入していた。同組合には、本社工場に事務局を置く組合本部とは別に支工場ごとに組合支部が置かれていたが、各支部は、同組合の下部機構であって、各支工場に特有の問題については工場協議会を開催して工場側と折衝して処理するなどしていたものの、組合本部とは独立して Y 社と団体交渉をしたり、労働協約を締結したりする権限はなかった。X は、Y 社 F 支工場従業員であり、A 労働組合 F 支部長である。

2　令和 2 年 1 月 20 日、Y 社 T 支工場において原料木粉の粉塵爆発と思われる事故が発生し、従業員 1 人が死亡したほか複数の者が負傷した。労働基準監督官等の調査によっても事故原因の特定には至らなかったが、爆発の中心地点にあった M 社製機械が着火源になった可能性が調査の過程で指摘され、そのことが M 社製の同型同年式の機械を使用していた F 支工場従業員を著しく動揺させた。その結果、生命の危険があるなどとして同機械による作業を拒否する者が現れ、一部の従業員が繁忙期を乗り越えるためにやむなく集中的にこの作業を受け持つという状況が生じた。

　同年 2 月 3 日、F 支工場製造部長である B は、この状況を解消すべく、F 支工場の工場長である W に対し、「安心して働ける環境の回復のため、M 社製機械を全て廃棄し、L 社製の同等品を導入すべきである」旨、意見を具申した。B は、かつて組合員であったが、創業者である代表取締役 Z に管理能力を買われて現職に昇進し、人事権を有する管理職となるに伴い、非組合員となっていた。

　W は、Z の三男であって長く経理部門の要職を務め、工場勤務の経験はないものの、製造部門の経費率が特に高い F 支工場の経営見直しのため、Z の判断で工場長に任命されていた。W は、M 社製機械を事故の原因とする科学的根拠が乏しい中で「安心」のために設備更新をするというコスト意識を欠く提案をする B に憤りを覚え、B に「お前らは、ありもしない亡霊を仕立てて、金がかかることばかり考える。機械にケチをつける暇があったら危険予測活動を徹底しろ。親父はかわいがっていたようだが、お前はもうだめだな。」と言って罵倒した。

　かねて W の工場運営方針に不満を覚えていた B は、激高して W の胸ぐらにつかみかかり、周囲にいた製造部の従業員に制止されながらもなお W に罵声を浴びせた。W は、暴行についての謝罪と機械の更新をしない方針に従うことを B に指示したが、B は返事をしなかった。W から事態の報告を受けた Y 社は、B には後記の就業規則第 59

条第 5 号及び第 6 号の懲戒事由があり、その情状は極めて重いとし、B に同規則所定の弁明の機会を与えた上で、同年 3 月 2 日、B に対して同年 4 月 2 日付けで懲戒解雇する旨を予告し、同日、同人を懲戒解雇した。

3　X は、B の懲戒解雇は、人命を軽視する W の策動による不当なものであるというにとどまらず、組合員がどれだけ会社の発展に身を捧げ、管理職に栄進したとしても、創業家の一存で解雇され得ることを示すものであり、放置すれば組合員の将来に希望はないと考えた。そこで X は、F 支部の幹部数人と協議の上、B の懲戒解雇の撤回を本社に上申するよう W に要求し、これが拒否された場合には F 支部組合員 15 人（製造ライン従業員の約 8 割）が示威的に一斉に早退し、罷業に入るという計画を立てた。

　　X は、この計画を組合本部の P 書記長に電話で伝達したが、P は、B の懲戒解雇に対しては厳重に抗議すべきであるとしつつ、要求が拒否された場合に組合員が一斉に早退して罷業する行動にまで及ぶのは時期尚早であり、相当ではないと返答した。しかしながら、X は、交渉が長期化すれば不当な前例が既成事実化しかねないことを懸念し、組合本部の了承を得ないまま、F 支部組合員にはそのことを秘して、計画を実行に移すこととした。

4　同年 4 月 13 日午前 10 時頃、X は、F 支部組合員 10 人を引き連れて工場長室前に赴き、同室の扉を激しくノックして「工場長！ B 部長の解雇の件でお願いしたいことがある。」と叫んだ。W は、管理職であった B の懲戒解雇について組合と話すことはないと考え、返事もせずに無視した。X は、さらに激しくノックしながら、「工場長！組合として B 部長の懲戒解雇の撤回を要求する。聞こえないのか。現場を分かっているのはあんたじゃない。B 部長だ。その B 部長をクビにして俺たちを爆弾のそばで働かせ、浮いた経費で飲む洋酒はそんなにうまいか！」と大声で言い放った。X は、W がなおも返事をしないことから、同行した組合員に「この野郎は俺たちが大人しく作業をしているうちは動く気はない。こんなところでワイワイ言っても無駄だ。聞く気がないなら俺たちも作業を放棄せざるを得ない。B 部長が戻り、怯えて働かずに済むようになるまで、組合は断固戦う。」などと言ってあおり、工場長室前を立ち去った。F 支部組合員は、支部長の指揮によるものである以上本部が了解した方針であるものと誤信しつつも、Y 社の対応や W の態度に憤りを覚え、X に賛同し、同日午前 11 時 30 分頃、全員が X と共に早退届を提出して F 支工場から立ち去った。

　　同日から始まった同盟罷業は、組合本部の仲介により要求事項の実現を見ないまま同月 21 日に終了したが、その間、F 支工場の製造部門の操業が完全に停止したため、Y 社は、生産予定であった全製品について納期を守ることができず、その後取引先から債務不履行責任を問われるなどの事態となった。

　　また、X は、罷業期間中、世論を味方に付けるため、F 支部名義の情報宣伝活動用アカウントでインターネット上に「創業家の横暴・人命を無視した搾取の実態」などと題した Y 社経営陣を批判する投稿をしたり、Y 社製品の不買を呼び掛ける投稿をしたりした。これらの投稿の大部分は、事実を誇張して Y 社を攻撃・中傷する過激なものであり、それがインターネット上で注目を集めた結果、これに呼応して Y 社を批判する匿名の投稿が爆発的に増加するとともに、これらの投稿の内容や騒動の経過が全国放送のテレビ番組で取り上げられ、それが更に反響を拡大させ、本社に抗議の電話が殺到するなどした。

5　Y 社は、X 自身が罷業期間中一切出勤せず、組合本部の了解も得ずに F 支部組合員を扇動し、罷業させた行為は就業規則第 59 条第 1 号、第 4 号及び第 6 号から第 8 号までの懲戒事由に、また、Y 社を誹謗中傷する、事実に基づかない内容の投稿を拡散させ、本社への抗議の電話を殺到させた行為は同条第 4 号及び第 6 号から第 8 号まで

の懲戒事由に、それぞれ該当し、いずれも情状は極めて重いとし、X に同規則所定の弁明の機会を与えた上で、同年 6 月 1 日、X に対して同年 7 月 3 日付けで懲戒解雇する旨を予告し、同日、同人を懲戒解雇した。

【Y 社就業規則（抜粋）】

第 59 条　従業員が次のいずれかに該当するときは、情状に応じ、訓戒、けん責、減給、出勤停止、降格、諭旨退職、懲戒解雇に処する。

1　正当な理由なく、無断で 3 日以上欠勤し、出勤の督促に応じなかったとき。

2、3　（略）

4　故意又は重大な過失により会社に重大な損害を与えたとき。

5　会社内において刑法その他刑罰法規の各規定に違反する行為を行い、その犯罪事実が明らかとなったとき（当該行為が軽微な違反である場合を除く。）。

6　勤務怠慢、素行不良又は会社の秩序又は風紀を乱したとき。

7　他の従業員の業務を妨害したとき。

8　私生活上の非違行為や会社に対する誹謗中傷等によって会社の名誉・信用を傷つけ、業務に重大な悪影響を及ぼすような行為があったとき。

9　その他前各号に準ずる程度の行為があったとき。

第 60 条　前条の規定により懲戒を行うときは、当該従業員に対し、事前に弁明の機会を与える。

［設　問］

　Y 社が X に対して行った懲戒解雇は有効か。検討すべき法律上の論点を挙げて、あなたの見解を述べなさい。

II　論点

［基本的論点］

　懲戒解雇の効力

［具体的論点、及び、配点案］（配点 50）

第 1　懲戒権の法的根拠（小計 6）

　1　判断基準〈3〉

　2　本件事案の判断〈3〉

第 2　懲戒権の行使の適法性（小計 40）

　1　判断基準〈6〉

　2　本件同盟罷業の争議行為としての正当性〈9〉

　3　本件投稿等の団結活動としての正当性〈9〉

　4　就業規則所定の懲戒事由該当事実の存否〈8〉

　　・X 自身出勤せず F 支部組合員を罷業させた行為

　　・投稿を拡散させ本社への抗議の電話を殺到させた行為

　5　就業規則等の定めの充足〈3〉

　6　信義則上の義務の履行、懲戒権濫用でないこと〈5〉

第 3　解雇に関する法規制（小計 4）

Ⅲ　事案の概要

<労使関係>
Y社とA労組本部の間／団体交渉・労働協約
Y社支工場とA労組支部の間／各工場固有の問題につき工場協議会を開催
A労組支部に団体交渉・労働協約締結権限なし

<紛争の経緯>

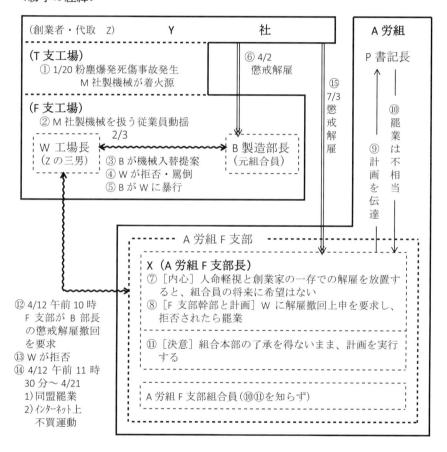

Ⅳ　解答例　(35字×23行×4頁＝35字×92行〈3220字〉)

　Xに対する懲戒解雇の効力については、Y社の、①懲戒権の法的根拠と、②懲戒権の行使の適法性が問題となる。

第1　懲戒権の法的根拠[*1]

1　判断基準

使用者は労働契約の当事者として当然に懲戒権を有するとの見解[*2]もありうるが、懲戒権の法的根拠となる憲法・法律の条文はなく、使用者と労働者の権利義務関係は労働契約により決定されるから、懲戒権は労働契約上の法的根拠を必要とし、使用者が懲戒権を有することにつき、①労働者と使用者の事前の合意、②労働契約の内容となっている就業規則の定め、③労働契約の内容を規律している労働協約の定めのいずれかが必要と解すべきである[*3]。

2　本件事案の判断

Y社就業規則の懲戒事由と懲戒処分に関する定めは、XとYの労働契約締結以前からF支工場[*4]の就業規則として存在することを前提とすると、内容は適法かつ合理的であるので、他の労契法7条の要件(労働契約締結時のX及び当該事業場の労働者への周知、Xに有利な特約がないこと)を充足し、かつ、労基法90条・89条・106条1項所定の手続が履践されていれば、XとYの労働契約の内容となっており、Y社はXに対し懲戒権を有する。

第2　懲戒権の行使の適法性[*5]

1　判断基準

懲戒権の行使が適法であるためには、①就業規則に適法かつ合理的な懲戒事由と懲戒処分が定められ、実質的な周知と労基法所定の手続が履践されていることに加え、②懲戒事由に該当する事実の存在、③就業規則等の定めの充足、④信義則(労契法3条4項)違反、懲戒権濫用(労契法15条)でないこと、その他強行法規違反でないことが必要である。

Xは、 i)X自身出勤せず組合本部の了解を得ずF支部組合員を罷業させた行為、及び、 ii)Y社を誹謗中傷し事実に基づかない内容の投稿を拡散させ本社への抗議の電話を殺到させた行為が、就業規則所定の懲戒事由に該当するとして懲戒解雇されたが、 i)のXとF支部組合員の同盟罷業が争議行為として、 ii)が団結活動として正当であれば、正当な争議行為への参加と企画又は団結

---

*1　懲戒権の法的根拠→【川口『労働法・第6版』523-525頁】。
*2　判例の固有権説をごく簡単にまとめるとこのようになると思われる。詳細は、【川口『労働法・第6版』524頁】
*3　ここでは、判例の「固有権説」ではなく、「契約説」を採用して解答している(【川口『労働法・第6版』524-525頁】)。
*4　問題文中に「F支部組合員15人(製造ライン従業員の約8割)」との記述があるので、F支工場は就業規則作成義務のある事業場と思われる。
*5　懲戒権行使の適法性→【川口『労働法・第6版』526-527・528-529頁】。

活動を懲戒事由として定めても労組法 7 条 1 号・3 号違反で労働契約の内容とはならないから(労契法 13 条)懲戒事由該当事実は存在せず、当該懲戒解雇は労組法 7 条 1 号・3 号違反でもあり、無効なので、以下、検討する(→2・3)。

2　X及びF支部組合員の同盟罷業の争議行為としての正当性

争議行為の正当性[*6]は、①主体、②目的、③手段・態様等の点から判断されるところ、当該同盟罷業は、②目的[*7]は、「Bの懲戒解雇を撤回させること」で、Bは A 組合員ではないが、人命軽視や操業家の一存での解雇を放置しないことにより A 組合員の雇用・労働条件を維持改善させ、かつ、Y 社が決定しうる事項であるから、正当であり、③手段・態様[*8]も、労務の不提供であるから正当であるが、①主体[*9]の点で、A 組合の下部機構である F 支部の組合員が組合本部の了承を得ないで行う同盟罷業[*10]は、その主体は団体行動権を第二次的に享受する労働組合ではなく、また、X や F 支部組合員は団体行動権の第一次的享受主体であるが、組合員である限りはその団体行動権は労働組合に集約され、労働組合の行為の範囲内でのみ争議行為をなすことができるから、正当ではなく、正当な争議行為とは言えないであろう。

3　ⅱ)の行為の団結活動としての正当性

団結活動の正当性[*11]は、①主体、②目的、③手段・態様等の点から判断されるところ、ⅱ)の行為について、②目的[*12]は、B の懲戒解雇を撤回させ、それにより A 組合員の雇用・労働条件を維持改善するためであるから正当であるが、①主体[*13]については、労働者は団結権及び団体行動権の第一次的享受主体であるが、組合員となった場合はその団結権及び団体行動権は労働組合に集約され、労働組合の行為の範囲内でのみ団結活動をなしうるところ、A 組合員 X の行為は組合本部の了承を得ないまま参加・企画した同盟罷業を補強しようとするもので A 組合の行為ではないから正当ではなく、③手段・態様[*14]も、そのネット上の投稿の大部分は事実を誇張して Y 社を攻撃・中傷する過激なもので

---

*6　争議行為の正当性の判断基準→【川口『労働法・第 6 版』797-824 頁】。
*7　争議行為の「目的」の正当性の判断基準→【川口『労働法・第 6 版』800-807 頁】。
*8　争議行為の「手段・態様」の正当性の判断基準→【川口『労働法・第 6 版』812-824 頁】。
*9　争議行為の「主体」の正当性の判断基準→【川口『労働法・第 6 版』798-799 頁】。
*10　労働組合の組合員の一部の集団、あるいは、②それ自体として労働組合としての組織を備えていない下部組織・職場組織が、組合所定の期間の承認を受けないで行うストは「山猫スト」と呼ばれる→【川口『労働法・第6版』798-799 頁】。
*11　団結活動の正当性の判断基準→【川口『労働法・第 6 版』824-838 頁】。
*12　団結活動の「目的」の正当性の判断基準→【川口『労働法・第 6 版』826-827 頁】。
*13　団結活動の「主体」の正当性の判断基準→【川口『労働法・第 6 版』824-826 頁】。
*14　団結活動の「手段・態様」の正当性の判断基準→【川口『労働法・第 6 版』827-838 頁】。

あり、情報宣伝活動の内容につき正当ではないから、正当な団結活動ではないであろう。

4　就業規則所定の懲戒事由該当事実の存否[*15]

前記 i ）の X と F 支部組合員の同盟罷業が争議行為として正当ではなく、前記 ii ）が団結活動として正当でないとしても、X の i ）又は ii ）の行為は直ちに就業規則所定の懲戒事由該当事実にはならず、別途検討が必要である。

Y 社は i ）の行為が就業規則 59 条の 1 号・4 号・6 〜 8 号に該当するとしているところ、Y 社は F 支工場の製造部門の操業停止により取引先から債務不履行責任を問われたので、4 号と 6 号には形式的・実質的に該当すると言えようが、1 号は、「無断で」欠勤したのか、また、「出勤の督促」がありこれに応じなかったのかは不明であり、7 号は、他の従業員の業務を具体的に妨害したわけではないから該当せず、8 号も、私生活上の非違行為や会社に対する誹謗中傷等ではないから該当しないであろう。

また、Y 社は ii ）の行為が就業規則 59 条の 4 号・6 〜 8 号に該当するとしているところ、6 号と 8 号には形式的・実質的に該当すると言えようが、4 号は、実際に不買運動がなされ Y 社に重大な損害を与えたのか不明であり、7 号は、他の従業員の業務を具体的に妨害したわけではないから該当しないであろう。

5　就業規則等の定めの充足[*16]

Y 社のなした懲戒解雇は就業規則所定の懲戒処分から選択され、就業規則所定の弁明の機会付与はなされているので、就業規則の定めは充足している。

6　信義則上の義務の履行、懲戒権濫用でないこと[*17]

懲戒処分についての信義則上の義務（労契法 3 条 4 項）の履行としては、①当該懲戒処分の内容の相当性、②適正手続等が要求され、また、懲戒権濫用（労契法 15 条）に該当するかどうか、客観的に合理的な理由と社会通念上の相当性についても同様の判断基準と解されるところ、①につき、X の行為の発端が、Y 社 T 支工場における労災死亡事故、その原因の可能性がある M 社製機械の F 支工場での使用、L 社製機械の導入を具申した B の懲戒解雇にあり、A 組合員の安全と恣意的解雇からの保護を目的とするものであり、他方、Y 社が F 支工場の従業員の安全確保のために十分な対応をとっていないことに鑑みれば、懲戒解雇は重すぎると思われ、また、③懲戒解雇に際しては、弁明の機会の付与のみ

[*15]　就業規則所定の懲戒事由該当事実の存否→【川口『労働法・第 6 版』542-545 頁】。
[*16]　懲戒処分の就業規則等の定めの充足→【川口『労働法・第 6 版』546 頁】。
[*17]　懲戒処分が信義則上の義務を履行しているか否か、懲戒権濫用でないか否かの判断基準→【川口『労働法・第 6 版』546-548 頁】。

ならず、懲戒委員会の設置と審議等の慎重な手続が必要である。したがって、本件懲戒解雇は、信義則に反し、懲戒権濫用で無効ではなかろうか。

第3　解雇に関する法規制

懲戒解雇[18]は「懲戒処分」であるとともに「解雇」でもあるから、解雇権濫用（労契法 16 条）であってはならず、また、X の労働契約が有期労働契約であれば解雇権の法的根拠として「やむを得ない事由」（労契法 17 条 1 項）が必要であるところ[19]、解雇権濫用の判断基準は前記第 2 の 6 の懲戒権濫用と同じであり、「やむを得ない事由」は前記第 2 が肯定されればその存在が肯定されよう。本件では、解雇予告（労基法 20 条）[20]はなされている。

第 33 回　配転／有期労働契約の終了

（2022〈令和 4〉年第 1 問）

I　設問

次の設問について、現時点での法令、判例、学説等に基づき解答して下さい。

（35 字× 23 行× 4 頁＝ 3220 字くらいまで）

[2022 年司法試験労働法第 1 問（配点：50）]
次の事例を読んで、後記の設問に答えなさい。

【事 例】

1　貨物自動車運送事業等を営む Y 社は、令和元年 10 月 1 日、それまでに他の運送事業者において約 10 年間勤務し、その間に運行管理業務等に従事した経験を有する X1 を、それらの経験や運行管理者の資格（注）を有する点を評価し、正社員として採用した。その際に締結された労働契約には、期間の定めはなく、職種や業務を限定する定めもなかった。採用決定時、Y 社は X1 に対して「当面は運行管理者をお願いする。」と口頭で告げ、X1 は以後運行管理者として Y 社において運行管理業務に従事した。

X2 は、平成 29 年 5 月 1 日、契約期間を 1 年とし、職種を乗務員とする有期労働契約を Y 社との間で締結し、Y 社で勤務していた。X2 の有期労働契約は、平成 30 年 5 月 1 日、令和元年 5 月 1 日及び令和 2 年 5 月 1 日に、それぞれ同一の内容で更新されたが、契約期間を通算した期間が 5 年を超えて更新することはないとされており、X2 は、このことについて採用時に説明を受けていた。

---

*18　「懲戒解雇」の効力→【川口『労働法・第 6 版』575-577・582-583 頁】。
*19　有期労働契約における解雇権の法的根拠→【川口『労働法・第 6 版』577-579 頁】。
*20　解雇予告又は解雇予告手当の支払（労基法 20 条）→【川口『労働法・第 6 版』554-557 頁】。

2　Y社は、X1 が運行管理業務に従事するようになってから乗務員による高速道路の使用が増加し、その費用がかなり高額になっていることを気に掛けていたところ、乗務員の間に X1 による乗務指示の割り振りに対する不満がたまっているとの情報に接したことから、X1 の運行管理者としての適性に疑問を持ち、令和 2 年 9 月、X1 と面談することとした。X1 は、同面談において、乗務員の不満の原因は人員の不足とそれに起因する業務過多にあり、乗務員の労働条件を改善し、離職を防止するためには、高速道路を使用させることは不可欠であるし、それにより輸送事故のリスクも下がることとなる、と説明した。

　Y社は、X2 を含む乗務員数人とも面談したところ、前記の情報のとおり、多くの乗務員が X1 の乗務指示の割り振りに不満を持っていることが確認された。この面談の際、X2 は、Y社に対して、納入先からの帰路に、軽微ではあるが事故を起こしてしまい、それ以降、いつか大きな事故を起こすかもしれないと不安で乗務に集中できないことがある、乗務員以外の仕事に代わることができるのであれば代わりたい旨、心情を吐露した。

3　Y社は、X1 及び X2 らとの面談の結果を踏まえ、X1 には運行管理者としての適性が十分に備わっているといえず、引き続き運行管理業務に従事させるのは不適当であると判断し、運行管理者資格を有する者をほかに手配できる見通しがあったため、X1 の業務を運行管理業務以外の業務に変更することにした。また、X2 についても、輸送事故への不安を持ったまま乗務員を続けさせるのはリスク管理の点から問題であると判断した。Y社は、折から、倉庫部門の倉庫作業員数名の有期労働契約が終了し、倉庫作業員が 4 名不足する見通しであったことから、X1 と X2 を、倉庫部門において倉庫業務に就かせることとし、X1 に対しては、Y社就業規則の規定に基づき、令和 2 年 10 月 1 日付けで倉庫部門への配置転換を命じ、X2 に対しては、倉庫作業員への職種変更の申込みをし、X2 は同日付けでこれに応じる意思表示をした。なお、X1 が運行管理業務を行っていた場所と倉庫部門の倉庫作業員として業務に従事することとなる倉庫は、Y社の同一敷地内にあった。また、当該配置転換により X1 の基本給等の所定内賃金には変更はなかったが、倉庫部門では時間外労働がほとんどないため、その分の賃金の減少が見込まれた。

4　X1 は、運行管理業務から離れることには不満があったものの、Y社から、倉庫部門においてはその作業の管理も任せるとの説明を受けていたため、配置転換命令に従うこととしたのであったが、倉庫部門での勤務を実際に開始すると、作業の管理を行うためのシステムや設備が存在せず、仕分けや積込み等の作業しかなかった。また、倉庫部門の中で、正社員は X1 ただ一人であり、他の倉庫作業員は全て有期労働契約で業務に従事する者であった。X1 は、それらの状況を知ってモチベーションが下がり、肉体的疲労も強かったため、この配置転換に強い不満を抱くに至った。

　その一方で、X2 は、乗務員であった時期に輸送した物品に関する豊富な知識があったことから、職種変更後の倉庫業務にやりがいを感じ、その知識をいかして同僚にも有効なアドバイスをするようになり、次第に周囲から頼られる存在となった。

5　令和 3 年 4 月、Y社は、X2 に対し、同年 5 月 1 日からの有期労働契約書を提示した。同契約書には、契約期間は同日から令和 4 年 4 月 30 日までの 1 年間であること、更新はないこと、職種は倉庫作業員であることが記載されていた。X2 は、職種変更により通算で更新可能な期間がリセットされると思い、同年 5 月以降も働けることを事務担当者に確認したところ、同事務担当者は、「それは難しいと思いますが、1 年先の話ですから、今後、確認されてはどうですか。」と言い、それを聞いた X2 は、確かに今確認する必要はないと思い、同契約書に署名した。

　その後約 1 年が経過した令和 4 年 4 月、X2 は、Y社に対して、労働契約の更新を求めたが、Y社はこれを拒否した。X2 と Y社との間の労働契約は、同月 30 日をもって契約

期間が満了したが、翌5月1日時点で、倉庫作業員は2名不足していた。
　（注）　運行管理者は、道路運送法及び貨物自動車運送事業法に基づき、事業用自動車の運転者の乗務割の作成、休憩・睡眠施設の保守管理、運転者の指導監督、点呼による運転者の疲労・健康状態等の把握や安全運行の指示等、事業用自動車の運行の安全を確保するための運行管理業務を行う専門職であり、その資格を得るには、①事業用自動車の運行管理に関する5年以上の実務経験を有し、かつ、その間に所定の講習を5回以上受講していること等の要件を満たすこと、又は②運行管理者試験に合格することが必要である。自動車運送事業者は、営業所ごとに保有車両数に応じた一定の人数以上の運行管理者を選任しなければならない。

〔設　問〕
１．X1は、倉庫部門への配置転換は不当であり、運行管理業務に戻すべきであると主張している。このX1の見解の当否について、検討すべき法律上の論点を挙げて、あなたの意見を述べなさい。
２．X2は、Y社の契約更新拒否は不当であり、令和4年5月1日以降もY社に雇用され続けていると考えている。このX2の見解の当否について、検討すべき法律上の論点を挙げて、あなたの意見を述べなさい。

Ⅱ　事案の概要

＜X1＞

令1・10・1	Y社と期間の定めのない労働契約(職種・業務を限定する定めなし)を締結 運行管理業務の経験や運行管理者の資格を評価される 以後、運行管理業務に従事
令2・9・1	Y社と面談(Y社は他の乗務員とも面談)
令2・10・1	運行管理業務から倉庫部門の倉庫業務へ配置転換

＜X2＞

平29・5・1	契約期間1年の有期労働契約(職種は乗務員)を締結 契約期間は通算5年を超えることはないとされ、採用時にその旨の説明を受ける
平30・5・1	同一内容で有期労働契約を更新
令1・5・1	同一内容で有期労働契約を更新
令2・5・1	同一内容で有期労働契約を更新
令2・10・1	乗務員から倉庫作業員へ配置転換
令3・4	有期労働契約書(契約期間は令3・5・1から令4・4・30まで、更新なし、職種は倉庫作業員)に署名
令4・4	Y社に契約更新を求めたがY社はこれを拒否

Ⅲ　論点

［基本的論点］

＜設問1＞

　労働義務の内容（職務内容）変更の肯否

＜設問2＞

　有期労働契約の契約更新拒否による労働契約終了の肯否

［具体的論点、及び、配点案］（配点50）

＜設問1＞（小計25）

第1　本件配転に関するX1の同意の有無〈4〉

第2　Y社の配転命令の効力（小計21）

　　1　配転命令権の法的根拠〈10〉

　　　・事前の合意〈3〉

　　　・就業規則〈7〉

　　　　・判断基準

　　　　・本件事案の判断

　　2　配転命令権の行使の適法性〈11〉

　　　・判断基準

　　　・本件事案の判断

＜設問2＞（小計25）

第1　有期労働契約締結・更新の承諾みなし制度（労契法19条）〈3〉

　　　・要件／効果

第2　労契法所定の要件充足の有無（小計17）

　　1　X2の有期労働契約の法的性質〈10〉

　　　・労契法19条1号又は2号該当性

　　　・更新限度・不更新の定め

　　2　X2による申込みの有無〈3〉

　　3　申込みの拒絶の違法性〈4〉

　　　・判断基準

　　　・本件事案の判断

第3　労契法19条所定の要件を充足している場合の効果〈5〉

　　　・労契法19条による効果

　　　・労契法18条による効果

IV 解答例 （35字×23行×4頁＝35字×92行〈3220字〉）

＜設問１＞

本設問では、本件 X1 の配転（運行管理業務から倉庫業務へ）の効力の肯否が基本的な論点である。

第1 配転に関する X1 の同意の有無

本件配転が命じられた時点で X1 の同意があれば、Y 社と X1 の合意により職務内容が変更されるが（労契法 8 条）[*1]、X1 は倉庫部門の作業管理も任せるとの説明により配転命令に従うこととしたもので、仕分けや積込み作業のみの職務変更に同意したとは認定できず、合意による配転の効力は肯定できない。

第2 Y 社による配転命令の効力[*2]

Y 社の配転命令が有効であれば本件配転の効力が生じるが、当該配転命令が有効であるためには、Y 社が配転命令権を有し、かつ、配転命令権の行使が適法であることが必要である。

1 配転命令権の法的根拠[*3]

本件では、配転命令権の法的根拠として、1)X1 と Y 社の事前の合意、2)Y 社の就業規則が考えられるところ、1)につき、X1 と Y 社の労働契約には、職種や業務を限定する定めはなかったが、Y 社が配転命令権を有する旨の定めがあるとの記述もなく、当該定めがなければ配転命令権の法的根拠はない。

2)につき、就業規則の配転命令権に関する規定は、当該労働者と使用者が労働契約を締結した時点で存在すれば、①合理的な内容、②周知（当該労働者と当該事業場の労働者全体）、③労働者に有利な異なる合意の不存在（以上、労契法 7 条）、④労基法所定の手続（89・90 条、106 条 1 項）の履践により、労働契約の内容となり配転命令権の法的根拠となるところ[*4]、問題文では「Y 社就業規則の規定に基づき」とのみ記載されているので、①②④を充足しているかは不明だが、労働契約に職種・業務を限定する定めはなく③は充足している。

2 配転命令権の行使の適法性[*5]

Y 社が X1 に対し配転命令権を有していても、その行使については、1)労働

---

*1 合意による労働契約内容の変更→【川口『労働法・第 6 版』475-477 頁】。
*2 配転命令の効力→【川口『労働法・第 6 版』482-488 頁】。
*3 配転命令権の法的根拠→【川口『労働法・第 6 版』482-484 頁】。
*4 配転命令権に関する就業規則の規定が労契法 7 条又は 10 条等により労働契約の内容となる要件→【川口『労働法・第 6 版』483 頁】、就業規則の非有利設定効（労契法 7 条等）の要件→【川口『労働法・第 6 版』107-110 頁】、就業規則の不利益変更効（労契法 10 条等）の要件→【川口『労働法・第 6 版』110-115 頁】。
*5 配転命令権の行使の適法性→【川口『労働法・第 6 版』484-488 頁】。

協約、就業規則、労働契約等の定めの充足、2)信義則(労契法 3 条 3・4 項)上の義務の履行、3)権利濫用でないこと(労契法 3 条 5 項)、4)強行法規違反でないことが必要である。

本件では 1)は不明で、4)は特に見当たらない。2)については、(a)配転の必要性(対象労働者の選定基準と適用の合理性を含む)、(b)配転後の労働条件の相当性、(c)説明・協議等の手続の相当性を要すると解すべきであり[*6]、3)については、①業務上の必要性がない場合、又は、②業務上の必要性がある場合でも、当該配転命令が他の不当な動機・目的でなされた、若しくは、労働者に通常甘受すべき程度を著しく超える不利益を負わせる等、特段の事情が存する場合は権利濫用と解されているところ[*7]、Y 社は、X1 の運行管理者としての適性が不十分と判断し、他方、他の運行管理資格者を手配でき、倉庫作業員が不足することから、本件配転を命じたが、X1 の適性評価が十分な手続によりなされたか、また、X1 を配転対象者とした基準は合理的かは不明で、(a)配転の必要性と①業務上の必要性につき疑問であり、また、X1 の勤務場所や所定内賃金は変わらないが、時間外労働分の賃金の減少が見込まれ、正社員は X1 一人の異職種への変更で肉体的疲労が強いことに鑑みれば、(b)配転後の労働条件の相当性には疑問で、②通常甘受すべき程度を著しく超える不利益とも評価でき、また、Y 社は配転後の職務内容が仕分けや積込み作業のみであるのに作業管理もあると説明し、(c)説明・協議等の手続の相当性を欠くから、本件配転命令は信義則違反又は権利濫用で無効ではなかろうか。

＜設問2＞

本設問では、X2 の労働契約が Y 社の契約更新拒否により終了するか否かが基本的な論点である。

第1 有期労働契約締結・更新の承諾みなし制度(労契法 19 条)[*8]

有期労働契約は期間の満了により終了するのが原則であるが[*9]、労契法 19 条所定の要件を充足すれば、新たな有期労働契約が更新され又は成立する。

第2 労契法 19 条所定の要件充足の有無

1 X2 の有期労働契約の法的性質

[*6] 【川口『労働法・第 6 版』487-489 頁】。

[*7] 東亜ペイント事件・最二小判昭 61・7・14 集民 148 号 281 頁/労判 477 号 6 頁、【川口『労働法・第 6 版』484-485 頁】。

[*8] 有期労働契約締結・更新の承諾みなし制度(労契法 19 条)→【川口『労働法・第 6 版』586-593 頁】。

[*9] 【川口『労働法・第 6 版』583 頁】。

労契法 19 条所定の要件の第一は、当該有期労働契約が労契法 19 条 1 号又は 2 号に該当することである[*10]。

　本件では、① X2 の有期労働契約は、契約締結時及びその後の更新時にも、通算契約期間が 5 年を越えて更新することはないとされ[*11]、その点について X2 は採用時に説明を受けており、また、② X2 が職種変更により更新可能期間がリセットされると思ったことも Y 社からそのような示唆を受けたわけではないことから、X2 の労働契約は期間の定めのない労働契約と実質的に同一ではなく、契約更新への合理的な期待もなく、労契法 19 条 1 号・2 号に該当しないとの判断もあり得るであろう。

　しかし、労契法 18 条は、同一の使用者と締結された二以上の有期労働契約の契約期間が通算 5 年を越える場合、労働者の申込み（無期転換申込権の行使）により期間の定めのない労働契約が成立する旨を定めるところ[*12]、契約更新限度の設定と不更新が、同条所定の無期転換申込権の発生の回避を目的とするものであれば、当該契約更新限度と不更新の通知を労契法 19 条 1 号・2 号該当性の判断対象とする事実から除外することが信義則に則した事実認定であり、当該更新限度の設定又は不更新に合理的な理由がなければ、それは無期転換申込権の発生の回避を目的とするものと判断すべきである[*13]。本件では更新限度が無期転換申込権が発生しない限度に設定され、当該更新限度の合理的理由は見当たらず、他方、X2 の職務内容（乗務員及び倉庫業務）は臨時的なものではなく、X2 は周囲から頼られる存在で、4 回契約が更新されているから、契約更新への合理的な期待があり労契法 19 条 2 号に該当すると解すべきであろう。

2　X2 による申込みの有無

　労契法 19 条所定の要件の第二は、当該労働者が契約期間満了までに契約更新の申込みをし、又は、期間満了後遅滞なく契約締結の申込みをしたことである[*14]が、X2 は、契約期間満了前の令和 4 年 4 月に契約の更新を求めている。

3　申込みの拒絶の違法性

　労契法 19 条所定の要件の第三は、労働者の契約更新又は締結の申込みに対する使用者の拒絶が「客観的に合理的な理由を欠き、社会通念上認められない

---

*10　有期労働契約の法的性質の要件→【川口『労働法・第 6 版』588-591 頁】。
*11　更新限度・不更新の定めの意義と効力→【川口『労働法・第 6 版』588-591 頁】。
*12　有期労働契約の期間の定めのない労働契約への転換制度→【川口『労働法・第 6 版』648-654 頁】。
*13　【川口『労働法・第 6 版』590-591 頁】。
*14　労働者の申込みの要件→【川口『労働法・第 6 版』591-592 頁】。

こと」*15であるが、本件では X2 の労務履行につき問題とされる点はなく、また、X2 との契約期間満了時点で倉庫作業員は 2 名不足しており人員削減の必要性もないことから、当該要件は充足していると言えよう。

第3　労契法 19 条所定の要件を充足している場合の効果*16

本件では労契法 19 条所定の要件を充足しているから、従前の有期労働契約と同一の労働条件で契約が更新され、令和 4 年 5 月 1 日から契約期間 1 年で職種を倉庫作業員とする有期労働契約が成立する。そして、当該有期労働契約の成立により、労契法 18 条所定の通算契約期間の要件を充足するから、当該有期労働契約の成立後期間満了までに X2 が無期転換申込権を行使すれば、令和 5 年 5 月 1 日から労務が提供される期間の定めのない労働契約が成立する。

第 34 回　労働契約内容の変更（就業規則・労働協約）／均等・均衡待遇原則

（2022〈令和 4〉年第 2 問）

Ⅰ　設問

次の設問について、現時点での法令、判例、学説等に基づき解答して下さい。

（35 字× 23 行× 4 頁＝ 3220 字くらいまで）

［2022 年司法試験労働法第 2 問〔配点：50〕］
次の事例を読んで、後記の設問に答えなさい。

【事例】
食品の製造販売業を営む Y 社は、同社の全ての事業場で労働者の過半数を組織する A 労働組合との間で 30 年前になされた書面化されていない合意に基づき、同社の正社員（無期労働契約で雇用されている労働者）に対し、7 月と 12 月の年に 2 回、それぞれ基本給月額の 2 か月分の賞与を支給してきた。その支給要件は、7 月に支給される賞与については前年度の 10 月から 3 月までの期間、12 月に支給される賞与については当年度の 4 月から 9 月までの期間に、所定労働日数の 9 割以上出勤し、賞与支給日に在籍していることとされ、30 年間、この取扱いが同社内で問題とされることはなかった。その間、同社の正社員に適用される正社員就業規則（後述する令和 2 年の改定の前のもの）には、賞与の支給に関しては、「会社は、会社の業績や経営状況等により、7 月と 12 月の年に 2 回、賞与の支給日に在籍している正社員に対し、賞与を支給することがある。」との規

---

*15　申込みの拒絶の違法性要件→【川口『労働法・第 6 版』592-593 頁】。
*16　労契法 19 条所定の要件充足の効果→【川口『労働法・第 6 版』593 頁】。

定が置かれているのみであった。一方、同社の契約社員（有期労働契約で雇用されている労働者）に適用される契約社員就業規則（後述する令和2年の改定の前のもの）には、賞与の支給に関する規定はなく、同社の契約社員には賞与は支給されていなかった。

　Y社は、「働き方改革を推進するための関係法律の整備に関する法律」（平成30年法律第71号）による「短時間労働者及び有期雇用労働者の雇用管理の改善等に関する法律」（平成5年法律第76号）の改正（同改正により同法の題名も改められた。）が令和2年4月1日に施行されることに合わせて、同年7月から、契約社員にも賞与を支給する方針を固めた。Y社は、令和元年10月から令和2年3月にかけてA労働組合と団体交渉を重ね、同月27日に、A労働組合との間で、「令和2年7月以降の賞与は、正社員については基本給月額の1.8か月分とし、契約社員については基本給月額の0.5か月分とする。」との書面による労働協約を締結した。なお、同社は、同年3月末時点で、200人の正社員と125人の契約社員を雇用しており、正社員である労働者は、ユニオン・ショップ協定に基づき、取締役を兼務する部長6名と総務部の次長・課長2名以外の全員がA労働組合に加入しているが、同社の契約社員は、ユニオン・ショップ協定の対象外とされ、A労働組合に加入していない。

　Y社は、同労働協約の締結後、正社員就業規則の前記の賞与規定を改定して、「会社は、7月と12月の年に2回、7月に支給される賞与については前年度の10月から3月までの期間、12月に支給される賞与については当年度の4月から9月までの期間に、所定労働日数の9割以上出勤し、賞与支給日に在籍している正社員に対し、基本給月額の1.8か月分の賞与を支給する。」との規定を設け、契約社員就業規則には、新たに、「会社は、7月と12月の年に2回、7月に支給される賞与については前年度の10月から3月までの期間、12月に支給される賞与については当年度の4月から9月までの期間に、所定労働日数の9割以上出勤し、賞与支給日に在籍している契約社員に対し、基本給月額の0.5か月分の賞与を支給する。」との規定を設けた。Y社は、A労働組合から、「各就業規則改定に賛成する」旨の意見を聴取し、令和2年3月31日、所轄の労働基準監督署長に改定後の各就業規則の届出をした上で、同社の全ての労働者に対し、社内電子メールを送付して改定後の各就業規則を周知した。

　Y社の正社員でA労働組合の組合員であるX1は、令和2年7月に支給された賞与が従来支給されていた基本給月額の2か月分から1.8か月分に減額されたことに不満を持っている。

　また、平成29年4月1日に契約期間1年の有期労働契約でY社に雇用された契約社員であるX2は、同契約を3回更新され、令和2年7月を迎えたが、同月に支給された賞与が基本給月額の0.5か月分であったことに不満を持っている。X2が、Y社に対し、正社員と契約社員の間の賞与の相違とその理由について説明を求めたところ、Y社の総務部長は、X2に対し、「会社の就業規則にそう規定されています。」と述べて、同社の正社員就業規則と契約社員就業規則の該当規定を提示した。

　なお、X2は、Y社で食品衛生管理に関する事務作業に従事しているが、その職務の内容は、同じ部署で働いている入社3年目の正社員と同じであり、同部署の入社1年目の正社員に対して、業務遂行について教育指導を行うこともあった。Y社の契約社員の基本給は時間給制であり、契約社員には勤務地の変更を伴う配置転換はない。Y社の正社員の基本給は経験と能力に応じた職能給（月給）制であり、正社員には勤務地の変更を伴う配置転換があるほか、同社の幹部になることを視野に入れ、長期的に人材育成がなされるものとされていた。Y社には、契約社員から正社員に登用される制度はない。

〔設　問〕

1．X1は、Y社に対し、基本給月額2か月分の賞与の支払を請求することができるか。考えられる論点を挙げて検討し、あなたの見解を述べなさい。

2．X2 は、Y 社に対し、正社員と契約社員の間の令和 2 年 7 月以降の賞与の相違について、何らかの請求をすることができるか。考えられる論点を挙げて検討し、あなたの見解を述べなさい。

Ⅱ　事案の概要

＜正社員の賞与に関する規定・取扱い＞

令和 2 年の改定前	令和 2 年の改定後
［30 年前の A 労働組合との合意・取扱い］ 　7 月と 12 月の年 2 回、基本給月額の 2 か月分の賞与を支給 　支給要件：算定期間（7 月賞与は前年度 10 月から 3 月、12 月賞与は当年度の 4 月から 9 月）の所定労働日数の 9 割以上出勤、賞与支給日在籍 　30 年この取扱いは問題とされず	［A 組合と Y 社の労働協約（令和 2・3・27）］ 　令和 2 年 7 月以降の賞与は、基本給月額の 1.8 か月分とする
［正社員就業規則］ 　7 月と 12 月の年 2 回、会社の業績や経営状況等により、賞与支給日在籍者に賞与を支給することがある	［正社員就業規則］ 　7 月と 12 月の年 2 回、基本給月額の 1.8 か月分の賞与を支給 　支給要件：算定期間（7 月賞与は前年度 10 月から 3 月、12 月賞与は当年度の 4 月から 9 月）の所定労働日数の 9 割以上出勤、賞与支給日在籍

＜契約社員の賞与に関する規定・取扱い＞

令和 2 年の改定前	令和 2 年の改定後
	［A 組合と Y 社の労働協約（令和 2・3・27）］ 　令和 2 年 7 月以降の賞与は、基本給月額の 1.8 か月分とする
［契約社員就業規則］ 　賞与支給に関する規定なし	［契約社員就業規則］ 　7 月と 12 月の年 2 回、基本給月額の 1.8 か月分の賞与を支給 　支給要件：算定期間（7 月賞与は前年度 10 月から 3 月、12 月賞与は当年度の 4 月から 9 月）の所定労働日数の 9 割以上出勤、賞与支給日在籍

＜正社員と契約社員の労働条件等＞

正社員	契約社員
基本給：職能給(月給)制 勤務地の変更を伴う配置転換あり 幹部になることを視野に入れた長期的人材育成	基本給：時間給制 勤務地の変更を伴う配置転換なし

＊ X1：正社員・A 労働組合の組合員
＊ X2：契約社員・A 労働組合の組合員ではない
　　平成 29 年 4 月 1 日に契約期間 1 年で Y 社に雇用、契約 3 回更新
　　食品衛生管理の事務作業に従事、職務内容は同部署で働く入社 3 年目の正社員と同じ
　　入社 1 年目の正社員に教育指導を行うこともある

Ⅲ　論点

［基本的論点］

＜設問 1 ＞
　賞与請求権の有無／就業規則・労働協約による労働契約内容変更の肯否
＜設問 2 ＞
　賞与又は損害賠償請求権の有無／パート・有期法 8 条違反の有無と効果

［具体的論点、及び、配点案］（配点 50）

＜設問 1 ＞（小計 28）
第 1　令和 2 年の改訂前の X1 の賞与請求権〈9〉
　　　・正社員就業規則
　　　・A 労働組合との合意とその後の取扱い
第 2　正社員就業規則の改訂による労働契約内容変更の肯否〈9〉
　　　・判断基準
　　　　・労働契約内容の不利益変更（労契法 9・10 条等）
　　　・本件事案の判断
第 3　A 労働組合と Y 社の労働協約による労働契約内容変更の肯否〈10〉
　　　・判断基準
　　　　・協約締結組合員の労働契約内容の不利益変更（労組法 16 条等）
　　　・本件事案の判断
＜設問 2 ＞（小計 22）
第 1　パート・有期法 8 条違反の成否〈14〉

IV　解答例　　(35字×23行×4頁＝35字×92行〈3220字〉)

＜設問1＞
第1　令和2年の改訂前のX1の賞与請求権

　　令和2年の改訂前の正社員就業規則は、賞与の具体的な支給額又は算定方法を定めていないので、それだけでは基本給月額2か月分の賞与請求権の根拠とはならない*1。しかし、30年前のA労働組合とY社との合意に基づき、Y社正社員には、7月と12月の年2回、所定の算定期間の所定労働日数の9割以上出勤と賞与支給日在籍を要件として基本給月額の2か月分の賞与が支給され、30年間当該取扱いがY社内で問題とされることはなかったのであるから、当該取扱い*2は、1)①黙示の合意、若しくは、②事実たる慣習（民法92条)*3により、又は、2)前記就業規則の定めを補充しその最低基準効（労契法12条)*4により、Y社正社員の労働契約の内容となっていたと解される。

　　したがって、①令和2年の正社員就業規則の改定（→第2）、又は、②令和2年に締結されたA労働組合とY社の労働協約により（→第3）、賞与請求権に関するX1の労働契約の内容が変更されたかが論点となる。

第2　正社員就業規則の改訂によるX1の労働契約内容変更の肯否

　　改定後の正社員就業規則を改定前のX1の労働契約内容と比較すると、賞与額が基本給月額0.2か月分少ない不利益な内容である。したがって、X1の労働契約内容を変更する効力は原則として認められないが（労契法9条）、例外的に、労契法10条所定の、1)X1の労働契約締結後の就業規則の変更による労働条件変更であること、2)①X1の受ける不利益の程度、②労働条件の変更の必要性、③変更後の就業規則の内容の相当性、④労働組合との交渉の状況、⑤その他の就業規則の変更に係る事情に照らし、就業規則の変更が合理的であること、3)周知の要件を充足し、かつ、4)就業規則の変更に関する労基法所定の手続（89・

---

*1　賞与請求権の発生要件→【川口『労働法・第6版』257-258頁】。
*2　労使慣行の効力→【川口『労働法・第6版』132-133頁】。
*3　労使慣行が事実たる慣習（民法92条）としての法的効力を認められる要件→【川口『労働法・第6版』133頁】。
*4　就業規則の最低基準効→【川口『労働法・第6版』105-107頁】。

90 条、106 条 1 項)を履践していれば、不利益変更効が肯定される[*5]。

　本件では、前記 1)、3)、4)は充足されており、2)変更の合理性に関しては、②③は記述がないが②は契約社員への賞与の原資を捻出するためと推測され、①については基本給月額 0.2 か月分の減額、④は正社員 200 人のうち 192 人を組織している A 労働組合が賛成していること、⑤は法改正に伴い契約社員にも賞与を支給することになったことを踏まえて判断することになろう。

第3　A 労働組合と Y 社の労働協約による X1 の労働契約内容変更の肯否[*6]

　当該労働協約の正社員の賞与に関する規定は、賞与の額のみを減額し、支給回数と支給要件を変更するものではないと解されるから、当該協約締結前の X1 の労働契約内容と比較すると、不利益な内容である。

　しかし、A 労働組合が労組法上の労働組合(労組法 2 条)[*7]であり、当該労働協約が労組法 14 条所定の要件[*8]を充足していることを前提とすると、X1 は当該規定(規範的部分[*9])の適用対象となる正社員で A 組合員であるからその労働契約には当該規定の規範的効力(労組法 16 条)が及び[*10]、また、当該規定は統一的基準を設定し両面的規範的効力を有するもの[*11]と解されるから、X1 の労働契約は、原則として当該規定の定める基準と同じ内容へと不利益に変更される。けだし、長期的・全体的・総合的視点から労働組合が締結した労働協約の内容は尊重されるべきであり、組合員の労働契約内容を不利益に変更することも労使自治・協約自治の範囲内と評価されるべきだからである[*12]。

　ただし、例外的に、当該労働協約が「特定の又は一部の組合員を殊更不利益に取り扱うことを目的として締結されたなど労働組合の目的を逸脱して締結されたとき」は、信義則上[*13]、両面的規範的効力による労働契約内容の不利益変更は否定されると解すべきであり、「労働組合の目的を逸脱して締結されたとき」に該当するか否かは、①当該労働協約が締結されるに至った経緯(法改正に伴う契約社員への賞与支給等)、②当時の Y 社の経営状態、③同協約の定め

---

*5　就業規則の不利益変更効→【川口『労働法・第 6 版』110-115 頁】。
*6　労働協約による協約締結組合の組合員の労働契約内容変更の肯否→【川口『労働法・第 6 版』908-911 頁】。
*7　労組法上の労働組合(労組法 2 条)の要件→【川口『労働法・第 6 版』714-720 頁】。
*8　労働協約の成立要件(当事者、内容、要式)→【川口『労働法・第 6 版』861-872 頁】。
*9　労働協約の規範的部分→【川口『労働法・第 6 版』873-874 頁】。
*10　規範的効力が及ぶ労働契約の範囲→【川口『労働法・第 6 版』881-883 頁】。
*11　規範的効力の内容→【川口『労働法・第 6 版』876-878 頁】。
*12　【川口『労働法・第 6 版』910-911 頁】。
*13　「信義則上」は、朝日火災海上保険(石堂)事件・最一小判平 9・3・27 集民 182 号 673 頁/労判 713 号 27 頁には記述がないが、筆者が付加した法的根拠である。

る基準の全体としての合理性（②③は不明）に照らして判断すべきであろう*14。
＜設問2＞
　Y社における正社員と契約社員の間の賞与の相違が「短時間労働者及び有期雇用労働者の雇用管理の改善等に関する法律」（以下、「パート・有期法」と呼ぶ。）8条違反であれば、X2は損害賠償又は差額賞与を請求しうると解されるので、同条違反の成否（→第1）と求めうる法的救済（→第2）を検討する。
第1　パート・有期法8条違反の成否
1　判断基準*15
　パート・有期法8条は、事業主が、その雇用する有期雇用労働者の「基本給、賞与その他待遇のそれぞれ」について、「当該待遇に対応する通常の労働者の待遇」との間に「不合理と認められる相違」を設けることを禁止し、「不合理と認められる相違」の考慮要素として、「1)職務の内容（当該短時間・有期雇用労働者及び通常の労働者の業務の内容及び当該業務に伴う責任の程度）、2)当該職務の内容及び配置の変更、3)その他の事情のうち、当該待遇の性質及び当該待遇を行う目的に照らして適切と認められるもの」を挙げている。
　また、同条は、職務の内容等が異なる場合でも均衡のとれた待遇を求める規定であり、「均等」待遇を含む「均衡」待遇原則を定めるものである。
2　本件事案の判断
　契約社員であるX2は「有期雇用労働者」（パート・有期法2条2項）であり、Y社の正社員は「通常の労働者」（パート・有期法8条）と解されるので、X2と正社員の賞与の算定方法の相違が、「不合理」な相違かが問題となる。
　前記1で述べた1)～3)を確認すると、1)入社4年目で食品衛生管理に関する事務作業に従事しているX2の職務内容は、同じ部署で働いている入社3年目の正社員と同じで、同部署の入社1年目の正社員に対して業務遂行につき教育指導を行うこともあり、2)X2は勤務地の変更を伴う配置転換はないが、正社員にはあり、3)として、①正社員には長期的な人材育成がなされ、②契約社員の基本給は時間給制だが、正社員は経験と能力に応じた職能給（月給）制であり、③当該相違についてA労働組合が同意していることが挙げられる。
　また、当該賞与の性質・目的の詳細は不明だが、支給要件（所定労働日数の9割以上出勤と賞与支給日在籍）に鑑みれば、欠勤日数の少ない者に追加的に支払われる功労報償的・後払的な賃金であることは否定し難いであろう。

---

*14　朝日火災海上保険（石堂）事件・最一小判平9・3・27集民182号673頁/労判713号27頁、【川口『労働法・第6版』911頁】。
*15　パート・有期法8条違反の判断基準→【川口『労働法・第6版』656-660頁】。

したがって、適切な考慮要素とすべきものは、前記 1) の事情であり、2) と 3)
①②も加味しうるが付随的であり、本件相違は「大きすぎる」と判断される可
能性が高いと思われる。なお、3)③は、A 労働組合が組織しているのは正社員
のみで契約社員の代表者ではないから、考慮すべき事情ではない。

第2　求めうる法的救済[16]

　本件相違がパート・有期法 8 条に違反する「不合理な待遇の相違」であれば、
X2 の「不合理な待遇の相違なく取り扱われる権利・利益」を侵害する不法行
為であり、また、使用者の「不合理な待遇の相違なく平等に取り扱う信義則上
の義務」（労契 3 条 4 項）違反であるから、X2 は本来支払われるべき賞与との
差額相当額の損害賠償請求が可能である。

　また、パート・有期法 8 条は強行的・直律的効力を有すると解されるから、
契約社員就業規則の賞与額に関する定めは無効となり不合理な相違のない基準
に修正され、当該修正された定めが X2 の労働契約の内容となり（労契法 12 条）、
X2 は、不合理な相違のない賞与請求権を有する。また、端的に同条に基づき
不合理な相違のない賞与請求権を有すると解することも可能であろう。

---

*16　パート・有期法 8 条違反の法的効果と求めうる法的救済→【川口『労働法・第 6 版』
　　663-664 頁】。

〈著者紹介〉

川 口 美 貴（かわぐち みき）

1961 年　大阪府高槻市で生まれる
1985 年　大阪大学法学部卒業
1990 年　大阪大学大学院法学研究科博士課程単位取得修了
1990 年　静岡大学人文学部法学科助教授
2003 年　　　同　　　　教授
2004 年　関西大学大学院法務研究科（法科大学院）教授　現在に至る
2005 年　弁護士登録（第二東京弁護士会）

　［主な著書］
『国際社会法の研究』信山社（1999 年）
『建設産業の労働条件と労働協約』旬報社（2003 年）（共著）
『労働協約と地域的拡張適用』信山社（2011 年〔初版〕、2022 年〔新版〕）（共著）
『労働者概念の再構成』関西大学出版部（2012 年）
『レクチャージェンダー法』法律文化社（2012 年〔初版〕、2021 年〔第 2 版〕）
『アクチュアル労働法』法律文化社（2014 年）（共著）
『労働法』信山社（2015 年〔初版〕、2022 年〔第 6 版〕）
『基礎から学ぶ労働法』信山社（2016 年〔初版〕、2020 年〔第 2 版〕）

労働法演習〔第 6 版〕2022　司法試験問題と解説

2016（平成28）年 4 月25日　第 1 版第 1 刷発行
2018（平成30）年 5 月10日　第 2 版第 1 刷発行
2019（平成31）年 4 月25日　第 3 版第 1 刷発行
2020（令和 2 ）年 4 月 3 日　第 4 版第 1 刷発行
2021（令和 3 ）年 9 月15日　第 5 版第 1 刷発行
2022（令和 4 ）年 9 月 5 日　第 6 版第 1 刷発行
3656：P272　￥2600E-012-008-002

著 者　川　口　美　貴
発行者　今井貴 稲葉文子
発行所　株式会社 信 山 社
〒113-0033 東京都文京区本郷6-2-9-102
Tel 03-3818-1019　Fax 03-3813-1411
henshu@shinzansha.co.jp
笠間才木支店 〒309-1611 茨城県笠間市笠間515-3
Tel 0296-71-9081　Fax 0296-71-9082
笠間来栖支店 〒309-1625 茨城県笠間市来栖2345-1
Tel 0296-71-0215　Fax 0296-72-5410
出版契約 2022-3656-9-06011　Printed in Japan

Ⓒ川口美貴，2022　　　印刷・製本／藤原印刷
ISBN978-4-7972-3656-9 C3332　分類328.600-c001 労働法